Zum Recht der Gemeindebetriebe

Öffentlichrechtlich und privatrechtlich betriebene Gemeindeanstalten und Einrichtungen

Von

Dr. Otto Sperlich

Kiel

München
J. Schweitzer Verlag (Arthur Sellier)
1931

Druck von Dr. F. P. Datterer & Cie., Freising-München.

Inhaltsverzeichnis.

Vorbemerkung.

In der vorliegenden Arbeit, die auf Anregung des Herrn Professor Dr. Jellinek entstanden ist, sind vornehmlich die preußischen Verhältnisse berücksichtigt. Wo also nicht ausdrücklich auf andere Länder verwiesen wird, oder wo es sich nicht aus dem Zusammenhang ergibt, handelt es sich immer um preußische Institutionen. Doch sind vielfach die außerpreußischen Verhältnisse mit herangezogen worden, um dem hier zu behandelnden Teil des Verwaltungsrechts Wesentliches, nämlich die rechtsvergleichende Gegenüberstellung, nicht zu nehmen und den wissenschaftlichen und praktischen Verwendungskreis der Arbeit zu erweitern.

Dem theoretischen ersten Teil fällt die Aufgabe zu, den Anstaltsbegriff zu entwickeln und die materiellen Merkmale herauszuarbeiten. Hierbei waren Fragen zu lösen, die nur mittelbar mit dem eigentlichen Thema im Zusammenhang stehen, deren Klärung aber für eine systemhafte Behandlung des ganzen Stoffes notwendig war. Die mir gestellte Aufgabe zwang jedoch zu Beschränkungen, so daß eine erschöpfende Darstellung der Einzelprobleme nicht angängig war, so sehr auch eine systematische Bearbeitung lockte. Vielleicht kann ich in späteren Arbeiten hier Zurückgestelltes nachholen.

Der mehr induktiv gehaltene praktische zweite Teil, der in die moderne Kommunalwirtschaft hineinleuchtet und rechtliche Wertungen der einzelnen gemeindlichen Unternehmungen vornimmt, ist — soweit mir die preußische verwaltungsrechtliche Literatur der Nachkriegszeit bekannt — der erste Versuch einer zusammenfassenden Darstellung dieser Art. Ob dieser Versuch geglückt und Anregungen zu geben geeignet ist, wage ich nicht zu behaupten. Doch glaube ich, wenigstens in einigen Punkten Neuland betreten zu haben.

Die Fülle des Stoffes machte es besonders auch hier nötig, sich im einzelnen zu beschränken und die gemeindlichen Institutionen nur entsprechend dem Grad ihrer Wichtigkeit für die Allgemeinheit zu behandeln. Zur Unterstützung der Arbeit habe ich 44 meist norddeutsche Städte und die drei Hansestädte um Material gebeten. Das Resultat war unbefriedigend. Es zeigt sich auch hier wieder deutlich, daß privaten Arbeiten ohne amtliche Unterstützung oder persönlichste Empfehlung genügendes wirklich brauchbares Material nicht zur Verfügung gestellt wird. Einige Städte bilden hierin allerdings eine rühmliche Ausnahme. In einem Falle aber wurde ich erst um meine politische Einstellung und wissenschaftliche Zielstrebigkeit befragt, ehe mir das vorhandene Material überlassen wurde.

So brachte es die Schwierigkeit der Materialbeschaffung und die Unzulänglichkeit des überlassenen Materials mit sich, daß die Abhandlung nicht in dem Maße mit praktischen Beispielen durchsetzt werden konnte, wie es ursprünglich meine Absicht war.

Der dritte Teil der Arbeit behandelt in groben Umrissen die wichtigsten Fragen der kommunalen Politik. Sie zu umgehen hielt ich trotz einiger Bedenken nicht für angebracht, denn dies wäre dem Gesamtbild doch abträglich gewesen.

Otto Sperlich.

1. Teil.

I.

Öffentliches und privates Recht.

Die Wirtschaftsentwicklung der letzten Zeit, insbesondere in der Periode, die dem Weltkrieg folgte, zeigt als auffälliges Moment eine starke wirtschaftliche Betätigung der öffentlichen Hand. Reich, Länder und Gemeinden als Träger öffentlicher Gewalt übernehmen Funktionen der Wirtschaft, um sich einen ihren Zwecken und Zielen entsprechenden Einfluß zu verschaffen. Auf die Ursachen dieser den Trägern obrigkeitlicher Gewalt eigentlich innerlich fremden Betätigung soll hier nicht näher eingegangen werden. Man wird die Tendenz der zunehmenden wirtschaftlichen Betätigung der öffentlichen Hand vornehmlich als Begleiterscheinung des modernen Industriestaates anzusehen haben, eine Begleiterscheinung allerdings, die in einer Zeit starker politischer und wirtschaftlicher Spannungen einen entsprechenden Ausdruck finden wird.

Mannigfach sind die Formen der wirtschaftlichen Betätigung, die der Staat oder andere öffentliche Verbände zur Verfolgung ihrer wirtschaftlichen Ziele gewählt haben; angefangen von einer finanziellen Beteiligung, die der eines stillen Gesellschafters im Sinne des Handelsgesetzbuches nicht unähnlich sieht, über den wirtschaftlichen Eigenbetrieb in Konkurrenz mit privaten Betrieben bis zur völligen monopolistischen Beherrschung einzelner Wirtschaftszweige unter zwangsweisem Ausschluß privater Betriebe. Welche unter diesen einzelnen Unternehmungsformen volkswirtschaftlich den Vorzug verdient, ist allgemein gar nicht zu entscheiden; örtliche, zeitliche und die herrschenden wirtschaftspolitischen Verhältnisse spielen hierbei eine entscheidende Rolle. So würde etwa in einer reichen Gemeinde ein öffentlicher Betrieb zur Versorgung der Gemeindemitglieder mit wirtschaftlichen Gütern unter Zurückstellung jedweden Gewinnstrebens als Verwaltungsstelle eingerichtet werden können, während der gleiche Betrieb in einer weniger wohlhabenden Gemeinde nach rein erwerbswirtschaftlichen Grundsätzen errichtet werden müßte. Diese wirtschaftswissenschaftlichen Probleme können hier jedoch nicht zur Diskussion stehen. Der sozialökonomischen Spezialliteratur ist es vorbehalten, die Entwicklung zu verfolgen und ihren Ursachen nachzugehen.[1])

1.

Wirtschaft und Recht berühren aber im besonderen Maße die Frage, welchem Rechtsgebiet ein solches Unternehmen[2]) der öffentlichen Hand zuzuweisen ist, ob die für die Erledigung der Wirtschaftsfunktionen herangezogenen juristischen Normen dem öffentlichen oder dem privaten Recht zuzurechnen sind.

Die Zweiteilung in öffentliches und privates Recht, durch die in gewisser Weise die völlig verschiedene soziologische Wertung der Tatbestände zum Ausdruck kommt, ist nicht nur eine heiß umstrittene theoretische Frage, sondern auch eine solche von ungemein praktischer Bedeutung. Denn von der Zuweisung eines Rechtsverhältnisses in dieses oder jenes Rechtsgebiet hängt recht oft die Möglichkeit eines Rechtsschutzes überhaupt, zumindest aber doch die Art der Ausgestaltung ab.[3]) Weiter kann die Einreihung eines Rechtsinstituts unter das öffentliche Recht bedeutsam werden wegen der Art. 55 und 111 EG. zum BGB., wonach — von den Vorbehalten abgesehen — nur die privatrechtlichen Vorschriften des Landesrechts, nicht die öffentlichrechtlichen durch das BGB. im Zweifel außer Kraft treten. Daß auch die steuerrechtliche Beurteilung oder die Kostenfrage bei gerichtlichen Verfahren für die juristischen Personen des öffentlichen Rechts eine andere ist,[4]) möge nur angedeutet werden. Es ist demnach nicht unberechtigt, wenn sich die Literatur immer und immer wieder mit dem Problem befaßt und sich um eine Grenzziehung zwischen öffentlichem und privatem Recht bemüht.[5])

Wenn der Dualismus für das bestehende Recht überhaupt verneint[6]) und insbesondere von Kelsen[7]) und seiner Schule bekämpft wird, so wäre — ganz

---

[1]) Der Verein für Sozialpolitik hat hierüber aufschlußreiche Arbeiten in Aussicht gestellt. Vgl. den Arbeitsplan für den Schriftenband 176 des Vereins für Sozialpolitik, der in der Berliner Sitzung im März 1929 im einzelnen besprochen wurde. Für die Vorkriegszeit vergleiche die Schriften des Vereins, Bd. 126—130, 132.

[2]) Als Unternehmen soll hier jede Art wirtschaftlicher Betätigung verstanden werden.

[3]) Siehe hierüber auch Fleiner, Über die Umbildung zivilr. Institute, S. 4ff., 14ff.

[4]) Vgl. § 8 Pr. GKG. vom 28. Okt. 1922; § 12 Bad. Landeskostenges. vom 24. Sept. 1908 / 26. Aug. 1922 mit Verordn. vom 11. Febr. 1925; Art. 4 Württemb. GKG. vom 20. Dez. 1926.

[5]) Vgl. hierzu Triepel in der Festschrift für Heinrich Brunner, S. 532ff.; G. Jellinek, System d. subj. öffentl. Rechte, S. 50ff., 64ff.; W. Jellinek, VerwR., S. 43ff.; Fleiner, Institutionen, 8. Aufl., S. 48ff.; Apelt, Der verwaltungsrechtl. Vertrag, S. 120ff.; Rosenberg, Lehrbuch ZPO., § 10, II, 1—4; Köttgen, Öffentliche Hand, S. 3ff.; Koellreutter, Art.: Öffentliches Recht im Hw. d. Rw., Bd. 4, S. 265ff., und die dort verzeichnete Literatur.

[6]) So besonders auch von dem Holländer H. Krabbe (Die moderne Staatsidee, Haag 1919), der die Einheit allen Rechts verteidigt unter scharfer Kritik der preußisch-deutschen Rechts- und Staatsauffassung. Vgl. S. 2, 9ff., 160f., 231 seines Buches, das überdies für die autonome Rechtsauffassung grundlegend geworden ist.

Beachtlich ist auch, daß das deutsche Arbeitsrecht einer Spaltung abhold zu sein scheint. — Vgl. H. Sinzheimer, Grundzüge des Arbeitsrechts, 1921, S. 10, und im Vorwort, S. Vf.; R. Freisler, Grundsätzliches über Betriebsorganisation, 1922, S. 3ff.

Auf eine begriffliche Unterscheidung verzichtete Staudinger (BGB. I, 2. Titel [Jurist. Person], Vorbem. IV A 2 u. 3) und gelegentlich auch Kormann (Hirths Annalen, 1911, S. 859f.).

[7]) Vgl. hierzu besonders Kelsen, Zur Lehre, S. 84, 218ff., 222f., 228f.; Derselbe, Hauptprobleme, S. 268ff., 630f.; vgl. auch neuerdings Kelsens Aufsatz: Souveränität, „Neue Rundschau", Jahrg. 40 (1929), S. 436.

Vor Kelsen sprach schon F. Weyr (Zum Problem eines einheitlichen Rechtssystems, A. f. ö. R., Bd. 23 [1908], S. 529ff.) von einer logischen Haltlosigkeit des Gegensatzes zwischen privatem und öffentlichem Recht, so besonders auf S. 537ff. seines Aufsatzes, vgl. aber auch S. 562f.

Über den Streit um Kelsens Lehre ist hier nicht zu handeln. Vgl. hierzu besonders F. Sander, Kelsens Rechtslehre, 1923; Alex. Hold-Ferneck, Der Staat als Übermensch, 1926; Derabgesehen von der inneren Berechtigung der Grenzziehung — die Trennung in die zwei Kategorien schon um deswillen zu versuchen, weil das Gesetz den Gegensatz als positiv gegeben ansieht, an diesen anknüpft und die Rechtsfolgen durch die Praxis entsprechend behandelt wissen will.[8]) Die Zweckmäßigkeit der Zweiteilung mußte selbst Kelsen zugestehen.[9])

Bei dieser kategorialen Spaltung wird es sich aber zum größten Teil nur um eine Gegenüberstellung von Verwaltungsrecht und Privatrecht handeln; denn die Differenzierung des geltenden Rechts in die verschiedenen Disziplinen läßt sich unschwer an Hand des konstruktiven Aufbaus des positiven Rechts vornehmen, so daß die Scheidung des Privatrechts gegenüber dem Völkerrecht, dem Staatsrecht, dem Strafrecht oder dem Prozeßrecht keine sonderlichen Schwierigkeiten bereitet. Trotz dieser Einschränkungen soll hier und im folgenden an der allgemeinen Bezeichnung öffentliches Recht und Privatrecht festgehalten werden.

Der § 13 GVG. weist den ordentlichen Gerichten alle bürgerlichen Rechtsstreitigkeiten zu, für welche nicht entweder die Zuständigkeit von Verwaltungsbehörden oder Verwaltungsgerichten begründet ist oder reichsgesetzlich besondere Gerichte bestellt oder zugelassen sind. Das will besagen, daß der Rechtsweg vor den ordentlichen Gerichten für alle materiell bürgerlichrechtlichen Streitigkeiten (einschließlich der Vollstreckungen) offen ist, wenn sie nicht durch ein Reichs- oder Landesgesetz in den Verwaltungsweg gewiesen sind, und für öffentlichrechtliche Angelegenheiten verschlossen, wenn er für sie nicht durch Reichs- oder Landesgesetz eröffnet ist. Schweigt das Reichsrecht, so kann das Landesrecht über die Zulässigkeit sowohl des Rechtsweges einschließlich der Zwangsvollstreckung als auch des Verwaltungsweges nach eigenem Ermessen Bestimmungen treffen (GVG. § 13; EG.ZPO. § 3). So besteht die Möglichkeit, daß die Landesgesetze einen materiell bürgerlichrechtlichen Rechtsstreit trotz Regelung im BGB. in den Verwaltungsweg verweisen[10]) oder den Rechtsweg vor den ordentlichen Gerichten erst nach der Vorentscheidung einer Verwaltungsbehörde zulassen.[11]) Umgekehrt kann auch der Landesgesetzgeber, gestützt auf § 4 EG. zum GVG., die Zuständigkeit der ordentlichen Gerichte nach § 13 GVG. erweitern und Verwaltungssachen vor das Tribunal der ordentlichen Gerichte bringen.[12]) Demnach kann also aus der prozessualen Zuweisung ein Rückschluß auf die materiellrechtliche Natur der Sache nicht gezogen werden.

Wird der ordentliche Rechtsweg eröffnet, so liegt formell eine bürgerliche Rechtsstreitigkeit im Sinne der ZPO. und des GVG. vor, mag auch materiell

---

selbe, Ein Kampf ums Recht, 1927; ferner Kelsens Gegenschrift: Der Staat als Übermensch, Wien 1926.

Zur Frage des Gegensatzes des öffentlichen und privaten Rechts vgl. auch Adolf Walz, Vom Wesen des öffentlichen Rechts, 1928, S. 38ff., 44ff.

[8]) In diesem Sinne besonders Triepel in der Festschrift für Heinrich Brunner, S. 535ff.

[9]) Kelsen, Zur Lehre, S. 57, 191, 248; ebenso sein Vorkämpfer Weyr, S. 575.

[10]) So z. B. Preußen, Sachsen, Hessen u. a. bezügl. des Ersatzes von Wildschaden (BGB. § 835); vgl. dazu Pr. Jagd-O. § 59; Sächs. Ges. vom 28. Mai 1898; Hess. Ges. und VO. den Ersatz von Wildschaden betr. vom 1. Juni 1895 / 1. Jan. 1900 und 2. Aug. 1899. Vgl. hierzu auch RGZ. Bd. 70, S. 306 (Wildschaden in Preußen).

[11]) So z. B. Württemberg, AGBGB. Art. 194ff. hinsichtlich des Wildschadenersatzes.

[12]) So war z. B. früher in den Hansestädten ganz allgemein gegen Hoheitsakte der Verwaltungsbehörden der ordentliche Rechtsweg gegeben. Die neuzeitlichen Verwaltungsgerichtsbarkeitsgesetze Hamburgs (2. Nov. 1921, § 9) und Bremens (6. Jan. 1924, § 8) weisen dagegen den Verwaltungsgerichten grundsätzlich alle Streitigkeiten des öffentlichen Rechts zu. In Lübeck ist es trotz Einführung der Verwaltungsgerichtsbarkeit noch größtenteils bei der alten Regelung verblieben. — Im einzelnen vgl. hierzu Rosenberg, Lehrbuch ZPO., § 10, II; ferner Stein-Jonas, Zivilprozeßordnung, Vorbem. II A, II B zu § 1.

öffentliches Recht anzuwenden sein. Das Verfahren ist das zivilprozessuale mit der Möglichkeit der Revision an das Reichsgericht. Die Länder haben es somit unter gewissen Voraussetzungen in der Hand, öffentlichrechtliche Streitigkeiten der Entscheidung des Reichsgerichts zu unterwerfen.[13])

Die gelegentliche Zuweisung öffentlichrechtlicher Streitigkeiten an die ordentlichen Gerichte — auch das Reich hat, zum Teil sogar in der Verfassung, öffentlichrechtliche Streitigkeiten den ordentlichen Gerichten zur Entscheidung zugewiesen (vgl. RV. Art. 129, 131, 153) — vermag aber die grundsätzliche Bedeutung des § 13 GVG. nicht abzuschwächen. Im Gegenteil wird es notwendig sein zu versuchen — und besonders im Hinblick auf die gegenwärtige Gesetzestechnik, die häufig nur aus rein äußeren Gründen bald zur öffentlichrechtlichen, bald zur privatrechtlichen Konstruktion gegriffen hat[14]) —, den eigentümlichen Charakter des öffentlichen Rechtes im Gegensatz zum Privatrecht in den wesentlichsten Merkmalen festzulegen.

Als Ausgangspunkt wird das positive Recht zu wählen sein, aus dem heraus der Begriff des öffentlichen Rechts vielleicht gefunden werden kann. Der Reichsgesetzgeber hat auf eine authentische Interpretation des Begriffs „bürgerliche Rechtsstreitigkeit" verzichtet; er setzte den Begriff vielmehr mit der Bestimmung des § 13 GVG. voraus und überließ es bei Erlassung des GVG. der Auffassung der Länder, was unter bürgerlichen Rechtsstreitigkeiten zu verstehen sei. Auch sollen Ansprüche aus Rechtsverhältnissen, deren öffentlichrechtliche Natur inzwischen erkannt ist,[15]) weiterhin als bürgerlichrechtliche im Sinne des § 13 GVG. angesehen und im Verfahren entsprechend verfolgt werden.[16]) Derartige Ansprüche würden ja sonst des Rechtsschutzes überhaupt entbehren; denn die Zuständigkeit der landesrechtlichen Verwaltungsgerichte erstreckt sich nur auf die ihrem Kreis ausdrücklich zugewiesenen Streitsachen.[17]) Nicht aber kann zu einer privatrechtlichen Rechtsstreitigkeit eine solche gestempelt werden, deren öffentlichrechtliche Natur von vornherein feststeht, die auch beim besten Willen weder nach der heutigen noch nach der zur Zeit des Erlasses des GVG. geltenden Rechtsauffassung als Rechtsfolge des bürgerlichen Rechts betrachtet werden kann. Solche Rechtsstreitigkeiten können nur kraft einer besonderen gesetzlichen Bestimmung, sei es durch Reichs- oder Landesgesetz, in den ordentlichen Rechtsweg verwiesen werden.

Welche Erkennungsmerkmale aber sind es, die „von vornherein" auf das Gebiet des öffentlichen Rechts verweisen? Die Frage wird insbesondere auch deswegen wichtig, weil die neuen Verwaltungsgerichtsbarkeitsgesetze, insbesondere die der zwei Hansestädte Hamburg und Bremen, eine mehr oder weniger beschränkte Generalklausel schlechthin für „Streitigkeiten des öffentlichen Rechts"

---

[13]) Vgl. hierzu W. Jellinek, VerwR., S. 45; ferner Fr. Stein, Grenzen und Beziehungen zwischen Justiz und Verwaltung, 1912, S. 19ff., 24ff.; G. Lassar, Der Erstattungsanspruch im Verwaltungs- und Finanzrecht, 1921, S. 69ff.; Derselbe, Der Schutz des öffentlichen Rechts, Veröffentl. d. Ver. d. deutschen Staatsrechtsl., H. 2, 1925, S. 91ff.

[14]) So Köttgen, Öffentliche Hand, S. 4.

[15]) Z. B. Ansprüche aus dem Patronatsrecht, Streitigkeiten um Wegebaupflicht und über die Entschädigungsansprüche oder aus dem Zustimmungsvertrag nach § 6 des Pr. Kleinbahngef. — Vgl. hierzu RGZ., Bd. 81, S. 220; Bd. 92, S. 310ff.; Bd. 93, S. 79f.; auch Hatschek, VerwR., S. 433f.; Friedrichs, Versorgungsbetriebe, S. 37. — Über publizistische Verträge zwischen juristischen Personen des öffentlichen Rechts vgl. Kormann, System, S. 30f., 34; vgl. aber auch S. 37ff.

[16]) So RGZ., Bd. 92, S. 314; Bd. 93, S. 203; Bd. 111, S. 213. — Zur Sache vgl. auch Lassar, Der Schutz des öffentlichen Rechts, S. 91ff.

[17]) Vgl. hierzu W. Jellinek, Der Schutz des öffentlichen Rechts, S. 56ff.

enthalten und mit dem weiteren Vordringen der Generalklausel für die Zuständigkeit der Verwaltungsgerichte zu rechnen ist.[18])

Wenn sich die vorliegende Untersuchung damit befassen soll, die öffentlichrechtlich betriebenen Gemeindeanstalten von den privatrechtlich betriebenen Anstalten und Einrichtungen abzugrenzen, so erfordert dies, auf den Wesensunterschied des öffentlichen Rechts und des Privatrechts an sich[19]) etwas tiefer einzugehen; denn über die öffentlichrechtliche Eigenschaft eines Verbandes oder einer Institution entscheidet ja eben das öffentliche Recht, dessen Natur erst umschrieben werden soll. Natürlich kann es nicht Aufgabe dieser Voruntersuchung sein, für das Wesen des öffentlichen Rechts, über das schon früher wissenschaftlich kaum eine Übereinstimmung zu erzielen war,[20]) eine allgemein gültige Formel zu finden, eine Aufgabe, deren Lösung großen Juristen eine Lebensarbeit bedeutete.

Aus dem konstruktiven Aufbau des positiven Rechts, so wurde oben einmal gesagt, lassen sich zum größten Teil die verschiedenen Rechtsdisziplinen ohne allzu große Schwierigkeiten erkennen. Man könnte vielleicht daraus folgern, daß auch der Charakter des öffentlichen Rechts an äußeren Merkmalen erkennbar ist und sich schon dadurch vom Privatrecht abhebt. Es ist nicht zu leugnen, daß der Inhalt oft für die Form bestimmend ist, wie das Denken das äußere Handeln beeinflußt. Auch der einer Norm zugrunde liegende innere Tatbestand wird seinen Ausdruck oft in einer entsprechenden formalrechtlichen Struktur finden. Die Disziplinen des positiven Rechts bieten hierfür genügend Beispiele. Doch verbietet die Eigenart des öffentlichen Rechts, nur äußere Kennzeichen als Beweis dafür anzusehen, daß es sich um eine Norm öffentlichrechtlicher Natur handele; denn die äußeren Merkmale des öffentlichen Rechts machen keineswegs das eigentliche Wesen dieser juristischen Kategorie aus.[21]) Wohl ist es zuweilen möglich, aus der technischen Ausgestaltung einer Norm oder der Konstruktion eines Rechtsverhältnisses die öffentlichrechtliche Struktur ohne weiteres zu erkennen. Aber die formalen Mittel versagen dann, wenn der Gesetzgeber aus äußeren Gründen öffentlichrechtliche Elemente zum Aufbau einer Norm benutzte, um den eigentlichen Charakter zu verdunkeln oder einem Rechtsverhältnis aus praktischen Erwägungen heraus einen, bildlich gesprochen, öffentlichrechtlichen Anstrich gab. In beiden Fällen fehlt der dem öffentlichen Recht immanente Sinngehalt, die innere Beziehung zur höheren Sache.[22]) Es wird der Behauptung zuzustimmen sein, daß die Unterscheidungsmerkmale zwischen dem öffentlichen und dem privaten Recht wesent-

[18]) So bestimmt Hamburgs Verwaltungsgerichtsbarkeitsgesetz vom 2. Nov. 1921 im § 9, daß „über die Anfechtung von Anordnungen oder Verfügungen der Verwaltungsbehörden sowie in sonstigen Streitigkeiten des öffentlichen Rechts" das Verwaltungsgericht zu entscheiden hat. Eine ähnliche Bestimmung traf Bremen im § 8 des — dem Hamburger Gesetz vielfach nachgebildeten — Gesetzes über die Verwaltungsgerichtsbarkeit vom 6. Jan. 1924. — Vgl. hierzu auch W. Jellinek, Der Schutz des öffentlichen Rechts, S. 20ff., 56ff.; ferner Lassar, ebenda, S. 91ff., 98f.

[19]) Über die historische Entwicklung vgl. im besonderen Kelsen, Zur Lehre, S. 56ff.; in anderer Beleuchtung Walz, S. 10ff.; vgl. ferner Jung, S. 293ff.; des weiteren den Art. Öffentliches Recht von Koellreutter im Hw. d. Rw., Bd. 4, S. 266.

[20]) Vgl. hierzu Hollinger, Die Kriterien des Gegensatzes zwischen dem öffentlichen Recht und Privatrecht, Züricher Diss. 1904, S. 11ff. — Hollinger stellt nicht weniger als 17 verschiedene Theorien zusammen, die sich nicht etwa durch nebensächliche Abweichungen voneinander unterscheiden. — Zur Frage siehe auch Kelsen, Zur Lehre, S. 75ff.; Walz, Vom Wesen d. öffentl. Rechts, S. 21ff.

[21]) So braucht z. B. ein durch Verwaltungsakt geschaffenes Rechtsverhältnis keineswegs ein solches des öffentlichen Rechts zu sein.

[22]) Hierin können wir in gewisser Weise Benedetto Croce (Grundlagen der Politik, 1924, S. 45) folgen, der bei Unterscheidung zwischen dem öffentlichen und privaten Recht dem ersteren eine besondere ethische Bedeutung beimißt.

lich stärker vergeistigt und mit formalen Mitteln schwerer faßbar sind.[23]) Die privatrechtliche Dogmatik erscheint für die Spaltung in die zwei juristischen Kategorien nicht geeignet. So wird das Wesen des öffentlichen Rechts nur aus der Eigentümlichkeit seiner Tatbestände und Rechtsverhältnisse heraus verstanden werden können[24]) und die sichtbare Norm als ein Hilfsmittel zur Klärung etwaiger Dunkelheiten zu gelten haben.

Aus diesem Grunde müssen auch jene Versuche scheitern, für den Begriff des öffentlichen Rechts eine positive Fassung zu finden, die dem tieferen Sinn des öffentlichen Rechts gerecht wird und ihn formal zum Ausdruck bringt.[25]) Der Ausweg, das öffentliche Recht begrifflich negativ zu fassen, also zu sagen: öffentlichrechtlich ist alles, was nicht privatrechtlich ist, hätte auch nicht viel für sich.

Es wird deshalb nötig sein, die Tatbestände, aus deren Eigentümlichkeit die öffentlichrechtliche Natur erhellen soll, in einen sinnhaften Zusammenhang zu bringen und sie als Ganzes dem Komplex jener Tatbestände gegenüberzustellen, die dem Privatrecht immanent sind.

2.

Zunächst lockt es, ausgehend vom nächstliegenden, dem Staate, als Unterscheidungsmerkmal die hoheitliche Gewaltausübung anzusehen[26]) in der Annahme, daß die Beteiligung des Staates oder eines anderen Rechtskollektivums an einem

---

[23]) So im besonderen Baumgarten, Rechtsphilosophie, S. 20f.; Köttgen, Öffentl. Hand, S. 7f.; Walz, S. 22; Fleiner, Umbildung zivilr. Institute, S. 6, 22f.; G. Jellinek, System d. subj. öffentl. Rechte, 2. Aufl., S. 58f., 65f.; Koellreutter (Hw. d. Rw., Bd. 4, S. 268) wird in gleichem Sinne zu verstehen sein; ebenso Kormann, Pr. VerwBl., Bd. 34, S. 395f.; ferner sinngemäß auch Stoerk, Zur Methodik des öffentlichen Rechtes, Wien 1885, S. 76. Siehe auch Wehr, S. 548, im Gegensatz zu seiner sonstigen Stellungnahme zu diesem Problem. Über Kelsens gegenteilige Auffassung vgl. im besonderen: Zur Lehre, S. 86, Anm. 39.

Kelsens Ansicht (Hauptprobleme, 2. Aufl., S. 268f.), „daß die heut übliche, noch der in praktisch-kasuistischer Hinsicht sehr scharfsinnigen, in theoretisch-konstruktiver Richtung dagegen sehr mangelhaften und unentwickelten römischen Jurisprudenz entnommene Einteilung der Rechtssätze in ius privatum und ius publicum eine unzulängliche ist ...", trifft im Hinblick auf die Eigenart des öffentlichen Rechts zweifellos zu. Diese Unzulänglichkeit ist aber in der Natur der Sache begründet.

[24]) Köttgen, Öffentl. Hand, S. 5, 7 u. a. m.; W. Jellinek wird ebenso aufzufassen sein (VerwR., S. 47); in Sinngleichheit Walz, S. 22, 15.

[25]) So wird Kormanns Erklärung (System der rechtsgeschäftlichen Staatsakte, S. 33): „einen allgemeinen Anhaltspunkt für die Entscheidung dürfte der Satz bilden, daß ein öffentlichrechtliches Rechtsgeschäft immer dann vorliegt, wenn es auf den Eintritt öffentlichrechtlicher Wirkungen gerichtet ist", besonders von Kelsen (Zur Lehre, S. 227ff.) kritisch beleuchtet.

Auch Kormanns Definition des öffentlichen Rechts konnte keinen Beifall finden. (Vgl. Hw. d. Rw., Bd. 4, S. 265.)

Anderseits ist Kormann (Pr. VerwBl., Bd. 34, S. 395) zu folgen, wenn er betont, daß die Verwendung materieller Zweckmomente für die Begriffsbildung immer etwas Mißliches habe und die Rechtswissenschaft als formale Wissenschaft doch immer Neigung zeigen müsse, materielle Momente, die schwer feststellbar und in erheblicher Weise von der Auffassung des Beurteilenden abhängig sind, zurückzudrängen zugunsten der äußerlich leicht erkennbaren formalen Merkmale. — Aber das Wollen, für das öffentliche Recht streng formale Merkmale aufzufinden, scheitert doch an der rechtstechnischen Schwierigkeit, das Wesen des öffentlichen Rechts so in die einzelnen Normen hineinzuarbeiten, daß der dem öffentlichen Recht eigentümliche Sinngehalt eindeutig formal zum Ausdruck kommt. — Vgl. hierzu auch S. 28 Anm. 49 der Arbeit.

[26]) So im besonderen Otto Mayer, VerwR., 3. Aufl., I, S. 15, 103ff., 113f.; ferner Fleiner, Institutionen, 8. Aufl., S. 47f., 51; Hatschek, VerwR., 3./4. Aufl., S. 13f.; ebenso Laband, Staatsrecht, 5. Aufl. III, S. 381.

Vgl. auch Stein-Jonas, Vorbem. A zu § 1. — RGZ., Bd. 102, S. 252: „... Tritt der Staat den seiner Herrschaft unterworfenen Personen kraft obrigkeitlicher Gewalt im Wege des Gebots oder des Verbots gegenüber, so handelt er öffentlichrechtlich; stellt er sich gleichberechtigt neben sie, lädt er sie etwa vor den ordentlichen Richter, um einen Streit auszutragen, so handelt er privatrechtlich."

Rechtsverhältnis dieses zu einem öffentlichrechtlichen mache.[27]) Mit anderen Worten: öffentliches Recht dort, wo die Beziehungen eines Gliedes zum Ganzen im Verhältnis grundsätzlicher Über- und Unterordnung geregelt werden, privates dort, wo Beziehungen von solchen Parteien geregelt werden, die gleichgeordnet nebeneinander stehen.[28]) Ohne die Verschiedenheit von Herrschafts- und Vertragsordnung und ihre Bedeutung im Hinblick auf die fragliche Unterscheidung zu leugnen,[29]) vermag sie aber nicht die typische Eigenart des öffentlichen Rechts genügend zum Ausdruck zu bringen; denn es ist grundsätzlich unmöglich, aus der Eigenschaft, ein Herrschaftsverhältnis zu sein, die Besonderheit des Rechtsverhältnisses ohne weiteres abzuleiten, ganz abgesehen davon, daß sich die Tatbestände gar nicht genügend einordnen lassen. Der Staat oder ein sonstiger Träger öffentlicher Gewalt kann trotz Ausrüstung mit hoheitlicher Macht als Person des Privatrechts, als Fiskus, im Rechtsverkehr auftreten, ohne damit irgendwie ein anderes Subjekt zu werden. Als „Fiskus" wird das Subjekt des öffentlichen Rechts gleichgeordnet behandelt, und zur Verfolgung eines Anspruchs muß sich

---

[27]) Die Anschauung, daß bei Auftreten des Staates als Rechtssubjekt ein öffentlichrechtliches Verhältnis entstünde, ist hier der gleichgesetzt, die das Herrschaftsmoment als solches zum Ausgangspunkt der Unterscheidung macht. Die erste Lehrmeinung setzt voraus, daß es sich um ein Herrschaftsverhältnis handelt, das notwendig den Staat zum Subjekt habe. Der Angelpunkt beider Theorien ist aber im Herrschaftsmoment begründet.

[28]) Vgl. hierzu Walz, S. 22; Jung, Über d. Abgrenzung des Privatrechts, S. 298, 309; Helfritz, Staatsrecht, S. 28ff.; Apelt, S. 124ff.; Sigloch, Die Unternehmungen der öffentl. Hand, S. 17f.

[29]) Gewiß ist Kelsen (Zur Lehre, S. 190ff., 210f., 219) insoweit zu folgen, als jedes Rechtsverhältnis letztlich ein Über- und Unterordnungsverhältnis zwischen dem Staat als Träger der Rechtsordnung und dem Subjekt darstellt. Der Staat oder ein sonstiger öffentlichrechtlicher Verband ist als Rechtssubjekt stets Untertan der bestehenden Rechtsordnung. Auch ist es nicht zu bestreiten, daß innerhalb eines konkreten Rechtsverhältnisses zwischen den Beteiligten das Prinzip der Über- und Unterordnung waltet.

Aber die Rechtsperson Staat wird (unabhängig davon, daß der Staat Träger der Rechtsordnung auf der einen Seite und Subjekt von Rechten und Pflichten auf der anderen Seite ist), ohne daß die Rechtsordnung es formal herauszustellen braucht, entsprechend den einzelnen Tatbestandskomplexen zu differenzieren sein. Die Rechtsperson Staat erhält doch einen „rechtlichen Mehrwert" gegenüber dem Untertan in allen jenen Verhältnissen, denen das Charakteristikum des öffentlichen Rechts anhaftet, was zum Beispiel in der Qualität der Mittel, deren sich die Rechtsperson Staat im Gegensatz zur Privatperson zur Durchführung ihres Anspruchs bedienen kann, zum Ausdruck kommt.

Der „rechtliche Mehrwert" wächst dem Staat oder dem öffentlichen Verband in seiner Eigenschaft als Rechtssubjekt materiell zu, und zwar aus eigener Kraft infolge der höheren Zweckbestimmung. Eines dazu ermächtigenden, in der Form des Gesetzes ergangenen allgemeinen Blankettrechtssatzes bedarf es entgegen Kelsen (Zur Lehre, S. 220) nicht; er liegt — wenn man will — gleichsam in der höheren Zweckbestimmung des öffentlichen Verbandes schon verborgen. (Vgl. hierzu Otto Mayer, I, S. 97f.; Kormann, System, S. 218.)

Der öffentliche Verband wird z. B. Rechtssubjekt mit eigener, nicht delegierbarer Exekutivgewalt, wobei es unerheblich ist, daß er sich hierbei der Organe bedient, die ihm als Träger der Rechtsordnung, als Rechtsautorität zur Verfügung gestellt und unterstellt sind. Kelsens Gedankengängen (Zur Lehre, S. 191, 193f., 197f.) wird in diesen Punkten nicht zu folgen sein.

Wohl ist hierbei zu beachten, daß sich die Unterschiedlichkeit der Rechtssubjekte nicht aus dem Herrschaftsmoment an sich ergeben kann — insoweit hat Kelsen (S. 90) Recht —, wohl aber aus dem qualitativen Unterschied der am Rechtsgeschäft Beteiligten. Und nur dieser ist es — wenn wir davon absehen, daß das hoheitliche, also das qualifizierte Handeln letztlich nur Mittel zur Verfolgung des Gemeininteresses ist —, der den Rechtsinhalt ändern kann, ohne die Rechtsform umgießen zu müssen. In öffentlichrechtlichen Verhältnissen geht die Herrschaftsmacht, sinnvoll gedacht, in die Form des Rechtes ein, ohne daß es einer besonderen Unterstreichung durch formelle Änderung der Norm bedarf.

Diese theoretischen Erwägungen hindern jedoch nicht, an der im Text vertretenen Auffassung von der Untauglichkeit des Herrschaftsmoments als Erkennungszeichen für den öffentlichrechtlichen Charakter eines Rechtsverhältnisses festzuhalten.

der Träger der Herrschergewalt der gleichen Hilfe bedienen,[30]) eben der ordentlichen Gerichte, wie der Gegner, der gewöhnlich eine Person des Privatrechts ist, aber auch eine des öffentlichen Rechts sein kann.[31]) Das Verhältnis hoheitlicher Über- und Unterordnung allein kann also als Spezifikation des öffentlichen Rechts nicht angesehen werden, auch nicht um deswillen — selbst wenn wir die Möglichkeit eines öffentlichrechtlichen Vertrags leugnen wollten[32]) —, weil Rechtsbeziehungen gleichgeordneter Rechtssubjekte ebenfalls öffentlichrechtlicher Art sein können. Das ist dann der Fall, wenn die Rechtssubjekte in ihrer besonderen Eigenschaft als Träger hoheitlicher Gewalt an einem Rechtsverhältnis beteiligt sind. Unter Umständen können sogar Privatpersonen sich durch ein Rechtsgeschäft öffentlichrechtlichen Inhalts miteinander in Beziehung setzen.[33])

An römische Vorbilder[34]) knüpft der Gedanke an, als öffentlichrechtlich all das zu bezeichnen, was den Interessen der Gesamtheit oder des Staates diene, als privatrechtlich jene Verhältnisse zu bezeichnen, die im Interesse des Einzelnen liegen. Die Zwecksetzung des Handelns soll hier zum Postulat erhoben werden, auf das sich die Trennung in öffentliches und privates Recht stützt. Daß die Interessen der Gesamtheit höher zu bewerten sind als die der Einzelnen und diese zurücktreten müssen, wenn sie mit ersteren kollidieren, darüber dürfte wohl kein Streit entbrennen, zumal das BGB. — ebenso wie das ALR. (Einl. §§ 73/74) — in den zwei berühmten Paragraphen 134 und 138 unzweifelhaft das Interesse der Gesamtheit gegenüber den Interessen Einzelner — eben durch die Nichtigkeit des Rechtsgeschäfts — schützen will.[35]) Überdies hat die Weimarer Verfassung die Vorschriften des § 138 BGB. in Art. 152 übernommen und dadurch noch einmal das öffentliche Interesse an den Schutzvorschriften betont. Es wird aber der Interessentheorie — so bezeichnet die Literatur dieses Einteilungsprinzip — entgegengehalten, daß die Einteilung nach dem maßgebenden Interesse niemals eine eindeutige Scheidung liefern könne, weil es sich nicht um eine konstante Verschiedenheit des Objekts, sondern um eine durchaus variable, nach dem jeweiligen

[30]) Hierbei ist nicht zu übersehen, daß ein Unterschied insofern in Erscheinung tritt, als bei öffentlichrechtlichen Beziehungen zwischen öffentlichem Verband und Privatperson der vom Träger der Herrschergewalt gewollte Rechtszustand bzw. die Rechtsfolge unmittelbar, oft sogar mit den eigenen Mitteln des Befehlenden, erzwungen werden kann; während bei privatrechtlichen Beziehungen die Durchsetzung des Rechtsanspruchs für beide Teile erst von der Entscheidung der ordentlichen Gerichte abhängt. Köttgen (Öffentl. Hand, S. 9f.) scheint diesen Unterschied zu übersehen.

[31]) So z. B. wenn ein öffentlicher Verband vom anderen für Museen bestimmte Kunstwerke kauft. Anders liegen die Dinge, wenn z. B. Wegeverbände in Rechtsbeziehung treten, um Wegeangelegenheiten zu regeln. Hier liegt dann eine Beziehung des öffentlichen Rechts vor (vgl. dazu auch Kormann, System, S. 30f., 34). Aus diesen zwei Beispielen erhellt schon, daß aus dem Vorliegen eines Herrschaftsverhältnisses allein sich die Besonderheit des Rechtsverhältnisses gar nicht entnehmen läßt. Die Unsicherheit darf aber nicht dazu führen, so sagt Kelsen mit Recht (Zur Lehre, S. 227ff.), es dem Werturteil des Einzelnen zu überlassen, wo er die Grenze zwischen privatem und öffentlichem Recht ziehen will. Daß eine Grenzziehung doch möglich ist, ohne der Willkür der Beurteilenden einen allzu großen Spielraum zu lassen, wird später zu entwickeln sein.

[32]) Bei dem ja überhaupt die Überordnung einer Rechtsperson über die andere unwesentlich wäre. — Vgl. auch RGZ., Bd. 92, S. 310.

[33]) Hier wäre z. B. zu denken an eine Vereinbarung — um das Wort „Vertrag" zu vermeiden, dessen Zulässigkeit durch eine Sonderuntersuchung erst erwiesen werden müßte — über die Wasserverteilung nach verschiedenen partikularen Wasserrechten. — Vgl. auch Sächs. OVG., Bd. 16, S. 294; dazu Apelt, S. 184f., 122f., 173f. — Über die Rechtsverhältnisse der Industrie zur Bank für deutsche Industrie-Obligationen, wo auch ein öffentlichrechtliches Verhältnis zwischen Privaten Platz greift, vgl. Sigloch, S. 163f.

[34]) Ulpianus D. I, 1, § 2: publicum ius est, quod ad statum rei Romanae spectat, privatum, quod ad singulorum utilitatem. Der Wesensunterschied wird auch hier allerdings durch den Nachsatz verwischt: sunt enim quaedam publice utilia, quaedam privatim.

[35]) Die Entstehungsgeschichte des § 138 im besonderen gibt hierüber Aufschluß. Vgl. M. I, S. 211; P. I, S. 123f.

Standpunkt des Beobachters wechselnde Qualität handle und jeder objektive Rechtssatz als sowohl im öffentlichen wie im Privatinteresse stehend angesehen werden kann.[36]) Hierin wird Kelsen zu folgen sein; denn jeder Satz der Privatrechtsordnung ist letztlich auch im öffentlichen Interesse gegeben, und das öffentliche Interesse ist, wenn auch in noch so geringem Maße, an das Privatinteresse gebunden. Doch kann nicht gefolgt werden, wenn behauptet wird, daß das öffentliche oder private Interesse nirgends überrage, „überall sei beides, in seiner Intensität und Qualität gar nicht meßbar, gegeben."[37]) Wenn auch der moderne Staat nicht mehr als selbständige Zweckeinheit der Bürgerschaft gegenübertritt und damit seinen Interessenkreis demjenigen seiner Bürger bewußt entgegenstellt, vielmehr die vollzogene organische Verschmelzung von Staat und Volk zu einer gewissen Interessenangleichung — um nicht Interessenausgleichung zu sagen[38]) — geführt hat und noch weiter führen wird, so dürfen wir doch die Verschiedenheit der Interessenkreise und ihren Gradunterschied nicht verkennen. Die Synthese von Staat und Volk brachte es mit sich, daß der öffentliche Verband mehr denn je wirtschaftliche Funktionen zugunsten der Allgemeinheit übernahm. Damit hat sich zwar der Kreis des öffentlichen Rechts erweitert,[39]) vielleicht hat auch die Institution des öffentlichen Rechts einen gewissen Bedeutungswandel[40]) durch-

---

[36]) Kelsen, Zur Lehre, S. 78.

[37]) Kelsen, Zur Lehre, S. 83. Schon auf S. 82 führt Kelsen selber Beispiele an, die in bezug auf die Gleichheit des Interesses zu Zweifeln Anlaß geben dürften. — Zum Problem vgl. auch G. Jellinek, System d. subj. öffentl. Rechte, S. 49ff., 57ff.

[38]) Hier könnte Kelsens Ansicht wieder einsetzen. — Im Sinne des Textes ist wohl auch die These Wertheimers (Entwicklungstendenzen im Deutschen Privatrecht, S. 29ff.) von dem Vordringen des Gemeinschaftsgedankens, der zunehmenden Anerkennung des Allgemeinwohls aufzufassen.

[39]) Vgl. G. Jellinek, System d. subj. öffentl. Rechte, S. 71; Fleiner, Institutionen, S. 41f., 325f.; Otto Mayer, II, S. 275f.; Radbruch in der „Zeitschr. f. Soz. Recht", Jahrg. 1 (1929), S. 78f.; Richter in den Veröffentl. d. Ver. d. deutschen Staatsrechtsl., H. 6, S. 102f.; siehe auch Anm. 40.

[40]) Insofern nämlich, als das durchschnittliche Gemeininteresse auf Grund der herrschenden Zeitanschauungen und der besonderen politischen Verhältnisse des Staates, die wiederum das Ergebnis des Kampfes widerstreitender individueller Interessen sind, ein völlig anderes Bild erhalten hat. Die Wandlung des Gemeininteresses, die sich nicht nur in bezug auf den Inhalt, sondern auch auf die Ausdehnung vollzogen hat, mußte sich natürlich auch auf Aufgaben und Umfang des öffentlichen Rechts auswirken. Aus dem Strukturwandel des öffentlichen Rechts ist auch die unverkennbare Tendenz des Gesetzgebers zu erklären, die äußeren Formen des öffentlichen Rechts im weiteren Umfange als bisher anzuwenden. Hierbei ist Kormann zuzustimmen, der dieserhalb sagt, daß man in der Zuweisung an das Privatrecht nicht zu weit gehen solle (System, S. 35). Anderseits warnt Köttgen (Öffentl. Hand, S. 15) mit Recht vor einer übertriebenen Anwendung des öffentlichen Rechts insbesondere dort, wo sich die Geschäftsführung der öffentlichen Verbände von der des privaten Geschäftsherrn nicht unterscheidet. Doch sind Köttgens Darlegungen zu diesen Punkten nicht ganz frei von dem ängstlichen Gedanken, daß die herrschende Staatsauffassung den Sinngehalt des öffentlichen Rechts nicht immer voll verstehe (vgl. S. 15ff., 23; auch neuerdings in seinen Ausführungen über das Verwaltungsrecht der öffentlichen Anstalt [Veröffentl. d. Ver. d. deutschen Staatsrechtsl., H. 6, S. 107, 116] kommen diese Gedanken zum Ausdruck).

Zum Text siehe auch die Ausführungen von Stier-Somlo auf der Tagung der Staatsrechtslehrer 1925 (Veröffentl. d. Ver. d. deutschen Staatsrechtsl., H. 2, S. 123ff.). — Vgl. aber auch die Argumente Kaufmanns zum Problem des Rechtsschutzes auf S. 114—116 des gleichen Heftes. Wenn Kaufmann behauptet (S. 115), daß die öffentliche Verwaltung den entgegengesetzten Weg eingeschlagen habe, als die Lehre von Otto Mayer vorausgesagt, so steht dem die tatsächliche Entwicklung entgegen. Kaufmann trennt u. E. nicht den heutigen — erweiterten — Funktionsbereich des öffentlichen Rechts von dem Bestreben der öffentlichen Verbände, sich einen stärkeren Einfluß auf allgemein wichtige Unternehmungen zu verschaffen. Hier allerdings sind oft die Formen des Privatrechts aus naheliegenden Gründen beibehalten worden. Unter diesem Gesichtspunkt können auch nur Fleiners Worte von der „Flucht von Staat und Gemeinde in das Privatrecht" (Institutionen, S. 326) gewertet werden. — Siehe hierzu auch Ritzkopf, Rechtsformen, S. 8ff., 21ff. Auch Nipperdey, Kontrahierungszwang, S. 29, nimmt gegen Otto gemacht, aber der Qualitätsunterschied der Rechtssphären ist trotz einheitlicher Zweckgebundenheit des Staates doch geblieben.[41]) Trotz alledem vermag die hier im gewissen Sinne verteidigte Interessentheorie das Wesen des öffentlichen Rechts doch nicht voll zu erfassen. Das öffentliche Interesse schimmert in mehreren Vorschriften des bürgerlichen Rechts — im besonderen im Familienrecht[42]) — und in einzelnen Teilen des Handelsrechts, z. B. dem Aktienrecht,[43]) trotz typisch privatrechtlicher Rechtsformeln zu deutlich durch, als daß dies einfach zu negieren wäre, um die These, das Interesse bestimme den anzuwendenden Rechtskreis, zu halten. Daneben sind einzelne durchschlagende Argumente Kelsens doch nicht einfach zu übersehen, so daß als absolutes Scheidemittel zwischen öffentlichem und privatem Recht die Qualität des Interesses nicht brauchbar ist, wohl aber als wichtiges Hilfsinstrument zur Unterscheidung der beiden Kategorien zu gelten haben wird.

Die zwei von der Wissenschaft am meisten angewandten Theorien[44]) vermögen, wie gezeigt worden ist, das Charakteristikum des öffentlichen Rechts nicht restlos zum Ausdruck zu bringen. In neuester Zeit ist versucht worden aufzuzeigen, daß die Unterschiede von öffentlichem und privatem Recht bedingt seien „durch die grundsätzliche Verschiedenheit der diesen Rechtsformen zugrunde liegenden allgemein gültigen sozialmorphologischen Normensysteme, nämlich des Inordinations-, Koordinations- und Subordinationsrechts" und „der umstrittene Dualismus von öffentlichem und privatem Recht letzten Endes nichts anderes bedeute als die gleichzeitige verschiedengradige Beteiligung zweier oder dreier soziologischer Grundverhältnisse an der positiven Ausgestaltung einer historischen Rechtsordnung".[45]) Hier wird der formal-logischen Methode Kelsens und seiner

---

Mayer Stellung. Nipperdey hatte aber nur die kriegswirtschaftlichen Organisationen bis 1920 als Vorbild.

Von einer anderen Seite sieht z. B. Wertheimer das Problem an. W. stellt fest, daß das Privatrecht vom öffentlichen Recht stark beeinflußt, mit „öffentlichrechtlichen Gedanken angereichert wird" (S. 29). Durch diese Osmose erhofft W. eine allmähliche Verflüssigung der Grenzen beider Materien mit dem Endziel der Einheit des Rechts. — U. E. ist das stärkere Eindringen öffentlichrechtlicher Gedanken in die Sphäre des Privatrechts nur ein Zeichen für die Expansion des öffentlichen Rechts, die nur vorläufig unter dem Schutze des privaten Rechts sich auswirken kann und soll.

Dieser Schutz soll aber kein dauernder sein. Ein mit öffentlichrechtlichen Gedanken geschwängertes Privatrecht ist ebensowenig am Platze wie umgekehrt ein mit privatrechtlichen Gedanken hypertrophiertes öffentliches Recht. Dem Fortschreiten des sozialrechtlichen Gedankens — und dem will wohl auch Wertheimer vorwärtshelfen — hilft die Erweiterung der Rechtssphäre des öffentlichen Rechts und eine gesonderte Normgebung u. E. mehr als die dann immer schwammiger werdenden Normen des Privatrechts. In unserem Sinne werden wohl auch Radbruchs Ausführungen in der „Zeitschr. f. Soz. Recht", Jahrg. 1 (1929), S. 78f., zu verstehen sein.

[41]) Köttgen (Öffentl. Hand, S. 10f.) schließt sich in diesen Fragen zu eng an Kelsen (Zur Lehre, S. 78ff.) an. Kelsen verneint ausdrücklich jede Wertdifferenz der Rechtssubjekte (S. 88f., 191, 217).

[42]) Hier sind zahlreiche Vorschriften aufgenommen, die bestimmte Aufgaben religiöser, sozialer, ethischer und volkshygienischer Natur im Interesse des Staates erfüllen sollen. Siehe hierzu auch G. Jellinek, System d. subj. öffentl. Rechte, S. 55f., 83ff. — In Anbetracht der überwiegenden öffentlichen Interessensphäre innerhalb einzelner Abschnitte des Familienrechts wurde zuweilen der Vorschlag gemacht, das Familienrecht aus dem Privatrecht auszuscheiden und als besonderen Teil dem öffentlichen Recht anzugliedern. Auch das Erbrecht solle, als schon über den Bereich des reinen Privatrechts hinausgehend, dieser Sondergruppe überwiesen werden. — Vgl. hierzu Jung, S. 312f., 331; Kormann, System, S. 46f.

[43]) Hier wäre z. B. zu denken an die Vorschriften über die Gründung mit ihren verschiedenen Sicherheits- und Kontrollbestimmungen. Vgl. hierzu auch Wertheimer, S. 34—36.

[44]) Über die anderen in der Wissenschaft aufgestellten Meinungen vgl. Walz, S. 21ff.; ferner Hollinger.

[45]) Walz, S. 57; vgl. auch S. 41ff.

„reinen Rechtstheorie“[46]) eine Betrachtungsweise gegenübergestellt, die es unternimmt, aus der Wirklichkeit ihre Grundlagen zu entnehmen, indem sie die soziologischen Grundkategorien als die rechtsgestaltenden Elemente ansehen will. Doch greift auch Walz bei seiner Dreiteilung der Grundformen in Inordinationsrecht, Koordinationsrecht und Subordinationsrecht die alten Theorien, die Herrschafts- und Interessentheorie, wieder auf und stellt durch Synthese beider als Momente soziologischer Formgebung fest: das organische Einordnungsverhältnis, das individualistische Streitverhältnis und das herrschaftliche Machtverhältnis. Durch das Zurückgreifen auf die soziologischen Verhältnisse ist zwar ein Schritt in der Richtung der teleologisch-synthetischen Rechtsmethodik[47]) vorwärts getan, aber ein brauchbares Werkzeug zur Differenzierung des öffentlichen vom privaten Recht können wir aus diesem Unterbau nicht herauslösen; denn Walz vermittelt uns letztlich nur die Ursachen der kategorialen Zweiteilung. Das Erkennungsmittel wird nicht herausgehoben, und es bleibt auch hier nur übrig, es sinnvoll aus dem Ganzen abzuleiten. Das Ergebnis unserer bisherigen Untersuchung kann nun wie folgt zusammengefaßt werden:

Im deutschen Rechtssystem wird die Existenz einer von der Privatrechtsordnung wesensverschiedenen öffentlichrechtlichen Kategorie als anerkannt zu gelten haben. Die Erkennungsmerkmale für den Charakter des öffentlichen Rechtes sind nicht eindeutig festzulegen; vielmehr kann die Bestimmung des öffentlichen Rechts und des Umfangs seines Geltungsbereichs nur aus dem Wesen selbst nach dem jeweiligen Stande der sozialen und kulturellen Entwicklung gewonnen werden.

Um jedoch einen Leitsatz aufzustellen, an den sich die Einzelentscheidungen innerhalb unserer gestellten Aufgabe anlehnen können, möge in Anlehnung an Triepel[48]) gesagt werden: öffentliches Recht wird bei jenen Einzelverhältnissen anzuwenden sein, bei denen eine Zweckbeziehung zur Gesamtheit besteht und das Interesse der Gesamtheit an dieser Zweckbeziehung auch im Hinblick auf den Einzelnen überwiegend beteiligt ist,[49]) mit anderen Worten: wenn jener enge

---

[46]) Der übrigens auch Rudolf Smend nicht zu folgen gewillt ist (vgl. Smend, Verfassung und Verfassungsrecht, S. 13, 17, 77, 95), und die von A. Baumgarten als erkenntnistheoretische Verirrung abgelehnt wird (vgl. Baumgarten, Rechtsphilosophie, S. 20ff.). Siehe auch A. Roß, Theorie der Rechtsquellen, 1929, S. 201, 259f., 288.

[47]) Vgl. hierzu besonders Philipp Heck, Das Problem der Rechtsgewinnung, Tübinger Rede, 1922, S. 22ff.; siehe auch seine Zusammenfassung der juristischen Reformbewegung in: Gesetzesauslegung und Jurisprudenz, 1914.

[48]) Vgl. Triepel in der Festgabe für Heinrich Brunner, S. 523f.; ferner Lassar in: Jahrbuch des öffentlichen Rechts, Bd. 14 (1926), S. 49f.

[49]) Bei unserer Umschreibung des öffentlichen Rechts benutzen wir ganz bewußt materielle Zweckmomente und schalten damit das Moment der Wertung bei der Bestimmung des Begriffs „öffentlichrechtlich“ ein; denn das ganze hier zur Diskussion stehende Problem ist letztlich doch ein Wertungs-, ein soziologisches Gesinnungsproblem. Die auf der letzten Tagung der deutschen Staatsrechtslehrer im April 1929 von Köttgen entwickelten Gedanken zum Verwaltungsrecht der öffentlichen Anstalt (vgl. Heft 6 der Veröffentl., S. 105ff.) kranken an dem inneren Zwiespalt, alle Wertung, alle materiellen Zweckmomente bei der juristischen Begriffsbestimmung der öffentlichen Anstalt (und damit auch des öffentlichen Rechts) auszuschalten, um dann doch zugeben zu müssen, daß diese Momente bei der Beurteilung des Wesens der öffentlichen Anstalt (und folglich des öffentlichen Rechts überhaupt) von ausschlaggebender Bedeutung sind (vgl. S. 114ff., 122ff., 137, 141 Anm. 54). Köttgens Ausführungen sind besonders in dieser Beziehung mit Recht angegriffen worden (vgl. S. 147, 152ff., 156). — In denselben Fehler wie Köttgen verfällt auch Kleiner, vgl. z. B. S. 65f., 71ff., 78f. — Zum Problem siehe auch Baumgarten, Rechtsphilosophie, S. 20f., 73 und das auf S. 22f. der Arbeit Gesagte.

Neuerdings ist von Sigloch (S. 22) für den Begriff des öffentlichen Rechts folgende Fassung gebraucht: „Öffentliches Recht ist die Gesamtheit der Rechtssätze, an denen eine juristische Person des öffentlichen Rechts [gemeint ist der Staat oder auch eine juristische Person, die in einer öffent-

Kreis der Einzelverhältnisse sich zum Interesse der Gesamtheit verhält wie ein Ausschnitt zum Ganzen, wenn also in dem Ausschnitt zugleich das Ganze, in dem engen Kreis zugleich das Interesse der Gesamtheit gefördert wird.

Wenn wir nun eine Gruppierung der einzelnen Disziplinen vornehmen wollen, so wird dem Gebiet des öffentlichen Rechts in erster Linie das Staatsrecht und kraft Zweckzusammenhangs das Verfassungsrecht[50]) zuzurechnen sein, etwa unter dem Sammelnamen politisches Recht. Öffentliches Recht ist weiter das Verwaltungsrecht[51]) als die rechtliche Ordnung der Einrichtungen und Funktionen, durch welche der konstituierte Wille[52]) des Staates oder eines sonstigen Trägers öffentlicher Gewalt sich in den einzelnen Lebensverhältnissen im Wege der Verwaltung verwirklicht, um den erwünschten sozialen Zustand zu erreichen. Straf- und Prozeßrecht, unter den Oberbegriff Justizrecht fallend, sind beide mehr infolge der ihnen innewohnenden hoheitlichen Machtbefugnis ebenfalls dem öffentlichen Recht zuzuschlagen. Sehr problematisch ist die Zuteilung des Völkerrechts[53]) und des Kirchenrechts. Der Eigenart dieser beiden Rechtsgebiete würde wohl durch Kennzeichnung als besondere Rechtszweige außerhalb des öffentlichen Rechts am besten entsprochen werden.[54]) Doch interessieren uns hier diese Disziplinen im einzelnen nicht; nur das Verwaltungsrecht soll uns im Hinblick auf die in dieser Arbeit zu untersuchenden Probleme noch etwas beschäftigen.

---

lichrechtlichen Pflichtstellung zum Staate steht] als notwendiges Subjekt beteiligt ist". Sinngemäß stimmen wir mit Sigloch überein. Vgl. auch Sigloch S. 2, 17, 36. — Man wende nun unserem Umgrenzungsversuch nicht ein, daß die Gesamtheit an jedem Einzelrechtsverhältnis ein Interesse habe, weil das Einzelinteresse auch immer das Interesse der Gesamtheit berühre und umgekehrt, so daß eine Grenze nicht gezogen werden könne. Diese Gedanken sind von den meisten Autoren aufgegriffen, besonders aber von G. Jellinek (System d. subj. öffentl. Rechte) so fein herausgestellt und in ihrer Bedeutung gewürdigt worden, daß sich hier jedes Eingehen darauf erübrigt, zumal auch an früheren Stellen in unserer Arbeit diese Dinge kurz gestreift worden sind.

[50]) Die verfassungsrechtlichen Hilfstätigkeiten im Sinne von Otto Mayer (VerwR., I, S. 7). Vgl. zum Text auch Baumgarten, Rechtsphilosophie, S. 72 f., 79.

[51]) Vgl. hierzu Otto Mayer, VerwR., I, S. 14; Fleiner, Institutionen, S. 60f.; W. Jellinek, VerwR., S. 5f., 41f., 46f.

[52]) Dies schließt also Rechtsetzung und Rechtsprechung (als Ziel im bürgerlichrechtlichen Sinne) aus. — Vgl. hierzu W. Jellinek, VerwR., S. 5; Otto Mayer, VerwR., I, S. 1, 7, 13f. Laband (Staatsrecht, 5. Aufl., II, S. 175) definiert: „Verwaltung ist alles dasjenige, was nicht zur Sphäre der Gesetzgebung oder der Gerichtsbarkeit gehört". — Ganz außerhalb des Bereichs des Rechts steht aber die Verwaltung nicht, wie Kelsen neuerdings zutreffend darlegt (vgl. „Zeitschr. f. Soz. Recht", Jahrg. 1 [1929], S. 82ff.; Justiz und Verwaltung, S. 5ff., 9, 11, 21); vielmehr wird durch die Verwaltung zuweilen auch in gewissem Umfange Recht gesprochen, und die Rechtswirkung von Akten der Verwaltung dringt sogar in den Bereich der Justiz ein (vgl. hierzu auch Fleiner, Institutionen, S. 63ff.). Kelsen will allerdings gar keinen formalen Unterschied zwischen Justiz und Verwaltung anerkennen, vielmehr gründe sich nach seiner Auffassung die Parität auf den beiderseitigen Rechtscharakter der Funktionen („Zeitschr. f. Soz. Recht", S. 86), indem nämlich die Funktionen der Justiz sowie der Verwaltung als Gesetzesvollziehung und so als Rechtsanwendung wie als Rechtserzeugung zu beurteilen seien und somit vom Rechtsstandpunkt aus gleichermaßen bewertet werden müssen (Justiz und Verwaltung, S. 11). Nur unter materiellen Gesichtspunkten, d. h. unter dem Gesichtspunkt des Zweckes, der mit dem Rechtsapparat des Staates verfolgt wird, will Kelsen eine Scheidung der Staatsfunktionen vornehmen, je nachdem, ob der Staatszweck mittelbar (durch die Tätigkeit der Gerichte und der Verwaltungsbehörden in Funktionsgleichheit) oder unmittelbar (durch Funktionen der Fürsorge und der Wirtschaft) realisiert werde („Zeitschr. f. Soz. Recht", S. 93; Justiz und Verwaltung, S. 24f.). Damit baut Kelsen aber seine frühere Lehre von der Einheit des Rechts nur weiter aus. Im einzelnen kann aber hier nicht dazu Stellung genommen werden. — Über die Trennung von Staatsrecht und Verwaltungsrecht vgl. auch Smend, S. 81f., 130f. Nach Smend ist Staatsrecht Integrationsrecht, Verwaltungsrecht dagegen technisches Recht.

[53]) Für das Völkerrecht vgl. auch die Delegationstheorie von Kelsen in „Neue Rundschau", Jahrg. 40 (1929), S. 433ff.

[54]) Vgl. hierzu Walz, S. 57f.; W. Jellinek, VerwR., S. 42; Baumgarten, Rechtsphilosophie, S. 72f.

3.

Das Verwaltungsrecht im besonderen wird von dem bedeutsamen Grundsatz beherrscht, daß der Verwaltungsakt als hoheitliche Willensäußerung seine Gültigkeit selber legitimiere, und zwar aus eigener Kraft.[55]) Die Wirkungskraft des Verwaltungsaktes fußt im Gegensatz zu Akten privatrechtlicher Natur auf seiner verhältnismäßig starken Unempfindlichkeit gegen eigene Fehlerhaftigkeit. Der Verwaltungsakt hat mindestens die Vermutung der Rechtsmäßigkeit und Gültigkeit solange für sich, bis er — abgesehen von den wenigen extremen Ausnahmefällen der absoluten Nichtigkeit — durch contrarius actus widerrufen bzw. aufgehoben wird;[56]) denn ihm steht das große Vorrecht eines Trägers der öffentlichen Gewalt zur Seite, sich irren zu dürfen.[57])

Der „Mehrwert" des Verwaltungsaktes gegenüber den Akten aus privatrechtlichen Rechtsverhältnissen — vornehmlich in der Form der ihm immanenten Vermutung der Rechtmäßigkeit und Gültigkeit und der Möglichkeit des Erlassenden, die Wirksamkeit des Verwaltungsaktes vielfach unabhängig zu machen von der Gesetzlichkeit der Vornahme[58]) — ist aus dem Wesen des öffentlichen Rechts zu verstehen, insbesondere aus der Vorstellung seiner Ausstrahlung aus einer überindividuellen, überspannenden Gemeinschaftsorganisation mit ihren spezifischen Interessenkomplexen zu begreifen.[59])

---

[55]) Wenn Kelsen (Zur Lehre, S. 197ff.) den Verwaltungsakt, der die bezweckte Rechtspflicht oder die Berechtigung des Untertanen aus eigener Kraft zur Folge haben kann, einer Rechtsnorm gleichsetzt und damit den Vorwurf einer unhaltbaren zwiefachen Normsetzung gegenüber allen denjenigen (insbesondere gegenüber Otto Mayer) erhebt, die den Verwaltungsakt als „hoheitliche" Willensäußerung auffassen wollen, so liegt doch darin ein Irrtum.

Kelsen muß den Verwaltungsakt generell als rechtserzeugend ansehen, will er seine abstrakten, normativ-logischen Konstruktionen durchführen. Hierin liegt u. E. schon der Fehler; denn der Verwaltungsakt ist weder Rechtssetzung oder Normenschöpfung noch eine Art Urteil, auch kein Gegenstück zum gerichtlichen Urteil nach der Ansicht Otto Mayers (vgl. Otto Mayer, VerwaltR., I, S. 93, 97). Der Verwaltungsakt ist vielmehr eine hoheitliche, d. h. aus immanenten Prinzipien mit besonderen Machtqualitäten ausgestattete Willensäußerung für den Einzelfall innerhalb der Verwaltung (Jellinek); also keine Rechtsnorm, statuiert von der Verwaltung — die eine Norm- oder Pflichtkollision für den Bürger bedeuten könnte —, sondern ein obrigkeitlicher Ausspruch der Verwaltung, der im jeweiligen Fall Rechte zuweisen, Pflichten auferlegen, im Gemeininteresse wichtige Tatbestände fixieren kann, darf und soll.

Im übrigen verkennt Kelsen die soziologischen Kräfte bei der Gestaltung des öffentlichen Rechts, aus denen sich auch erklären läßt, warum der Staat bei einem Eingriff in des Untertanen Rechte einer gesetzlichen Grundlage bedarf, bei einer Vorteilzuwendung dagegen nicht und der Verwaltungsakt in diesem Fall seine Wirkung „aus eigener Kraft" ausübt. (Vgl. hierzu Otto Mayer, VerwR., I, S. 97; Kelsen, Zur Lehre, S. 206ff.; Walz, S. 39f., 46ff.) Dem Rechtsstaatgedanken wird dadurch keinerlei Abbruch getan.

Man könnte vielleicht so weit gehen und sagen, daß der Verwaltungsakt seine verstärkte Wirkung — rechtsphilosophisch gesehen — aus einem allgemeinen Blankettrechtssatz herleite, der sich gleichsam in dem Begriff „hoheitliche Verwaltung" bzw. „hoheitliches Handeln" verbirgt und entstanden gedacht werden kann aus der dem hoheitlichen Organ mit dem Amt stillschweigend erteilten Vollmacht. Seine Grenze würde dieser ungeschriebene Blankettrechtssatz bei einem Eingriff in die Rechte des Untertanen finden, der eben eine gesetzliche Grundlage zur Voraussetzung hat. Dadurch würden Kelsens Einwendungen (vgl. Zur Lehre, S. 220, 241, auch S. 235f.) im wesentlichen zusammenfallen.

Ein tieferes Eindringen in diese recht streitigen Fragen ist hier jedoch nicht am Platze, da sie unserer Aufgabe nicht sonderlich zu dienen vermögen.

[56]) Vgl. hierzu W. Jellinek, VerwR., S. 252ff., 258ff.

[57]) So W. Jellinek, VerwR., S. 20, 46; vgl. auch Fleiner, Institutionen, S. 196ff.; Laband, Staatsrecht, 5. Aufl., II, S. 195ff.

[58]) Auch die vielfach auftretende Einseitigkeit des Verwaltungsakts gehört hierher. — So sagt z. B. das Reichsgericht (Auszug des Urteils in JW. 1925, S. 1616): „Das Kennzeichen des hoheitlichen Handelns zeigt sich in der Einseitigkeit und gesteigerten Glaubwürdigkeit der Rechtsakte sowie darin, daß zu deren Durchführung als ultima ratio der staatliche Zwang bereitsteht."

[59]) Siehe hierzu auch Walz, S. 55f.

Gehört der Verwaltungsakt dem öffentlichen Recht an, so werden auch die mit diesem in gewisser Weise in Verbindung stehenden Rechtssubjekte und Rechtsverhältnisse dem öffentlichen Recht angehören müssen. Kann ein Rechtssubjekt innerhalb eines bestimmten Funktionskreises Verwaltungsakte erlassen, dann ist dieser Funktionsbereich im Zweifel ein öffentlichrechtlicher, und das Rechtssubjekt gilt als Träger hoheitlicher Gewalt.

Als öffentlichrechtlich werden weiter alle Rechtsverhältnisse anzusehen sein, kraft deren Verwaltungsakte vorgenommen werden sollen oder können.[60]) Damit soll aber nicht gesagt werden, daß jedes durch einen Verwaltungsakt geschaffene Rechtsverhältnis ein öffentlichrechtliches zu sein braucht; denn ein Verwaltungsakt kann gerade ein privatrechtliches Rechtsverhältnis zur Entstehung bringen wollen.

Festzuhalten ist also, daß öffentliches Recht einmal alles ist, was den Verwaltungsakt als Tatbestand hat. Jellinek bezeichnet diese Kategorie als ursprünglich-öffentlichrechtlich. Ist nun ein Rechtsverhältnis in einem Teile ein ursprünglich-öffentlichrechtliches, dann wird es kraft Zusammenhanges auch in allen seinen Teilen öffentlichrechtlicher Art sein. Die Öffentlichrechtlichkeit ist weiter abzuleiten bei solchen Rechtsverhältnissen, die durch Umkehrung oder Abwicklung mit einem ursprünglich-öffentlichrechtlichen zusammenhängen.[61])

Näher zu untersuchen bleibt noch die Frage, wer Verwaltungsakte erlassen kann und durch die Möglichkeit hoheitlicher Willensäußerungen seinen öffentlichrechtlichen Charakter zu dokumentieren in der Lage ist, sich also gegebenenfalls als öffentlichrechtlichen Verband auszuweisen vermag.

Grundsätzlich ist — wenn wir das Untersuchungsfeld im Hinblick auf die vorliegende Arbeit begrenzen — zur Vornahme eines Verwaltungsaktes jede juristische Person des öffentlichen Rechts befugt. Damit wird jedoch zugleich die Frage aufgeworfen, worin der Unterschied der juristischen Person des öffentlichen Rechts von der des privaten Rechts begründet ist. Mit der Feststellung, daß als juristische Person des öffentlichen Rechts jede juristische Person zu verstehen sei, die nicht eine solche des Privatrechts ist, wäre hier nicht viel gewonnen, wenn auch die Typen privatrechtlicher juristischer Personen des bürgerlichen Rechts und des Handelsrechts reichsrechtlich festgelegt sind. Vielmehr wird nur eine sinnvolle Ableitung einzelner Erkennungsmerkmale die Zweiteilung der juristischen Personen erhellen können,[62]) zumal auch hier gar nicht mit Sicherheit zu bestimmen ist, wo die juristische Person des Privatrechts aufhört und die des öffentlichen Rechts beginnt. Jellinek führt als wesentliche, die Öffentlichrechtlichkeit kennzeichnende Merkmale der juristischen Person die folgende an: Daseinsnotwendigkeit, positive Aufsicht des Staates oder eines anderen übergeordneten Trägers hoheitlicher Gewalt, Zwangsmitgliedschaft des Verbandes und die daraus

---

[60]) Wir folgen hier und in den weiteren Ausführungen im wesentlichen W. Jellinek; vgl. S. 46ff. seines VerwR.

[61]) Vgl. hierzu W. Jellinek, VerwR.; siehe auch Lammers, Grundriß des Hamburgischen Verwaltungsrechts, S. 12f.

[62]) Gierke (Genossenschaftsrecht, S. 167) verlangt für das Vorliegen einer juristischen Person des öffentlichen Rechts sozialrechtliche Beziehungen zum Gemeinwesen. — Rosin (Recht der öffentl. Genossenschaft S. 18, 25) sieht das Merkmal der juristischen Person des öffentlichen Rechts darin, daß diese dem Gemeinwesen gegenüber zur Erfüllung ihres Zweckes verpflichtet sein soll, wobei es genüge, daß die Pflicht zur Zweckverfolgung aus der Handhabung der Staatsaufsicht über die juristische Person erschlossen werden kann. Friedrichs (im VerwArch., Bd. 23 [1915], S. 9ff.) stellt den Unterschied darauf ab, daß die Mitgliedschaft bei einer privatrechtlichen Körperschaft stets durch Rechtsgeschäft erworben werde, die bei einer Körperschaft des öffentlichen Rechts nie durch Rechtsgeschäfte. Neuerdings stellt Sigloch (S. 21ff., vgl. auch S. 60ff.) als Merkmale auf: öffentlichrechtliche Pflichtstellung der juristischen Person dem Staate gegenüber und öffentlichrechtliche Organisation durch öffentliche Sonderrechtssätze. Näher kann hierauf nicht eingegangen werden.

fließende Rechtsetzungsgewalt, ferner Dienstherrnfähigkeit und als wichtigstes Erkennungszeichen die Fähigkeit, Verwaltungsakte wirksam vorzunehmen.[63])

Wir schließen uns der Analyse Jellineks in ihrem ganzen Umfange an; denn sie fügt sich den in dieser Arbeit vertretenen Anschauungen über das Wesen des öffentlichen Rechts harmonisch ein. Nur dem Merkmal Daseinsnotwendigkeit möchten wir die Worte „im Gemeininteresse" beifügen. Auf die Berechtigung und Brauchbarkeit der analytischen Hilfsmittel zur Erkenntnis des besonderen Charakters der juristischen Person wird später gelegentlich zurückzukommen sein. Bemerkt sei hier nur, daß schon das Vorhandensein eines dieser Merkmale genügt, eine juristische Person aus dem Kreise des Privatrechts herauszuheben[64]) und die mit dem Merkmal in Beziehung stehende Funktion zu einer öffentlichrechtlichen zu machen.[65])

Mit Beantwortung der Frage, wer Verwaltungsakte erlassen kann und damit unter die Normen des öffentlichen Rechts zu bringen ist, kehren wir zum Ausgangspunkt unserer Voruntersuchungen zurück, die das Problem der Abgrenzung des öffentlichen vom privaten Recht zum Gegenstand hatten.

II.

Die öffentliche Anstalt.

1.

Die juristischen Personen als die verbandsmäßig organisierten, rechtlich anerkannten Träger von Rechten und Pflichten[1]) sind der Art nach in Körperschaften, Stiftungen und Anstalten zu scheiden. Als Körperschaft — häufig mit der juristischen Person überhaupt verwechselt — wird kurz die zur juristischen

[63]) Vgl. hierzu W. Jellinek, VerwR., S. 164ff. — Der etwaige Einwand, daß man die juristische Person des öffentlichen Rechts nicht aus der Fähigkeit, Verwaltungsakte zu erlassen, und umgekehrt aus diesem Tatbestand nicht jene Rechtsqualität ableiten könne, ist praktisch ohne Bedeutung; denn bei der juristischen Person des öffentlichen Rechts wird meistens ein zweites Merkmal diesen scheinbaren circulus vitiosus zerstören.

[64]) So mit Recht W. Jellinek, VerwR., S. 165.

[65]) Es ist deshalb möglich, daß eine Organisation im allgemeinen dem Privatrecht, in einzelnen Funktionen dem öffentlichen Recht angehören kann. Auch ist es nicht selten, daß in ein und demselben Institut öffentlichrechtliche und privatrechtliche Elemente vermengt sind. Dagegen können nicht bei dem gleichen Rechtsverhältnis privat- und öffentlichrechtliche Elemente angenommen werden, das überwiegende Element entscheidet dann. Nichts damit zu tun hat jedoch die Tatsache, daß juristische Personen des öffentlichen Rechts, welche als solche Träger hoheitlicher Gewalt sind, neben der Rechtsfähigkeit auf diesem Gebiete stets auch die auf dem Gebiete des Privatrechts besitzen. Diese Rechtsfähigkeit ist im allgemeinen aber nur ein Mittel für ihren Hauptzweck, der auf dem Gebiete des öffentlichen Rechts liegt. — Vgl. hierzu auch Staudinger, BGB., Bem. IV A und B in den Vorbem. zum 2. Tit.

[1]) Weiter gefaßt wäre die juristische Person etwa zu umschreiben als ein von der Rechtsordnung anerkannter Träger von allen solchen Rechten und Pflichten, die ihrer Natur nach nicht einen einzelnen Menschen voraussetzen. — Vgl. hierzu auch die Bem. 1 vor § 21 RRGR.; ferner Planck, Vorbem. zum 2. Tit. (Jur. Person), Bem. 1 und 2; der Begriffsbestimmung Staudingers (7/8. Aufl. Vorbem. III zum 2. Tit.), Jur. Person = „ein rechtlich organisierter und als Einheit rechtsfähiger menschlicher Verband", ist nicht zu folgen; denn die „rechtliche Organisation" ist kein besonderes Kriterium der juristischen Person, sie ist Voraussetzung ihrer Anerkennung durch die Rechtsordnung. Weiter ist die Stiftung z. B. als rechtsfähiger menschlicher Verband schwer zu begreifen. In der 9. Aufl. (Vorbem. zu §§ 80—88 II) sind für die Jur. Person und für die Stiftung brauchbarere Definitionen gefunden worden.

Im Sinne des Textes auch Enneccerus, Allg. T. § 96 III 2, der die juristischen Personen des bürgerlichen Rechts bezeichnet als „Organisationen, die als Rechts- und Willenssubjekte anerkannt sind". — Zur Gesamtfrage siehe Friedrichs im VerwArch., Bd. 23 (1915), S. 1ff.

Person erhobene Personenmehrheit,[2]) als Stiftung die zur juristischen Person erhobene Vermögensmasse[3]) zu bezeichnen sein. Die Anstalt als dritte mögliche Art der juristischen Personen hat im bürgerlichen Recht keine Aufnahme gefunden;[4]) nur — abgesehen von dem Vorkommen des Begriffs „Anstalt" in anderen Zusammenhängen[5]) — als öffentlichrechtliches Institut wird sie im BGB. neben den Körperschaften und Stiftungen des öffentlichen Rechtes (§ 89) erwähnt, und zwar deshalb, um mit dem Ausdruck „Anstalt" jene zweifelhaften Gebilde zu treffen, die bei den öffentlichrechtlichen juristischen Personen weder als Körperschaft noch als Stiftung angesehen werden können.[6]) Dagegen kennt das Reichsrecht, und im besonderen Maße das Landesrecht, die Anstalt als juristische Person neben den Körperschaften und den Stiftungen.

Im Verwaltungsrecht findet der Rechtsbegriff „Anstalt" eine wechselnde Verwendung. Namentlich der in der preußischen Verwaltungsgesetzgebung mit dem Ausdruck „Anstalt" verbundene Begriff ist nicht feststehend. Im Sinne einer Gemeindeanstalt wenden ihn außer dem preußischen KAGes. auch die Städte- und die Landgemeindeordnungen an, ebenso das Zuständigkeitsgesetz (§§ 18, 34), ohne inhaltlich aber Gleiches damit zum Ausdruck zu bringen. Einmal werden Gemeindeeinrichtungen ganz allgemein unter dem Begriff zusammengefaßt, zum andern soll mit dem Ausdruck „Anstalt" eine Sondereinrichtung herausgehoben werden. Der Begriff ist im Verwaltungsrecht ein vieldeutiger geworden, er hat auch hier keine schärfere Umgrenzung erhalten.[7]) Um das Wesen und den rechtlichen Inhalt des Anstaltsbegriffes zu bestimmen, greifen wir zunächst auf das bürgerliche Recht zurück.

Das bürgerliche Recht enthält, wie gesagt, keine besonderen Vorschriften über rechtsfähige Anstalten. Was privatrechtlich als Anstalt bezeichnet wird, fällt unter die Normen über Stiftungen, und zwar aus den Erwägungen heraus, daß die Anstalt nur einen hervorragenden Teil des dem Stiftungszweck gewidmeten Vermögens bilde.[8]) Die Rechtsfähigkeit kann privatrechtlich nicht der Anstalt beigelegt werden, sondern nur der Stiftung, deren Zwecken die Anstalt dient.[9])

---

[2]) So Enneccerus, Allg. T. § 68 I 3; W. Jellinek, VerwR., S. 163f. — Die Trennung zwischen Körperschaft und Stiftung ist erst recht spät erfolgt; das preußische Landrecht z. B. machte noch keinen Unterschied zwischen diesen Rechtsinstituten. — Dazu siehe Gierke, Genossenschaftsrecht, IV, S. 552f.

[3]) Durch die Definition wird aber nicht übersehen, daß die Vermögenswidmung nicht mit dem Stiftungsgeschäft zusammenzufallen braucht, daß es sogar an einem Stiftungsvermögen ganz fehlen und trotzdem die Stiftung als vermögensfähiges Rechtssubjekt zur Entstehung kommen kann. — Vgl. hierzu Enneccerus, Allg. T. § 110 I; RRGR. Bem. 2 zu § 81; Staudinger, § 80 Bem. III 2, IV d.

Da die Bindung des Stiftungsvermögens für den Stiftungszweck jedoch das Wesentlichste der Stiftung ausmacht, so ist die obige Definition gewählt worden. — Über die rechtliche Scheidung der städtischen Stiftung von der städtischen Anstalt vgl. Hatschek im VerwArch., Bd. 19 (1911), S. 309ff.

[4]) Man ging hierbei davon aus, daß bei den privatrechtlichen juristischen Personen sich immer werde feststellen lassen, ob es sich letztlich um einen Verein oder eine Stiftung handele. — Vgl. hierzu Motive I, S. 80; Protokolle I, S. 611.

[5]) Z. B. in den §§ 45 Abs. 2, 196, Nr. 11, 233, 120 BGB. und in verschiedenen Artikeln des EG. zum BGB.

[6]) Vgl. hierzu Planck, Bem. 1 zu § 89; Enneccerus, Allg. T. § 97; Friedrichs im Verw.-Arch., Bd. 23 (1915), S. 5f. — Über die Geschichte des Anstaltsbegriffs vgl. im besonderen Gierke, Geschichte des deutschen Körperschaftsbegriffs (2. Bd. des Genossenschaftsrechts), § 37, S. 958ff.

[7]) Vgl. dazu Nöll-Freund, KAGes., § 4 Bem. 9, § 3 Bem. 2; v. Cossel, Pr. Kom. Arch., Bd. 4, S. 613ff.; auch Stumpf, Begriff der Gemeindeanstalt, S. 24ff.; Bühler, Begriff u. Formen d. öffentlichtrechtl. Anstalt, S. 7, 91f., 240f.

[8]) Vgl. hierzu Planck, Vorbem. 3 und 4 zu § 80; Otto Mayer, VerwR., II, S. 331f.

[9]) Dies bedeutet jedoch nur einen konstruktiven Umweg; denn in Wirklichkeit ist ja doch die Anstalt als die Einrichtung, durch die der bestimmte Stiftungszweck dauernd verwirklicht wird,

Mit diesen Umkonstruktionen hat sich das Privatrecht abgefunden, wenn auch der Eigenart der Anstalt nicht ganz gerecht geworden ist.[10]) So mußte das Institut der rechtsfähigen Anstalt aus rechtshistorischen Gründen dem Kreis des öffentlichen Rechts entwachsen; denn nur hier konnte das der Anstalt Eigentümliche zur Entfaltung kommen und rechtliche Anerkennung finden.

Die charakteristischen Merkmale einer Anstalt liegen darin, daß die Anstalt ein sachliches Substrat voraussetzt, das durch planmäßige Tätigkeit bestimmter Organe Dritten, dem Benutzer, Nutzungen gewährt.[11]) Hierin liegen die Hauptunterschiede gegenüber den Körperschaften und den Stiftungen.

Die Anstalt hat keine Mitglieder wie dies zur Körperschaftsbildung Voraussetzung ist; sie bedarf zur Errichtung bestenfalls eines Verwaltungsaktes in Form der Genehmigung der Anstalt, keineswegs aber eines Kreationsaktes wie die Stiftung. Ferner unterliegt der Anstaltszweck nicht der starren Bindung wie der Stiftungszweck; jener kann durch die Aufsichtsorgane abgeändert werden, während dieser den Rechtswillen der Stiftung bindet und nur durch staatliche Mitwirkung abgeändert werden kann.

Würde z. B. ein kaufmännischer Verein eine „Unterrichtsanstalt" ins Leben

Träger der juristischen Persönlichkeit und nicht das Stiftungsvermögen. Vgl. hierzu Enneccerus, Allg. T., § 110 I; F. Regelsberger, Pandekten, 1893, I, S. 344f.; ferner Gierke, Genossenschaftsrecht, II, S. 962, 965, 967f. — Vgl. auch Bühler (S. 237f., 242ff.), der allerdings Stiftung und Anstalt gleichsetzt. Wir möchten ihm nur insoweit bedingt Gefolgschaft leisten, als es sich um öffentliche Stiftung und öffentliche Anstalt handelt.

[10]) Wie dies z. B. durch eine gesonderte Normgebung für Anstalten geschehen könnte.

Aus der Erkenntnis heraus, daß für Unternehmungen mit ausschließlich gemeinnützigen Zwecken die herkömmlichen Rechtsformen nicht genügen und vielleicht auch aus Absichten der Sozialisierung und Betriebsdemokratisierung hat Österreich eine neue Gesellschaftsform geschaffen, die „gemeinwirtschaftliche Anstalt".

Auch in Deutschland werden für Schaffung von Sondernormen Stimmen laut. Vgl. hierzu Staub, § 178 Anm. 14 b; Regiebetriebe, S. 42; siehe auch DJZ. 1911, S. 1113ff.

Nach den Worten des österreichischen Gesetzes vom 29. Juli 1919 können zur Erfüllung wirtschaftlicher Aufgaben im Dienste der Allgemeinheit, insbesondere zum Zwecke der Vergesellschaftung, in Wirtschaftsbetrieben gemeinwirtschaftliche Unternehmungen gebildet werden (§ 1 Abs. 1). Diese gemeinwirtschaftlichen Unternehmungen sind Anstalten oder Gesellschaften gemeinwirtschaftlichen Charakters (§ 1 Abs. 2). Die gemeinwirtschaftlichen Anstalten sind juristische Personen des öffentlichen Rechts (§ 1 Abs. 2, § 3 Abs. 1) und zur öffentlichen Rechnungslegung verpflichtet (§ 3 Abs. 2). Zu ihrer Entstehung ist die Eintragung in das Handelsregister nötig (§ 5 Abs. 2). Sie sind Vollkaufleute im Sinne des Handelsgesetzbuches (§ 27) und unterliegen wie eine Handelsgesellschaft den steuer- und gebührenrechtlichen Vorschriften und der Besteuerung nach dem Personalsteuergesetz (§ 29, 1).

Gemeinwirtschaftliche Anstalten können vom Staate, von einem Lande, von einer Gemeinde oder von mehreren dieser Gebietskörperschaften gegründet werden; wenn es im besonderen volkswirtschaftlichen Interesse ist, können bei der Einrichtung auch andere juristische Personen mitwirken (§ 2). Sind die Anstalten nicht vom Staate gegründet, so sind der Gründungsbeschluß und die Satzungen, in welchen die Einrichtungen der Anstalt festgelegt werden, der staatlichen Genehmigung unterworfen (§ 5 Abs. 1).

Als Anstaltsorgane sind vorgesehen die Anstaltsversammlung, die Geschäftsleitung und der Überwachungsausschuß (§ 10). Verglichen mit den geltenden Unternehmungsformen stehen die österreichischen gemeinwirtschaftlichen Anstalten den öffentlichen Betrieben mit unabhängigen Finanzen am nächsten; sie haben keineswegs die Einnahmevermehrung der Staatskasse zum Ziele, sondern sind vom Staate völlig unabhängig und genießen im Rahmen ihrer Statuten volle Freiheit der Betriebsleitung und Geschäftsführung. — Im einzelnen vgl. hierzu Steinitz, Die gemeinwirtschaftlichen Anstalten in Österreich, Genf 1927, S. 3ff., 50ff. Nach den bei Steinitz angeführten Beispielen gemeinwirtschaftlicher Anstalten (S. 72ff.) haben diese zur direkten Bedarfsdeckung (gemeins. Siedlungs- und Baustoffanstalt, Heilmittelanstalt, Schuh-Gewa) noch nicht allzuviel beigetragen. Sie sollen aber nach Ansicht des Verfassers nur ein Versuch für die Zukunft sein und der neuen Wirtschaft die Wege zeigen. Sollte mit dem Versuch der „offenen Sozialisierung" die Aufgabe der gemeinwirtschaftlichen Anstalt auch als Rechtsinstitut erschöpft sein?

[11]) Vgl. hierzu W. Jellinek, VerwR., S. 164; Hatschek, VerwR., S. 449f.; Otto Mayer, II, S. 268f.; Gierke, Genossenschaftsrecht, II, S. 969; Bühler, S. 7ff.

rufen, so wäre zwar die sachliche Unterlage gegeben; auch wird sich aus einem solchen sachlichen Substrat, verbunden mit der Tätigkeit gewisser Organe, eine besondere Nutzung, ein Vorteil, für die Benutzer ergeben. Aber der Benutzer ist kein Dritter im Rechtssinne. Die Hörerschaft wird sich meistens aus dem Kreis der Mitglieder zusammensetzen, so daß die Benutzer mittelbar oder unmittelbar selbst die Träger der Einrichtung sind. Man würde hier nicht von einer Unterrichtsanstalt sprechen dürfen, sondern nur von einem kaufmännischen Verein, der Unterrichtszwecke verfolgt. Ähnlich liegen die Dinge, wenn ein Vermögen durch Stiftungsgeschäft der Errichtung und dem Unterhalt einer sogenunnten Forschungsanstalt gewidmet wird und eine Nutzung — wenn eine solche überhaupt möglich — durch Dritte gar nicht in Frage kommt, die Ergebnisse vielleicht nur einem engbegrenzten wissenschaftlichen Kreis dienen können. Auch hier müßte formaljuristisch der Ausdruck „Anstalt" vermieden und zweckmäßig vielleicht durch den Begriff „Institut" ersetzt werden; denn die Merkmale der „Anstalt" fehlen eben. Wenn aber eine Industrie- und Handelskammer eine Fachschule für Verkäufer und Verkäuferinnen ins Leben ruft oder eine Gemeinde eine Fachschule für Schnitzkunst und die Benutzung jedem freistellt — abgesehen davon, daß für die Aufnahme bestimmte Voraussetzungen subjektiver Art zu erfüllen sein werden —, ganz gleich, ob der Benutzer einem kaufmännischen Verein angehört oder nicht, ob er sich schon in der kaufmännischen Ausbildung befindet oder nicht resp. ob etwa der angehende Holzbildner aus einer ganz anderen Gemeinde stammt, dann liegt es nahe, von einer „Anstalt" zu sprechen; denn alle Voraussetzungen scheinen ja erfüllt zu sein, die das Anstaltsmäßige ausmachen. Wohl wird meistens der Ausdruck „Anstalt" für diese Art Einrichtungen gebraucht. Aber darin kann das hier zur Diskussion stehende Gegenstück zur Stiftung und zur Körperschaft nicht erkannt werden, das Inhaltliche genügt in diesen Fällen nicht. Eine Gemeinde, eine Provinz, der Staat oder ein sonstiger öffentlicher Verband können Einrichtungen schaffen, die wohl „Anstalten im weiteren Sinne"[12]) darstellen, aber die rechtlichen Voraussetzungen nicht erfüllen. Da die rechtsfähige Anstalt als die uns hier allein interessierende, aber eine nur dem öffentlichen Recht eigentümliche Einrichtung ist[13]) und als dritte Abart der juristischen Person des öffentlichen Rechts[14]) neben der Körperschaft und der Stiftung rechtlich in die Erscheinung tritt, müssen ihr auch die äußeren Merkmale im öffentlichrechtlichen Sinne anhaften, d. h. die Anstalt muß eine „öffentliche" sein, sie muß zur juristischen Person des öffentlichen Rechts erhoben sein.[15])

[12]) Das Wort Anstalt — vielfach falsch und oft für Einrichtungen gebraucht, die keinesfalls Anstalten im Rechtssinne sind — soll im folgenden nur die im Text näher umschriebene Einrichtung bezeichnen, also jene Verbindung eines sachlichen Substrates mit planmäßiger Tätigkeit zugunsten dritter Benutzer, und der Begriff „öffentlichrechtliche Anstalt" dem Begriff „rechtsfähige Anstalt" gleichgesetzt werden. Die Unterscheidung in öffentliche Anstalten im weiteren und öffentliche Anstalten im engeren Sinne (so Hatschek, VerwR., S. 449; ebenso Sartorius in: WSt VR., III, S. 539), wobei nur die letzteren „Anstalten" im Rechtssinne sind, ist u. E. irreführend und besser zu vermeiden. Unklar auch Sigloch, S. 25. Rechtlich unbefriedigend die Begriffsanwendung von Grotewohl (vgl. Die Verfassung der Gemeinden und Kreise im Freistaat Braunschweig, 1925; z. B.: Bem. zu § 112 StO., § 170 zur LandgemO.).

[13]) Im gleichen Sinne Stier-Somlo, Handbuch, 2. Aufl., S. 258; Sigloch, S. 36, 54; ebenso Sternberg, zit. im VerwArch., Bd. 23 (1915), S. 2, 14; besonders aber Bühler, S. 9, 24ff., 128, 251.

[14]) Der Kommentar der Reichsgerichtsräte (Bem. 1 zu § 89) will die Anstalt nicht als besondere Art der juristischen Person ansehen. Ebenso will Friedrichs (VerwArch., Bd. 23, S. 5f., 14; DJZ., 1930, S. 490) keinen Unterschied zwischen Anstalten und Stiftungen des öffentlichen Rechts anerkennen.

[15]) Das hindert nicht, mit Kormann (WStVR., III, S. 1) und anderen Autoren (vgl. z. B. Fleiner, Institutionen, S. 322) von selbständigen und unselbständigen öffentlichen Anstalten zu

Wenn wir nun die Frage stellen, wann eine öffentliche Anstalt im Gegensatz zu einer bloß anstaltsähnlichen Institution vorliegt, dann begegnen uns ähnliche Schwierigkeiten wie bei der Abgrenzung der juristischen Personen, Schwierigkeiten, die bis zu den Grundproblemen des öffentlichen Rechts überhaupt zurückgreifen.

Das Vorliegen einzelner Tatsachen, so etwa ob dem betreffenden Unternehmen das Expropriationsrecht verliehen worden ist, ob die Grundstücke, die zum Bestande des Unternehmens gehören, auf Grund des § 90 GBO. dem privatwirtschaftlichen Verkehr entzogen bleiben, oder ob das Unternehmen von der Gewerbesteuer befreit oder etwa vom Staat oder von der Gemeinde beim Handelsregister gemäß § 36 HGB. angemeldet worden ist oder nicht,[16]) ob die Haftung der Anstalt gegenüber den Benutzern eine solche öffentlichrechtlicher Natur ist,[17]) kann für die Heraushebung der Unternehmung zur öffentlichen Anstalt zwar den Wert von Indizien gewinnen. Keinem dieser Indizien kann jedoch für sich allein eine entscheidende Bedeutung beigemessen werden. Vielmehr soll ja erst der Rechtscharakter der Einrichtung bestimmt werden, an den sich gegebenenfalls Rechtsvorteile oder Rechtsnachteile der erwähnten Art knüpfen können, und der auch eine Prüfung ermöglicht, ob bereits geübte Anwendung von Sondersätzen zu Recht besteht.

---

sprechen, wenngleich der Begriff auch dadurch wieder verdunkelt wird; denn richtig gesehen kann eine „öffentliche Anstalt" nur eine solche mit eigener Rechtspersönlichkeit sein. Der Ausdruck „unselbständige öffentliche Anstalt" soll aber wegen seiner allgemeinen Anerkennung in der juristischen Literatur übernommen, jedoch nur für ganz bestimmte Tatbestände verwandt werden, wo durch seine Anwendung keinerlei Verwirrung in die Terminologie hineingetragen wird.

Um es schon hier auszusprechen: eine selbständige öffentliche Anstalt liegt überall dort vor, wo die Vermögensobjekte der Anstalt mitsamt den sie verwaltenden oder mit den das Vermögen produktiv gestaltenden Organen so abgesondert sind, daß sie ein eigenes wirtschaftliches Leben entwickeln können. Ob eine öffentliche Anstalt eine selbständige oder unselbständige darstellt, läßt sich demnach allein nur an Hand der für sie geltenden besonderen Rechtsvorschriften beurteilen. Vielfach wird eine bloße Aufnahme in den Haushaltsplan der übergeordneten Körperschaft noch keine Unselbständigkeit der Anstalt zu begründen vermögen.

Für die Stellung des Einzelnen gegenüber einer öffentlichen Anstalt ist es letztlich auch völlig belanglos, ob diese oder jene öffentliche Anstalt eigene Rechtspersönlichkeit besitzt oder nicht (vgl. Otto Mayer, II, S. 331; Stier-Somlo, Handbuch, 2. Aufl., S. 258; Fleiner, S. 322; Nipperdey, Stromsperre, S. 4f.; Bühler, S. 252ff.). Denn die rechtliche Selbständigkeit oder Unselbständigkeit einer Anstalt hat vornehmlich zivilrechtliche Bedeutung; verwaltungsrechtlich bleiben die unselbständigen ebenso wie die selbständigen Anstalten in gleicher Weise Träger der öffentlichen Verwaltung.

Im übrigen wird nicht zu übersehen sein, daß der vollen Klärung des Anstaltsbegriffs immer der Sprachgebrauch hinderlich sein wird, der einerseits staatliche Verwaltungsmittel oder staatliche Einrichtungen, anderseits private Einrichtungen mit mehr oder weniger öffentlichen Zwecken oder Einrichtungen der Selbstverwaltungskörper schlechthin, ganz gleich ob mit oder ohne öffentliche Zweckverfolgung und ohne Rücksicht auf die Rechtspersönlichkeit als Anstalten bezeichnet. Auch heute trifft im wesentlichen leider noch zu, was z. B. Jebens schon 1901 (Pr. VerwBl., Bd. 22, S. 329) aussprach, daß „der Ausdruck ‚Anstalt' an sich ebenso unzulänglich, undefinierbar, wie andererseits beliebt ist — so beliebt, daß sein Gebrauch stellenweise die Annahme nahelegt: der ihn Gebrauchende habe sich einer begrifflichen Festlegung des Gewollten gerade entziehen wollen."

[16]) Vgl. hierüber auch Toepfer, S. 537ff; Fleiner, Umbildung zivilr. Institute, S. 22f.; Staub, HGB., § 36. — Grundsätzlich brauchen sich die gemeindlichen Unternehmungen nicht ins HR. eintragen zu lassen, auch wenn die Gewinnabsicht das leitende Motiv ist. Ist eine Unternehmung der Gemeinde aber eingetragen, so berührt dies die rechtliche Beurteilung der anstaltlichen Funktionen auch dann nicht, wenn die Gewinnabsicht nicht bestimmend für Errichtung und Leitung der Unternehmung war. In diesem Falle wäre auch die Kaufmannseigenschaft nach § 1 HGB. zu verneinen; denn eine öffentliche Anstalt kann niemals Kaufmann im Sinne des HGB. sein. Vgl. hierzu auch Staub, Anm. 7 zu § 1, Anm. 8 und 10 zu § 36; Sigloch, S. 46ff.

[17]) Vgl. über die Haftung Fleiner, Institutionen, S. 338ff.

Um zu einem rechtlich befriedigenden Ergebnis zu gelangen, werden wir weiter ausholen müssen; denn die Scheidelinie ist hier so fein, als daß Hilfsmittel dieser Art genügen könnten.

2.

Als Charakteristikum der Anstalt ist früher das Vorhandensein eines sachlichen Substrats festgestellt worden, das durch planmäßige Tätigkeit Dritten Nutzungen gewährt. Die öffentlichrechtlich betriebene Anstalt, oder was dasselbe ist, die öffentliche Anstalt könnte etwa bezeichnet werden als „die zur juristischen Person erhobene, nicht von einer Personenmehrheit getragene Einrichtung",[18]) wobei unter Einrichtung jede bleibende, positiv gebundene Veranstaltung zur Erfüllung bestimmter Zwecke zu verstehen sein wird. Um jedoch zu vermeiden, einen Begriff mit Hilfe eines zweiten, auch der Erklärung bedürftigen Begriffs zu erhellen, möchten wir die öffentliche Anstalt etwa bezeichnen als ein öffentlichrechtlich organisierter, nicht von einer Personenmehrheit getragener Bestand von sachlichen Mitteln, der durch planmäßig entfaltete, staatlich beaufsichtigte Tätigkeit bestellter Personen

---

[18]) So W. Jellinek, VerwR., S. 164. An anderer Stelle „Anstalt ist eine Verbindung von sachlichen und persönlichen Mitteln, durch die der Staat oder ein sonstiger Träger öffentlicher Gewalt seine Zwecke öffentlichrechtlich erfüllt" (S. 493).

Nach Merkl (Allgemeines Verwaltungsrecht, S. 306f.) ist die öffentliche Anstalt ein Verwaltungsorgan, dem Vermögensobjekte mit der Zweckbestimmung zur Verwaltung anvertraut sind, sie zum Gemeingebrauch bereitzuhalten oder darüber hinaus ideelle oder materielle Güter zu produzieren. Merkl stimmt mit uns überein, wenn er sagen will, daß die Anstalten die vom „modernen Staat geforderte" unmittelbare kulturelle und zivilisatorische, im weitesten Sinne sozialwirtschaftliche Tätigkeit des Staates prästieren. Merkls mit politischen Gedanken durchsetzte Kritik läßt aber diese Auslegung nicht recht zu.

Köttgen hat auf der Tagung der Staatsrechtslehrer im April 1929 als öffentliche Anstalten Verwaltungseinheiten innerhalb der öffentlichrechtlichen Verwaltungsorganisation bezeichnet, deren Aufgaben überwiegend durch den Realakt charakterisiert werden und die, soweit sie überhaupt in Erfüllung ihrer Aufgaben in unmittelbare rechtliche Beziehungen zu dem privaten Publikum treten, sich hierbei einer öffentlichrechtlichen Nutzungsordnung bedienen (vgl. Veröffentl. d. Ver. d. deutschen Staatsrechtsl., H. 6, S. 125). Köttgen schreitet damit auf dem von ihm früher eingeschlagenen Wege fort (vgl. Öffentliche Hand, S. 19ff.). Wenn er so insbesondere durch Eliminierung der materiellen Zweckmomente aus dem Anstaltsbegriff die öffentliche Anstalt abzugrenzen versucht, so setzt er sich damit nicht nur mit der herrschenden Lehre in Widerspruch — was allerdings nicht immer sagt, daß man dann Unrecht habe —, sondern er will das öffentliche Recht und seine Einrichtungen mit Hilfe spezieller Kautelen, die ungeeignet sind, in feste Bahnen bannen. Ungeeignet deshalb, weil die Entwicklung des öffentlichen Rechts noch im Fluß ist und Wertungsmomente bei allen jenen Erscheinungen nicht entbehrt werden können, die, wie es beim öffentlichen Recht besonders der Fall ist, in soziologischen und kulturellen Tatbeständen wurzeln. Vornehmlich in diesem Sinne sind auch Köttgens Darlegungen angegriffen worden (vgl. Veröffentl. d. Ver. d. deutschen Staatsrechtsl., H. 6, S. 102, 147f., 152ff., 156f.). In Köttgens Fußtapfen tritt kritiklos Kleiner, S. 63ff., zu Unrecht nimmt auch Kleiner (S. 78f.) die Entscheidung des RG. vom 6. Mai 1920 (RGZ., Bd. 99, S. 99f.) für seine Meinung in Anspruch. —Vgl. hierzu auch das auf S. 28 Anm. 49 der Arbeit Gesagte.

Im übrigen gerät Köttgen bei der Beurteilung der materiellen Zweckmomente für die juristische Begriffsbildung in ähnliche Sackgassen wie vor ihm schon Kormann bei der Abgrenzung der öffentlichen Anstalt von der gewerblichen Unternehmung (Pr. VerwBl., Bd. 34, bes. S. 395ff.) oder Kelsen bei der Spaltung öffentlichen und privaten Rechts. Vgl. z. B. Köttgens Ausführungen in Heft 6 auf S. 114ff. Ob durch die Einführung einer öffentlichrechtlichen Nutzungsordnung für jene Verwaltungszweige, die Anspruch auf eine Einreihung unter die öffentlichen Anstalten erheben, das Problem restlos gelöst ist — ganz abgesehen von der praktisch häufigen Unanwendbarkeit des Einteilungsprinzips —, erscheint uns sehr zweifelhaft. Nach wie vor würde ein jedes Rechtsgebiet, sei es Steuerrecht oder Verwaltungsrecht, nach seinem eigenen Maßstab und seinen dafür aufgestellten gesetzlichen Normen prüfen, wie es sich zu einer öffentlichen Anstalt verhalten will.

Dritten besondere Nutzungen im Gemeininteresse gewährt.[19]) Die öffentliche Anstalt ist hiernach grundsätzlich etwas Lebendiges, ein eigenes organisches Gebilde aus zwei verschiedenen Wurzeln im Gegensatz zur leblosen öffentlichen Sache.[20])

Diese Definition der öffentlichen Anstalt hat sinngemäß für die in Frage kommenden Stellen des bürgerlichen Rechts Geltung, besonders aber für das Verwaltungsrecht Bedeutung, weil das öffentliche Recht mit dem Begriff der öffentlichen Anstalt mehr und mehr arbeitet.

Im folgenden sollen nun die einzelnen Begriffsmerkmale näher untersucht und begründet werden, um damit auch den materiellen Zweckmomenten ein für die Praxis brauchbares Fundament zu geben und die Entscheidung über das Vorliegen einer öffentlichen Anstalt auf eine sichere Grundlage zu stellen.

Die Daseinsnotwendigkeit des sachlichen Substrats ist schon an früherer Stelle hervorgehoben worden. Fehlt die sachliche Unterlage, so entfällt die Möglichkeit der Sachnutzungsentfaltung und damit ein Charakteristikum der öffentlichen Anstalt. Nicht notwendig muß der Bestand von sachlichen Mitteln dem Subjekt der öffentlichen Gewalt eigentümlich zustehen, unter Umständen dürfte das Bestehen einer öffentlichen Anstalt bejaht werden, wenn die Verwaltung und Nutzung fremder Vermögensobjekte — vielleicht sogar unter Einräumung gewisser Beratungs- und Zustimmungsrechte an die Eigentümer — dem Träger der öffentlichen Gewalt überlassen ist, d. h. wenn das Vermögen der Anstalt gleichsam nur noch rechtlich fremdes Vermögen ist, tatsächlich und praktisch

---

[19]) Sinngemäß entspricht die von uns gewählte Definition der herrschenden Auffassung. (Vgl. Otto Mayer, II, S. 268, 331ff.; W. Jellinek, VerwR., S. 164, 494ff.; Hatschek, VerwR., S. 449; Fleiner, Institutionen, S. 322. Über die Theorien des Anstaltsbegriffs vgl. auch Stumpf in den Bl. f. admin. Praxis, Bd. 57 [1907], S. 7ff.; Kleiner, S. 56ff.; ferner Bühler, S. 7ff., 102, 107, 110. — Über die Begriffsinterpretation vgl. auch Pr. OVG. Bd. 18, S. 144f.; Bd. 26, S. 140.) Doch haben wir in den Anstaltsbegriff das Merkmal der Nutzungsgewährung ausdrücklich mit aufgenommen, weil dieses Merkmal das Wesen der öffentlichen Anstalt als einer Einrichtung, der der Gedanke der öffentlichen Fürsorge (im sozial weitesten Sinne) besonders innewohnt, eigentlich erst zum Ausdruck bringt.

Unter den zu planmäßiger Tätigkeit bestellten Personen sollen nur die bestimmten, für die Anstalt tätigen Personen verstanden werden, nicht die Destinatäre. Anstaltszugehörige können zwar vorhanden sein, brauchen es aber nicht. Benutzer als Sachnutzer der Anstalt sind zwar immer vorhanden, sie dürfen aber nicht als Anstaltszugehörige betrachtet werden; denn diese Bezeichnung drückt eine ganz bestimmte enge Bindung an die Anstalt aus, die nicht immer vorzuliegen braucht. (Vgl. hierzu auch das Ergebnis der Geschichte des Anstaltsbegriffs bei Gierke, Genossenschaftsrecht, II, S. 963ff.)

Auch ein mit Hoheitsrechten beliehenes Privatunternehmen kann entgegen Hatscheks Meinung (VerwR., S. 329f., 449f.) öffentliche Anstalt sein. — Vgl. hierzu W. Jellinek, VerwR., S. 168ff., 507ff.; Otto Mayer, II, S. 245ff.; Kormann, System, S. 106ff.; Richter, VerwR. d. öffentl. Anstalt in: Veröffentl. d. Ver. d. deutschen Staatsrechtsl., H. 6, S. 89ff.; Bühler, S. 180, 259ff., 272. — Verliehene öffentliche Unternehmungen sind vornehmlich in Frankreich zu finden. Vgl. hierüber z. B.: G. Jèze, Les contrats administratifs de l' Etat, des départements, des communes et des établissements publics. Paris 1927, S. 55ff. Ähnlich den beliehenen öffentlichen Unternehmern sind die Public Service Corporations in den Vereinigten Staaten. Diese Privatgesellschaften übernehmen auf eigene Rechnung und Gefahr öffentliche Aufgaben, deren Erfüllung einer behördlichen Kontrolle unterworfen ist. Vgl. dazu den Aufsatz ,,Public utilities oder public ownership'' in „Städtetag“, Jahrg. 24 (1930), S. 10ff.

[20]) Damit entfernen wir uns von Otto Mayers Auffassung, wonach die öffentliche Sache vielfach als öffentliche Anstalt zu beurteilen ist, insbesondere dann, wenn der Einzelne an der öffentlichen Sache eine „Gebrauchserlaubnis“ hat, d. h. wenn ihm ein über den Gemeingebrauch hinausgehendes weiteres Nutzungsrecht tatsächlich eingeräumt wird. Vgl. Otto Mayer, besonders in der 1. Aufl., II, S. 76, 87, 139f.; 3. Aufl., II, S. 75, 92f.

Selbst ein gesteigerter Gemeingebrauch zu individuellen Zwecken oder ein persönliches Sondernutzungsrecht an einer öffentlichen Sache kann u. E. diese nicht zur „Anstalt“ machen. Vgl. dazu auch Fleiner, Institutionen, S. 379ff. — Im Sinne des Textes Bühler, S. 127, 177, 211f.

der öffentliche Verband dasselbe verwaltet und gleich wie ein Eigentümer darüber verfügt, also Herr der Anstalt ist.

Die Nutznießungen, die die Anstalt ihren Benutzern bietet, werden sich immer als Vorteile ausweisen und andere Momente überschatten müssen. Bei einer Gefangenen-„Anstalt" oder einer Zwangserziehungs-„Anstalt" z. B. können die Sachnutzungen nicht als besondere von der Anstalt geleistete Vorteile angesehen werden. Die Nutzungen treten hier völlig hinter andere Momente zurück.

Zu dem Bestand an sachlichen Mitteln muß notwendigerweise ein solcher von persönlichen Mitteln hinzukommen, soll die Einrichtung ihre Tätigkeit entfalten und als „Anstalt" ihre öffentlichen Zwecke verwirklichen. Manchmal werden die persönlichen Mittel überwiegen, trotzdem aber kann einem Bestand von nur persönlichen Mitteln niemals die Eigenschaft einer öffentlichen Anstalt zukommen.

Der Bestand von sachlichen und persönlichen Mitteln wird lediglich zur Benutzung und Funktion im Sinne des konkreten Anstaltszweckes vorhanden sein müssen, was regelmäßig zu einer bestimmten eigenen, auf eine gewisse Dauer berechneten Organisation führt, mit deren Hilfe die Entfaltung des Anstaltszweckes durchgeführt wird.

Es müssen besondere Nutzungen im Gemeininteresse sein, um die leistende Anstalt als öffentliche charakterisieren zu können. Damit wird zugleich ein Doppeltes verlangt: bestimmte Nutzungen, die einen besonderen persönlichen Vorteil ausmachen, die aber auch zugleich im Interesse der Gemeinschaft liegen. Eine besondere, als persönlichen Vorteil erkannte und gewürdigte Nutzung kann nur als eine anstaltliche Leistung gewertet werden; denn eine allgemeine Benutzungsgestattung oder der Gemeingebrauch einer Einrichtung oder an einer öffentlichen Sache kann nicht als ein eigentlicher spezieller Vorteil gelten, den die Anstalt ja spenden soll. Die Nutzungsgewährung muß in einem über den allgemeinen Gebrauch hinausgehenden besonderen Vorteil für den Einzelnen liegen.

Welcher Art die Nutzung ist, ob Unterrichtsvermittlung oder Rechtsprechung, ob Licht- und Kraftzuführung oder Sachgüterzuteilung, ist gleichgültig. Denkbar ist jede Art von Nutzung materieller und immaterieller Natur, soweit sie nur einen besonderen Vorteil für den Benutzer bedeutet und den Zwecken und Obliegenheiten des öffentlichen Verbandes zu dienen vermag. Praktisch werden wohl in den meisten Fällen nur solche Nutzungen bereitgestellt werden, die ihrer Art nach einem größeren Benutzerkreis Vorteile bieten können, und deren Bereitstellung der Anstalt eine planmäßige, gleichförmige, auf gewisse Dauer berechnete Wirtschaftsführung und Verwaltung gestattet; kurz: es wird sich fast immer um Nutzungen gleichförmiger Art handeln, wenn sich eine öffentliche Anstalt mit der Bereitstellung befaßt. Daß die von der Anstalt gewährten Nutzungen das Gemeininteresse dauernd oder doch wenigstens innerhalb einer durch das Gemeininteresse bestimmten Zeitspanne befriedigen sollen, ergibt sich schon ohne weiteres aus der Zwecksetzung der öffentlichen Anstaltseinrichtung.

Diese Nutzungen können nun den Bürgern durch den Staat oder die Gemeinde aus zweierlei Motiven dargeboten werden. Einmal aus dem Grunde, die Vorteilsgewährung an die Benutzer der Anstalt nur als Mittel für eigene finanzielle Zwecke zu betrachten, zum andern, um durch die Gewährung von Vorteilen mit dem Mittel Anstalt ihre öffentliche Aufgabe zu erfüllen und Gemeininteressen zu verfolgen. Nur im letzteren Falle liegt eine öffentliche Anstalt vor.[21]) Doch wäre es abwegig, jedes Gewinnstreben einer Anstalt zu einem Indiz

[21]) Im gleichen Sinne Nöll-Freund, KAGes., Bem. 2 zu § 3; Strutz, Art. Gebühren im Hw. d. Stw., Bd. 4, S. 617f.; Toepfer, Der Begriff d. öffentlichrechtl. Gebühr, S. 534ff.; Stumpf, S. 36f., 54f.; Bühler, S. 9ff., 109ff.

zu stempeln, das auf jeden Fall auf ein privates gewerbliches Unternehmen der öffentlichen Hand hinweist,[22]) ebensowenig wie das Fehlen der Gewinnabsicht oder die dauernde Gewinnbeschränkung eine Bürgschaft für die öffentlich-rechtliche Natur einer Einrichtung sein kann.[23])

Es ist eine Verkennung ihrer Funktionen, wenn das Gewinnstreben einer von öffentlicher Hand betriebenen Unternehmung[24]) diese sofort zu einer privaten gewerblichen machen soll. Dies um so mehr, als die öffentliche Finanznot in der Nachkriegszeit oft öffentliche Verbände zwang, eine maßvolle Gewinnerzielung bei Betrieben der öffentlichen Hand als Voraussetzung ihrer Einrichtung überhaupt anzusehen,[25]) um durch die erzielten Überschüsse das auf dem Wege der Anleihe aufgenommene Gründungskapital langsam abzutragen. Ganz abgesehen davon wären die umfangreichen gemeinnützigen Einrichtungen in dem vorhandenen Ausmaß gar nicht denkbar, wenn zu ihrer Unterhaltung lediglich zusätzliche Steuermittel herangezogen werden müßten. Erst die ertragswirtschaftliche Füh-

---

[22]) So auch das Reichsgericht in Bd. 99, S. 100: „Die private gewerbliche Unternehmung kann zugleich öffentlichen Interessen dienen, andererseits ist die Erzielung eines Gewinns mit dem Begriff der öffentlichen Anstalt nicht unvereinbar". Vgl. auch OVG., Bd. 25, S. 149f.; Bd. 34, S. 134ff., insbes. S. 139; Bd. 75, S. 254f. Thür. OVG. Bd. 2 (1914), S. 157f. — Im Sinne des Textes Toepfer, S. 535f.; v. Blume im Hw. d. Stw., Bd. 4, S. 782; Kinne, S. 410ff.; Fleiner, Institutionen, S. 327; Bühler, S. 110ff., 119ff.; Kleiner, S. 63, 81ff., 115. — Jellinek (System d. subj. öffentl. Rechte, S. 58f., 61f.), ähnlich Laband (Staatsrecht, 4. Aufl., III, S. 50f.) wollen eine Einrichtung auch dann zu den privatrechtlichen zählen, sobald die Erwerbsabsicht auch nur zum Teil als Zweck der Einrichtung auftritt. Unzutreffend auch Gerber, Öffentliche Unternehmung, in den Zürcher Volksw. Forschungen, Bd. 13, S. 14f. Neuerdings stellt wieder Friedrichs (Versorgungsbetriebe, S. 17f.) das Moment der Gewinnerzielung — wenn auch mit gewissen Einschränkungen — als wesentliches Merkmal der Unterscheidung auf.

[23]) Anders läge es hier steuerrechtlich für die Frage der Gemeinnützigkeit.

[24]) Der Begriff „Unternehmung" soll gemäß der herrschenden volkswirtschaftlichen Dogmatik jede Art äußerlich selbständiger wirtschaftlicher Betätigung innerhalb des sozialen Produktionsprozesses umfassen, gleichgültig, ob es sich um materielle oder immaterielle Güterbeschaffung handelt, ob mit Hilfe der Unternehmung Gewinn erzielt wird oder nicht. Demgegenüber weist der Begriff „Unternehmen" des öfteren auf die inneren Zusammenhänge einzelner Produktionseinheiten hin und bezeichnet mehr die technisch-organisatorische Verbindung mehrerer Einzelunternehmungen zueinander.

Unter „Betrieb" mögen die äußerlich zusammengefaßten wirtschaftlichen Faktoren bestimmten Charakters verstanden werden. Über den Begriff „Betrieb" herrscht allerdings auch in der nationalökonomischen Literatur keine völlige Übereinstimmung. — Vgl. hierzu Hellauer, Zur Begriffsbildung in der Betriebswirtschaftslehre, „Zeitschr. für Betriebsw.", Jahrg. 3 (1926), S. 513; ferner Hesse, Allgem. Volkswirtschaftslehre, 10. Aufl., § 23, S. 101. Im einzelnen vgl. hierzu Schumpeter, Art. Unternehmer im Hw. d. Stw., Bd. 8, S. 476ff.; weiter aus der Vielheit der Fachliteratur Liefmann, Unternehmungsformen, 3. Aufl. (1923), S. 7ff.; nicht zu folgen ist aber Liefmanns Einteilung in öffentliche Anstalten, öffentliche Wirtschaften und öffentliche Unternehmungen, zumal auch die Begründung dieser Teilung nicht zu überzeugen vermag (vgl. S. 120ff.). Insbesondere scheint die Zweiteilung „öffentliche Unternehmung" (Gewinnprinzip) und „öffentliche Wirtschaft" (Kostendeckungsprinzip) wenig glücklich; denn gewirtschaftet wird hier wie dort, und die Kostendeckung ist praktisch ein sehr durchlöchertes Prinzip. Vgl. weiter Leitner, Privatwirtschaftslehre, 3. Aufl., 1921, S. 240 Anm. 1, siehe aber auch S. 12f.

Die Begriffsbestimmung des Betriebes im Betriebsrätegesetz (§ 9) ist unbrauchbar, zudem wird der Begriff in den einzelnen Vorschriften in ganz verschiedenem Sinne (§ 21) angewendet.

Mit der Bezeichnung „Regiebetrieb" oder auch „reiner Regiebetrieb" will die volkswirtschaftliche ebenso wie die juristische Terminologie jene Betriebe verstanden wissen, deren Organisation, Geschäftsführung und Verwaltung vollkommen und unmittelbar in öffentlichen Händen liegen. (Unrichtige Begriffsanwendung bei Sigloch, S. 36f.)

[25]) Vgl. hierzu Schmelcher, Gemischtwirtschaftliche Unternehmungen im Hw. d. Stw., Bd. 4, S. 849; ferner Boelsen, Kapitalgesellschaften, S. 11f.; Elsas in: Gegenwartsfragen der Kommunalverwaltung, S. 109f., 112ff.; Mulert in den Schweizer Annalen, 1930, S. 65ff.; siehe auch die Begründung der Reichsregierung zum Entwurf eines Gesetzes über die gegenseitigen Besteuerungsrechte des Reiches, der Länder und der Gemeinden, Reichstagsdrucks., 3. Wahlp. 1924, 25, Nr. 801, S. 5.

rung einzelner Unternehmungen gibt den öffentlichen Körperschaften, insbesondere den Gemeinden, einen Teil der Mittel, um den sozialpolitischen Aufgaben in dem erstrebenswerten Umfange nachzukommen.[26])

Richtig gesehen wird also im allgemeinen der Betrieb der öffentlichen Hand, unbekümmert um ein etwa entgegenstehendes Sonderinteresse[27]), seinem Gewinn im gewissen Umfange ebenso nachgehen müssen wie ein Betrieb in privater Hand, wenn er wirtschaftlich gesund bleiben und seine ihm gestellten öffentlichen Aufgaben erfüllen will;[28]) denn es darf nicht übersehen werden, daß selbst eine im

---

[26]) Damit ist zu dem immer noch umstrittenen Problem, ob die gemeindlichen Betriebe Überschüsse an den allgemeinen Haushalt abführen sollen, im bejahenden Sinne Stellung genommen. — Hierzu statt vieler: Mulert in den Schweizer Annalen, 1930, S. 65f., 73f.

[27]) Auch das Unternehmen der öffentlichen Hand ist in das Gefüge der Gesamtwirtschaft eingespannt und hat Interessen anderer gegen sich. Es steht mit anderen privaten und öffentlichen Unternehmungen gegen deren Sonderinteressen im Wettbewerb um Rohstoff, um Absatz und auch um Arbeitskräfte. Wohl werden öffentliche Unternehmungen untereinander den Wettbewerb unter dem Druck behördlichen Einflusses möglichst vermeiden, aber um so mehr werden sich Wettbewerbshandlungen und Interessenkollisionen zwischen öffentlichen und privaten Unternehmungen ergeben, die oft durch gegensätzliche Wirtschaftsgrundsätze verschärft werden. Grundsätzlich wird man den öffentlichen Unternehmungen dieselbe Bewegungsfreiheit in geschäftlichen Dingen einräumen müssen wie den privaten. Die Grenze bilden Recht, Sitte und Natur der Unternehmung. Die öffentliche Unternehmung unterliegt deshalb dem Wettbewerbsgesetz und den anderen Vorschriften über sittenwidriges Handeln ebenso wie die Privatunternehmung, sie genießt keine rechtliche Vorzugsstellung, im Gegenteil wird man an das Handeln einer öffentlichen Unternehmung in dubio sogar einen schärferen Maßstab anlegen müssen. Dagegen kann eine hoheitliche Handlung niemals als Wettbewerb angesehen werden. Im einzelnen vgl. hierzu JW., 1927, S. 895f., 1071f.; RGZ., Bd. 62, S. 265f.; Bd. 116, S. 1f., 31f.; weiter Bd. 79, S. 229; Bd. 115, S. 258; Bayer. ObGH. in JW., 1930, S. 1450f., 2248; siehe auch Richter in den Veröffentl. d. Ver. d. deutschen Staatsrechtsl., H. 6, S. 82ff., 100f.; ferner Sigloch, S. 186ff.; Henke, Elektrizitätswirtschaft, S. 187ff., 200ff., 212ff.; Nipperdey, Stromsperre, S. 45ff., 25ff. und die dort angezogene Literatur. Vgl. auch die neuere Entscheidung des Wiener Obersten Gerichtshofs in dieser Frage, JW., 1930, S. 1779f.

Daß die öffentlichen Unternehmungen sich nicht immer ihrer Aufgaben bewußt bleiben, zeigt ein gemeinsamer Erlaß preußischer Ministerien vom 7. März 1927, der gegen die unlautere Konkurrenz der öffentlichen Elektrizitätsunternehmungen beim Verkauf elektrischer Gebrauchsgegenstände gerichtet ist. (Vgl. Ministerialblatt der Handels- und Gewerbeverwaltung, 1927, Nr. 4, S. 51, abgedruckt bei Niebuhr, Öffentl. Unternehmungen, S. 63.)

[28]) Dies ergibt sich u. E. schon daraus, daß bei Festsetzung des vom Benutzer für die Benutzung zu zahlenden Entgeltes auch die Grundregeln der kaufmännischen Kalkulation nicht unbeachtet bleiben dürfen, wenn das Unternehmen eine gewisse Gleichheit der Geschäftsführung und Stetigkeit der Funktionen beibehalten will. Denn es gibt keinen Kauf oder Verkauf von Gütern, keine Produktion, kein Bereithalten von Gütern oder Leistungen, das nicht mit einem wenn auch noch so bescheidenen Risiko, d. h. mit dem Element der Spekulation, verknüpft wäre, und dieses Moment darf auch bei öffentlichrechtlichen Unternehmungen oder Einrichtungen nicht übersehen werden.

Das Aufnehmen einer bestimmten Summe z. B. für unvorhergesehene Ausgaben in den Etat eines Betriebes der öffentlichen Hand, sagen wir einer öffentlichrechtlichen Anstalt, oder die Rückstellungen für voraussichtliche größere Instandsetzungs- und Erneuerungsarbeiten, unter Umständen sogar die Ansammlung von Rücklagen, die in Voraussicht zukünftiger Entwicklung für spätere Erweiterung der Anlage vorgenommen wird (in München z. B. fließen die Überschüsse aus der Müllabfuhr einem Fond zu für die künftige Hausmüllverwertungsanlage), bedeuten — da der Etat ja als Grundlage der Gebührenberechnung dient — letztlich nichts anderes, als erwerbswirtschaftliche Prinzipien sinnvoll auf das Gebiet der öffentlichen Verwaltung anwenden. In diesem Sinne besonders auch Mulert in den Schweiz. Annalen, 1930, S. 65ff. Im übrigen vgl. auch die Stellungnahme zu dieser Frage in den Gutachten einiger Kommunalpolitiker in dem Heft: Regiebetriebe der Gemeinden, besonders S. 32, 58f., 64f., und die auf S. 127f. abgedruckte Entschließung des Deutschen Städtetages vom Februar 1924. Siehe auch Friedrichs, Versorgungsbetriebe, S. 10, 14, 75f., und Molls Art.: Maßstäbe für Gebühren und Beiträge im Hw. d. Kw., Erg. Bd. II, S. 1007ff. Friedrichs und Moll gehen mit uns überein, nur wollen beide Autoren Rücklagen für künftige Erweiterungsanlagen nicht dem Gebührenbemessungsfond zuschlagen.

Die Grundsätze richtiger kaufmännischer Kalkulationen in der Geschäftsführung öffentlichrechtlicher Betriebe anzuwenden, hindern auch nicht die geltenden Vorschriften. Das KAGes. vom 14. Februar 1893 sagt in § 4 Abs. 2, daß die Gebührensätze in der Regel so zu bemessen seien, daß

Gemeininteresse errichtete öffentliche Unternehmung keine im bürokratischen Organismus des Behördenapparats arbeitende Dienststelle ist, sondern ein Gebilde darstellt, das mit dem Leben in vielfacher Form verknüpft ist und deshalb eigenes praktisches Leben entwickeln muß.

Die erwerbswirtschaftlichen Gesichtspunkte werden in der Regel ihre Schranke im Zweck der öffentlichen Veranstaltungen finden, wenn nicht schon obrigkeitliche Aufsichtsorgane eine Überspannung von vornherein verhindern.[29])

Mit diesen Erwägungen sollen aber keineswegs die Gradunterschiede in bezug auf Art und Höhe der Überschüsse verkannt werden. Betrachtet es z. B. die Geschäftsführung eines Betriebes der öffentlichen Hand als ihre Hauptaufgabe, planmäßige, über den Eigenbedarf des konkreten Betriebes hinausgehende Überschüsse dauernd zu erzielen, um diese den allgemeinen Staats- oder Gemeindeeinkünften zuzuführen, dann wird der gewerbliche Charakter der Unternehmung nicht mehr anzuzweifeln sein, selbst auch dann nicht, wenn die erzielten Gewinne ausschließlich zu öffentlichen Zwecken verwendet werden.[30]) In noch entscheidenderer Weise gilt dies für solche Unternehmungen, mit deren Überschüssen ein Haushaltsplan von vornherein fest rechnet und als ordentliche Einnahmen ein-

---

die Verwaltungs- und Unterhaltungskosten der Veranstaltung einschl. der Ausgaben für die Verzinsung und Tilgung des aufgewendeten Kapitals gedeckt werden. Hiernach ist eine planmäßige, auf finanzwirtschaftliche Erträge gerichtete Überschußerzielung mit dem Wesen der Gebühr als Entgelt für die Benutzung öffentlicher Einrichtungen, Anstalten oder Anlagen unvereinbar. Dies bringt u. E. auch die Ausführungsanweisung im Art. 5 Ziff. 1 zum Ausdruck, nach der die Bemessung der Gebührensätze aus besonderen Gründen auf Überschüsse abzielen dürfe. Die herrschende Meinung sieht bei den in unser Problem vornehmlich hineinspielenden Benutzungsgebühren das Prinzip der Kostendeckung — in dem hier vertretenen weiteren Sinne — nur als die Regel an, über die aber hinausgegangen werden kann. Vgl. insbesondere Strutz, Art. Gebühren, S. 622, 635f.; Moll, Über Gebühren, Verw. Arch., Bd. 18 (1910), S. 218f.; Derselbe im Hw. d. Kw., Erg.-Bd. I, S. 483f.; v. Eheberg, S. 163f., 107f., 116; ferner W. Jellinek, VerwR., S. 373; Richter, Veröffentl. d. Ver. d. deutschen Staatsrechtsl., H. 6, S. 100; Fleiner, Institutionen, S. 325, 327, aber auch S. 426; Nöll-Freund, KAGes., Anm. 2 zu § 3, Anm. 16 zu § 4; Kinne, Die Autonomie d. Kommunalverbände, S. 414; Mathias, Art. Gebühren und Beiträge im Hw. d. Kw., Bd. 2, S. 171f.

Doch werden privatwirtschaftliche Prinzipien nicht so weit Anwendung finden dürfen, daß sie zu einem völligen Mangel an öffentlicher Kontrolle und zu einer solchen Verwaltung fremden Vermögens führen, als ob es das eigene wäre. Ebensowenig werden sich Organisation und Leitung einer öffentlichen Veranstaltung lediglich von Rentabilitätserwägungen bestimmen lassen dürfen, ganz abgesehen davon, daß sich in vielen Fällen brauchbare Rentabilitätsberechnungen für öffentliche Unternehmungen gar nicht durchführen lassen und Rentabilitätsvergleiche zwischen privatrechtlich betriebenen und öffentlichrechtlich betriebenen Unternehmungen aus formellen und materiellen Gründen nur sehr schwer anzustellen sind, wodurch natürlich auch oft ein objektiver Ausgangspunkt entfällt. — Vgl. hierzu Boelsen, S. 88; Niebuhr, S. 28, 54; im besonderen aber die Auseinandersetzungen zwischen Ludewig und v. Bremen in „Kommunalwirtschaft", 1929, S. 550ff., 1258ff., 1664ff.; weiter Ludewig, Lieferpreise, S. 6ff., 29ff., dessen umfangreiche Berechnungen aber infolge eines falschen Einteilungsprinzips (S. 4) und einer methodisch wenig haltbaren Indexberechnung an Wert verlieren. Im einzelnen siehe dazu Hosiosky, Die Leistungen d. kommunalen Elektrizitätswerke, S. 28ff., der die Unhaltbarkeit der Ludewigschen Gegenüberstellungen der Stromtarife zu beweisen versucht.

[29]) Zu diesen Fragen nimmt ausführlich Boelsen Stellung, vgl. S. 48ff., 53ff., 65f., 73ff., 80ff. seiner Schrift; vgl. auch Sigloch, S. 120ff., 134ff., 146ff.

[30]) Im gleichen Sinne Strutz, S. 617f.; Bühler, S. 112, 120f. — Mit Recht wandten sich deshalb die Städte gegen einen Runderlaß des preußischen Finanzministers vom 19. März 1926 betr. Ratschläge für die Etataufstellung und insbesondere die Steuerverteilung, in dem es u. a. heißt: „Auch unter Berücksichtigung der berechtigten Interessen der Konsumenten werden die Erträge der werbenden Betriebe erheblich zur Entlastung des Haushalts beitragen können und müssen". Vgl. zu diesem Erlaß auch die Stellungnahme der kommunalpolitischen Zentralstelle der SPD. in „Die Gemeinde", 1926, S. 366f., 510f. — Vgl. hierzu aber auch Ludewig, Regiebetriebe, S. 27ff.

setzt.[31]) Schwieriger wird aber die Abgrenzung, wenn einer Unternehmung der öffentlichen Hand zwar keine planmäßige Gewinnerzielung nachzuweisen ist, aber die Höhe ihrer gelegentlichen Überschüsse sich mit den Aufgaben der Unternehmung als einer öffentlichen Einrichtung, die im Interesse der Bürger geschaffen, nicht mehr vereinbaren läßt und die Besorgnis rechtfertigt, daß Gewinnrücksichten die öffentliche Verwaltung in ihrer Geschäftsführung wesentlich beeinflussen.[32]) Hier werden — wenn die Diskrepanz nicht schon in der Art und Höhe

---

[31]) Nach den vorläufigen Ergebnissen der Reichsfinanzstatistik für die Rechnungsjahre 1913/14 und 1925/26 haben die Gemeinden 1925/26 aus den elektrischen Werken einen Überschuß von 144,1 Mill. RM. erzielen können gegenüber 55,3 Mill. RM. im Jahre 1913. Aus den Wasserwerken blieb den Gemeinden ein Überschuß von 38,9 Mill. RM. 1925/26 gegenüber 28,5 Mill. RM. im Rechnungsjahr 1913/14. Bei den Gaswerken sind die Erträge etwa die gleichen geblieben (1913/14: 78,1 Mill. RM., 1925/26: 79,2 Mill. RM.). Selbst wenn ein Teil dieser Versorgungsbetriebe heute als gemischtwirtschaftliche Betriebe oder als privatrechtliche Betriebe anderer Art geführt wird, bleiben immer noch sehr viele öffentlichrechtliche Betriebe übrig und damit Millionenüberschüsse, mit deren Aufkommen die Kommunen mehr oder weniger budgetmäßig-formal rechnen werden und aus finanzpolitischen Gründen auch rechnen müssen. — Vgl. hierzu W. u. St., 1928, S. 355f. Über die öffentlichen Elektrizitätswerke vgl. die Angaben in W. u. St., 1929, S. 74ff. Die finanzielle Bedeutung der gemeindlichen Betriebe für den Haushalt der Großstädte erhellen ebenfalls die Ergebnisse der Reichsfinanzstatistik. Nach ihr bilden die Versorgungsbetriebe eine Hauptertragsquelle der Großstädte. Auf die Versorgungsbetriebe entfielen im Rechnungsjahr 1927/28 (44 Großstädte zugrunde gelegt) 235 Mill. RM. oder 85,5% der Überschüsse insgesamt. Auf die Wiedergabe der einzelnen Ergebnisse muß hier verzichtet werden. Siehe darüber Städte-Jahrb., 1929, VIII, S. 205ff., 221ff.; 1930, VI, S. 142, 186ff.; W. u. St., 1930, S. 640ff.

Trotzdem werden wir aber diese gemeindlichen Versorgungsbetriebe aus später näher zu entwickelnden Gründen den erwerbswirtschaftlichen Unternehmungen juristisch nicht gleichstellen dürfen, sondern sie auf Grund ihrer überwiegend auf Befriedigung öffentlicher Bedürfnisse gerichteten Zwecksetzung zu den öffentlichen Gemeindeanstalten zählen müssen.

[32]) Allerdings können vorübergehende starke Gebührenbelastungen innerhalb eines Gemeinwesens ihren Grund darin finden, aus innerpolitischen Motiven heraus — etwa ohne neue Steuern oder ohne weitere Anspannung der Steuersätze einen unvorhergesehenen Ausfall auszugleichen und den Haushalt sicherzustellen — die Gebührenpflichtigkeit auszudehnen oder anzuspannen. (Vgl. hierzu Scholz, Das heutige Gemeindebesteuerungssystem in Preußen in: Schriften d. V. f. Sozialp., Bd. 126, S. 298f., aber auch Ludewig, Regiebetriebe, S. 30ff.). Den Anstalten, die eine derartige Gebührenpflicht vorübergehend statuieren, wird man dieserhalb ihren öffentlichrechtlichen Charakter — wenn die sachlichen Voraussetzungen hierzu vorliegen — nicht nehmen dürfen. Die Toleranz kann aber nicht soweit geübt werden, daß jede Kontrolle über die Höhe der Überschüsse und damit über Art, Umfang und Zusammensetzung der Gebühren ausscheidet. Charakteristisch dafür ist z. B. ein Vorstandsbeschluß des Deutschen Städtetages vom 14. April 1924, in dem es heißt: „Es kommen immer noch Fälle vor, in denen die Staatsanwaltschaften wegen angeblicher Verstöße gegen die Wuchergesetzgebung, die in zu hohen städtischen Tarifen liegen sollen, gegen städtische Beamte Ermittelungsverfahren einleiten. Der Vorstand ist der Auffassung, daß die städtischen Gebührentarife, auch soweit sie auf Überschüsse abzielen, überhaupt der Wuchergesetzgebung nicht unterworfen sind, weil die städtische Gebührenhoheit durch Städteordnung und Kommunalabgabengesetz sichergestellt ist und sich die Wuchergesetzgebung überhaupt nur auf den freien gewerblichen Verkehr bezieht.“ Bemerkenswert ist es auch, daß sich der Reichswirtschaftsminister durch ein Rundschreiben im Jahre 1924 (Rundschr. 1/2, Nr. 794 vom 24. März 1924) an die Regierungen der Länder wenden mußte, um sie zu ersuchen, „ihre Aufmerksamkeit der Preisgestaltung der kommunalen Elektrizitätswerke zuzuwenden und im kommunalen Aufsichtswege darauf hinzuwirken, daß die Strompreise der kommunalen Werke auf das wirtschaftlich gerechtfertigte und erträgliche Maß herabgesetzt werden.“

Doch haben sich inzwischen die Gemeinden auf ihre erhöhte Verantwortlichkeit der Öffentlichkeit gegenüber besonnen. Der Vorstand des Deutschen Städtetages ist den Anregungen aus Kreisen der Wissenschaft und der Praxis gefolgt und hat auf einer seiner letzten Tagungen beschlossen, eine systematische Revision der Gemeindebetriebe zu organisieren, die nicht nur die kassentechnische und rechnungsmäßige Kontrolle umfassen, sondern vor allem auch die Zweckmäßigkeit der städtischen Verwaltungs- und Wirtschaftsgebarung und der Verwaltungsorganisation prüfen und für Abstellung der dabei etwa festgestellten Mängel sorgen soll. — Vielleicht werden durch diese allgemeine Kontrolle berechtigte Wünsche der Bevölkerung auf Änderung bestehender Unzulänglichkeiten mehr Beachtung finden, andererseits aber auch unberechtigten Kritiken der Boden entzogen.

Vgl. hierzu auch Köttgen (Veröffentl. d. Ver. d. deutschen Staatsrechtsl., H. 6, S. 134f.), des von dem Benutzer zu leistenden Entgelts zum Ausdruck kommt — nur die örtlichen und spezifisch sachlichen Momente einen Maßstab abgeben dürfen, ob die Einrichtung als eine gewerbliche, dem Privatrecht unterliegende Unternehmung der öffentlichen Hand zu gelten habe oder als eine den Normen des öffentlichen Rechts unterstellte. Allgemein gültige Regeln lassen sich wegen der Vielgestaltigkeit der Verhältnisse nicht aufstellen. Doch wird hierbei die letzte Entscheidung immer davon abhängig zu machen sein, ob die von der Anstalt gewährte Leistung als Ausfluß der besonderen Eigenschaft des Leistenden als einer öffentlichen Interessen dienenden Einrichtung anzusehen ist und der wahre Wille des Anstaltsträgers auf diesen Leistungszweck hinausging,[33]) kurz: es wird solange an der öffentlichrechtlichen Natur einer Einrichtung festzuhalten sein, als durch sie objektiv vorwiegend öffentliche Zwecke verwirklicht werden.[34])

Daß ein Betrieb der öffentlichen Hand zur Aufrechterhaltung seiner Funktionen eines stetigen, vielleicht sogar steigenden staatlichen oder kommunalen Zuschusses bedarf, ist — abgesehen von typischen, in der Natur der Sache begründeten Zuschußbetrieben[35]) — nicht immer ein Zeichen für besonders gute Erfül-

---

der ganz allgemein die Frage aufwirft, ob die Rechnungshöfe nicht auch die mit wirtschaftlichen Aufgaben befaßte Anstaltsverwaltung kontrollieren könnten. — Siehe ferner Warburg („Deutsche Gemeinde-Ztg.", Jahrg. 69 [1930], Nr. 15, S. 113f., Nr. 16, S. 122f.), der eine unabhängige Kontrolle für öffentliche Betriebe fordert; andererseits aber Elsas („Städtetag", 1930, S. 321f.), der für die Revisionsarbeit die örtlichen Revisionseinrichtungen der einzelnen Städte für geeignet hält. Ihrer Aufgabe gerecht werden kann — und hier folgen wir besonders Mulert (Schweiz. Annalen, 1930, S. 63f.) — aber nur eine völlig unabhängige überörtliche Revisionsstelle. — Über die rechtliche Zulässigkeit der Finanzkontrolle und über die praktischen Ergebnisse vgl. Rieß im Verw. Arch., Bd. 35 (1930), S. 292ff., bes. S. 299ff.

Im übrigen sieht der Wirtschafts- und Finanzplan der Reichsregierung vom 30. Sept. 1930 eine verschärfte Haushaltskontrolle der Länder und Gemeinden vor. Für die Gemeindeverwaltungen soll durch reichsgesetzliche Vorschrift eine unabhängige Rechnungsprüfung geschaffen werden, wenn die Gemeinden nicht bis zum 31. März 1931 selbst eine solche Prüfung eingeführt haben.

[33]) Im gleichen Sinne Fleiner, Institutionen, S. 50f., 324ff.; Triepel, Festschrift für Brunner, S. 545; Stier-Somlo, Handbuch, 2. Aufl., S. 258f.; Toepfer, S. 535f.; Landmann, Gewerbeordnung, 7. Aufl., I, S. 49f., 8. Aufl., S. 59ff.; Stumpf, S. 63ff.; Bühler, S. 9ff., 109ff. — Auch die Entscheidung des Reichsgerichts vom 6. Mai 1920 (RGZ., Bd. 99, S. 99f.) dürfte im Sinne des Textes aufzufassen sein. — Friedrichs (Versorgungsbetriebe, S. 17f.) will für die Abgrenzung das Moment der Gefahrabwendung (im polizeilichen Sinne) gelten lassen. Dies ist u. E. unzureichend und berücksichtigt nicht genügend die tatsächlichen Verhältnisse des Rechtslebens, was deshalb zu schiefen Begründungen führen muß (so besonders S. 20f.).

[34]) Hierbei finden wir uns in gewisser Übereinstimmung mit französischen Rechtsgedanken. — Vgl. H. Berthélemy, Traité élémentaire de droit administratif, Paris 1926, S. 24ff., ferner auch Jèze, Les contrats administratifs, S. 18ff., 60ff., 124f.

[35]) Hierunter fallen vornehmlich die Einrichtungen und Anstalten im Rahmen des Wohlfahrtswesens und des Bildungswesens, vielfach auch die des Verkehrswesens.

Über den Zuschußbedarf der öffentlichen Verwaltung der einzelnen Länder und ihrer Gemeinden, insbesondere über die prozentuale Steigerung des Zuschußbedarfs für das Wohlfahrts- und Bildungswesen, berechnet auf den Kopf der Bevölkerung, in den Rechnungsjahren 1913/14 und 1925/26, vgl. die Sonderbeilage zu W. u. St., 1929, Nr. 1, S. 10ff., 13, 15; ferner 1928, S. 813, 827ff. — Über die prozentualen Anteile der einzelnen Verwaltungszweige am Gesamtzuschußbedarf der Gemeinden und Gemeindeverbände und über die Ursachen der Veränderungen vgl. die Tabellen auf S. 26ff. der Sonderbeilage. Beachtlich ist hier die einheitlich auftretende Verminderung des Aufgabengebiets „Bildungswesen" zugunsten des Aufgabengebiets „Wohlfahrtswesen". Vgl. auch hierzu Most, Wirtschaft und Gemeinde, S. 22ff.; ferner das Städte-Jahrb., 1929, VIII, S. 187ff., 221ff., 1930, VII, S. 176ff., 189ff., wo die vorläufigen Ergebnisse für 1927, 1928 und 1929 zusammengestellt sind und die Bewegung die gleiche geblieben zu sein scheint. Für das Reich sind die neuesten Daten (Rechnungsjahre 1925/26 — 1927/28) in W. u. St., 1930, S. 517ff., zu finden. — Vergleiche mit dem Ausland bringen die Zusammenstellungen in W. u. St., 1929, S. 794ff., 1930, S. 62ff. Über Gliederung und Höhe der Zuschüsse zu den Erwerbsbetrieben der Großstädte (mit über 100000 Einw.) vgl. die aufschlußreichen Tab. in W. u. St., 1930, S. 641f.

lung öffentlicher Aufgaben im Interesse der Bürger; vielmehr werden oft die Ausfälle auf mangelhafte Wirtschaftsführung oder unzweckmäßige Verwaltung zurückzuführen und nicht mit der dem öffentlichen Betrieb obliegenden Rücksichtnahme auf das Allgemeinwohl zu entschuldigen sein. Auf die öffentlichen Anstalten sind diese Erwägungen ebenso zu beziehen wie auf die sonstigen Unternehmungen der öffentlichen Hand. Das Gewinnstreben kann also nicht als Beweis dafür gelten, daß eine von öffentlicher Hand betriebene Anstalt einem privaten Unternehmen gleichzustellen und so den Normen des Privatrechts zu unterstellen sei.

Um eine Anstalt als öffentliche zu kennzeichnen, wird weiter zu untersuchen sein, ob mit Hilfe der Anstalt Gemeininteressen oder, was dasselbe ist, öffentliche Zwecke verfolgt werden oder nicht.

Diese Scheidung läßt sich theoretisch scheinbar leicht vornehmen, doch ist praktisch eine exakte Grenzlinie unauffindbar; denn welche Leistungen eines Gemeinwesens entsprechen dem öffentlichen Bedürfnis? In nicht wenigen Fällen wird eine bedenkenlose Entscheidung von vornherein unmöglich sein, so daß wir uns darauf beschränken müssen, an typischen Beispielen die allgemeinen Grundsätze aufzuzeigen, die Anhaltspunkte für die konkrete Entscheidung geben können.

Öffentlichen Zwecken wird eine Anstalt dienen, wenn durch sie die Bedürfnisse einer Mehrheit von Personen[36]) befriedigt werden können und die Gemeinschaft an der Befriedigung ein überwiegendes Interesse hat.[37]) Hieraus folgt dann eine öffentliche Betriebspflicht der Anstalt der Gemeinschaft gegenüber.

Welche individuellen Bedürfnisse als überwiegend im Gemeininteresse liegend von der Gemeinschaft anerkannt werden, unterliegt dem Fluß historischen Geschehens. Wie die kultürlichen und wirtschaftlichen Bedingungen einem steten Wandel unterliegen, so wandeln sich auch die Bedürfnisse und Interessen des Menschen, und damit erhält auch die Frage, was zu einem öffentlichen Bedürfnis, zum Gemeininteresse sich ausgewachsen hat, eine jeweilig andere Bedeutung. Auch hier hat nur „der Lebende" Recht, und sein individuelles Interesse ist bestimmend für das Gemeininteresse. In der Regel wird sich aus dem Zweck und Ziel einer Einrichtung die Frage nach der Gemeinnützigkeit und Interessenlage beantworten lassen. Im Zweifel hängt hier die Entscheidung, ob eine Einrichtung öffentlichen Zwecken dient oder nicht, von dem Urteil ab, das der Staat oder ein Selbstverwaltungskörper bei Schaffung der Einrichtung ausgesprochen hat. Ist das nicht geschehen, oder fehlen der Institution trotz formeller Bestimmungen die materiellen Merkmale,[38]) dann bleibt die Grenzziehung nur dem Urteil des

---

[36]) Hier beginnen schon die Schwierigkeiten, wieviele Personen sind mindestens notwendig? Daß es sich um größere Mengen von Untertanen handeln müsse, wenn das Gemeinwesen eine öffentliche Anstalt errichten soll, ist nicht nötig. Meßbar ist die Zahl praktisch überhaupt nicht. Das Urteil kann nur im Hinblick darauf gefunden werden, ob durch die Nutzungsgewährung an eine bestimmte Personenzahl dem Gemeininteresse gedient wird, und daß ohne die Bereitstellung der Nutzungen irgendein Glied des großen Ganzen oder irgendein Ansatz menschlichen Fortschritts verkümmern würde zum Schaden der Gesamtheit. Vgl. hierzu auch Toepfer, S. 531ff.

[37]) Daß das überwiegende Interesse der Gemeinschaft, kurz das öffentliche Interesse, einen besonderen Rechtsbegriff bildet, haben mit Recht besonders Tezner (Zur Lehre von dem freien Ermessen der Verwaltungsbehörden, S. 81) und W. Jellinek (Gesetz, Gesetzesanwendung, S. 71) hervorgehoben.

[38]) Friedrichs ist darin uneingeschränkt beizutreten (vgl. DJZ., 1930, S. 489f.), daß die Eigenschaft, als Anstalt des öffentlichen Rechts zu gelten, nicht einseitig durch Gesetzesbefehl verliehen werden kann, wenn dem Gebilde diese Eigenschaft materiell nicht zusteht. Wenn so z. B. Art. 99 des EG. zum BGB. die Regelung des öffentlichen Sparkassenwesens in seiner Gesamtheit grundsätzlich dem Landesrecht überläßt, so ist zwar die Bestimmung dessen, was eine „öffentliche" Sparkasse ist, dem Landesrecht vorbehalten, nicht aber kann das Landesrecht die materiell rechtliche Eigenschaft, „Anstalt" zu sein, willkürlich verleihen. — Grundsätzlich anderer Meinung hier Kleiner, S. 10ff., 56ff.

Richters überlassen, das er sich nach seinem Ermessen bilden muß. Ausschlaggebend für das Vorliegen eines überwiegenden Gemeininteresses wird hierbei sein, ob das individuelle Bedürfnis so nach Erfüllung heischt, daß es nur von öffentlicher Seite her in ausreichender und der Gemeinschaft dienlicher Weise befriedigt werden kann.

Der öffentliche Zweck einer Anstalt kann nur dadurch zur Entfaltung gelangen, daß grundsätzlich jedem Einzelnen das Recht zur Anstaltsbenutzung eingeräumt wird. Dieses Recht, d. h. der Anspruch auf Zulassung zur Benutzung einer öffentlichen Anstalt, wird, ebenso wie der Anspruch der Einwohner oder der Gemeindeangehörigen zur Benutzung gemeindlicher Anstalten, als subjektives öffentliches Recht zu gelten haben,[39]) das dem verwaltungsrechtlichen Schutz zu

[39]) Der Anspruch auf Zulassung wird — wie oben auch festgestellt — nicht dadurch seines subjektiv-öffentlichrechtlichen Charakters entkleidet, daß das Zulassungsrecht durch allgemeine Bedingungen eingeengt werden kann; denn letztere treffen ja unterschiedslos den ganzen Kreis der Personen, die überhaupt für die Anstaltsbenutzung in Frage kommen. Der Anspruch auf Zulassung bleibt ein subjektives öffentliches Recht, solange sich der Benutzer im Rahmen der allgemeinen Rechtsnormen bewegt und die speziellen Vorschriften für die Benutzung erfüllt. Ein nachträglicher Verstoß gegen eine Norm oder eine Überschreitung der für den öffentlichen Gebrauch gesteckten Grenzen kann zwar dem einzelnen Subjekt das Benutzungsrecht nehmen, ändert aber an der allgemeinen Struktur des Anspruchs als eines subjektiv-öffentlichen nichts.

Bei Überschreitung der Benutzungsrechte steht dem Benutzer allerdings ein öffentlichrechtlicher Titel nicht mehr zur Seite, trotzdem bleiben die Rechtsbeziehungen, weil ursprünglich-öffentlichrechtlich, solche, die im verwaltungsrechtlichen Wege zu entscheiden sind. (Unrichtig deshalb v. Cossel im Pr. Kom. Arch. Bd. 4 [1913], S. 626, der sich hierbei auf eine Entscheidung des RG. im Pr. VerwBl., Bd. 32, S. 588 stützt.)

Wenn eine Lehrmeinung (G. Jellinek, System d. subj. öffentl. Rechte, S. 68ff., bes. S. 74; Hatschek, VerwR., S. 452; Fleiner, Institutionen, S. 172ff.) den Anspruch auf Zulassung zur Anstaltsnutzung als bloße Reflexwirkung insbesondere von Amts- und Dienstpflichten ansehen will, so vermögen wir darin nicht zu folgen. Diese Meinung muß in letzter Konsequenz sich an dem Gedanken stoßen, daß die Anstalt zunächst um ihrer selbst willen da ist und erst in zweiter Linie für das Publikum. In Wirklichkeit ist doch Veranlassung zur Errichtung einer öffentlichen Anstalt, die Befriedigung von Gemeininteressen durchzuführen, was doch nur möglich ist durch Befriedigung der Bedürfnisse des Einzelnen. Die richtige Erfüllung des öffentlichen Zweckes einer Anstalt ist doch nur möglich durch das Recht der Geltendmachung des Vorteils, den die Anstalt dem Einzelnen — und dies im Interesse der Gemeinschaft — spenden will. Wie widerstrebt es zu folgen, wenn gesagt wird, daß der einer öffentlichen Anstalt auferlegte Kontrahierungszwang zwar eine öffentlichrechtliche Pflicht sei, die aber nur dem Staat gegenüber bestünde, und daß es ungereimt wäre, ein öffentliches Recht des Einzelnen auf Kontrahieren als Komplement des Kontrahierungszwanges anzunehmen (Jellinek, System d. subj. öffentl. Rechte, S. 75f.; siehe aber auch andererseits die lebensvollen Gedanken auf S. 71, 79f.). Diese Verneinung des subjektiven Rechts findet ihr Gegenstück in Labands Auffassung über die Gewerbefreiheit, wenn er z. B. sagt, daß Gewerbefreiheit überhaupt kein Begriff von positivem Rechtsinhalt sei und noch viel weniger ein subjektives Recht, sondern die Negation gesetzlicher Beschränkungen der allgemeinen Handlungsfreiheit in bezug auf die gewerbliche Tätigkeit (Laband, Staatsrecht, 2. Aufl., II, S. 201, Anm. 5). — Soll der Bürger geschützt werden oder der Staat? Es wird bei diesen Fragen auch heute noch vielfach von der irrigen Ansicht ausgegangen, daß das Hindernis das Natürliche, folglich seine Wegräumung ein dem Einzelnen an sich nicht zustehender Vorteil sei. Die Auffassung, daß die Beschränkung der Bürger zwar ein Übel, aber nichtsdestoweniger etwas von vornherein Selbstverständliches sei, daß die Verweigerung von Forderungen als Beweise der Staatsautorität gilt, klammert sich noch immer an polizeistaatliche Gedanken. (Hier sollte man z. B. von der englischen Verwaltungspraxis lernen.)

Soll eine Anstalt eine öffentliche sein, dann verlangen die Grundsätze des Rechtsstaates, daß jeder Bürger ein Recht auf Zulassung hat und nicht nur einen allgemeinen Anspruch auf Vollziehung der zu seinen Gunsten erlassenen Gesetze. Mit dem „Rechnenkönnen" auf die Leistungen einer öffentlichen Anstalt (Otto Mayer, VerwR., II, S. 271, 279), mit der bloßen Möglichkeit, „den Anstoß zu einer obrigkeitlichen Aktion zu setzen", mit der nur von „ethischen Garantien umgebenen Pflicht der Träger staatlicher Organschaft, das Einzelinteresse zu berücksichtigen", selbst wenn das Gemeininteresse die Berücksichtigung fordert, wo „andererseits dem Individuum die Ansprüche auf Versorgung und Förderung aller seiner mit Hilfe staatlicher Tat zu erfüllenden Interessen zustehen sollen" (Jellinek, System d. subj. öffentl. Rechte, S. 72, 132), wird dem Einzelnen unterstellen sein wird. Der Mangel einzelner, den subjektiven Anspruch formal begründender Normen vermag die Existenz dieses subjektiven Rechtes an sich nicht zu verneinen. Es ergibt sich vielmehr schon aus dem der öffentlichen Anstalt immanenten öffentlichen Zweck, als notwendige Folge der Motive, die innerer Rechtsgrund der öffentlichen Anstalt sind.[40]) Aus dem subjektiven Recht zur Benutzung einer öffentlichen Anstalt darf jedoch weder ein Rechtsanspruch auf Fortbestehen noch etwa ein solcher auf Einrichtung einer öffentlichen Anstalt hergeleitet werden.

Das subjektive Recht auf Zulassung zur Anstaltsnutzung wird nicht dadurch beeinträchtigt, daß die Benutzung von der Unterwerfung unter eine Anstaltsordnung abhängig gemacht wird; denn die Regelung der Mitbenutzung einer öffentlichen Anstalt unterliegt nach Art und Umfang allein dem Träger der Einrichtung.[41]) In welcher Form die Zulassung geschieht, ist nur für die weiteren Beziehungen zwischen Anstalt und Benutzer von einiger Bedeutung, sie berührt das subjektive Recht auf Zulassung zur Anstaltsnutzung nicht. Die Zulassung an sich kann ein öffentliches Rechtsgeschäft sein, so wenn die Zulassung durch einen besonderen Akt ausgesprochen wird,[42]) sie kann aber auch in einem rein tatsächlichen Verhalten bestehen, ja selbst nur in einem bloßen Dulden oder Nichthindern zum Ausdruck kommen.[43]) Auch kann sich die Zulassung darin äußern, daß die öffentliche Anstalt ihre einzelnen Dienste durch Privatverträge zu leisten sich erbietet.[44]) [45])

Zuweilen wird das Gemeininteresse es nötig machen, die Benutzung einer Anstalt zwangsläufig zu fordern.[46]) Die Statuierung des Benutzungszwanges ist rechtlich insofern beachtlich, als durch sie für beide Seiten die Vertrags-

---

rechtlich nicht geholfen und dem Gemeininteresse keineswegs gedient. Das subjektive Recht ist letztlich auch nicht um der Pflicht willen da, sondern umgekehrt kommt dem subjektiven Recht die Priorität vor der Rechtspflicht zu (Radbruch, Rechtsphilosophie S. 50f.; ebenso Baumgarten, Rechtsphilosophie, S. 67ff.). — In unserem Sinne Nipperdey, Kontrahierungszwang, S. 91. Auch Fleiner muß uns trotz an einzelnen Stellen geäußerter anderer Meinung beitreten; denn nur im Sinne unseres Textes kann ausgelegt werden, wenn er sagt (Institutionen, S. 336f.), daß der Gedanke der öffentlichen Fürsorge (und diese betreibt ja der öffentliche Verband mit dem Mittel der Anstalt) nur in öffentlichrechtlicher Form seine volle Verwirklichung finden könne. Richter (vgl. Veröffentl. d. Ver. d. deutschen Staatsrechtsl., H. 6, S. 99f.) hat sich nicht präzis genug ausgedrückt, es scheint jedoch, daß seine Stellungnahme der unsrigen ähnlich ist. — Vgl. auch Kleiner, S. 74f., besonders aber Bühler, S. 85, 89, 126, beide in unserem Sinne.

Der freien, aber pflichtmäßig sachlich zu übenden Entschließung der Anstaltsorgane bleibt es im Rahmen der Anstaltsordnung trotzdem überlassen, die Nutzungsgewährung abzulehnen oder den wechselnden Grundlagen und Bedürfnissen anzupassen, wenn es mit Rücksicht auf das Wesen, den Zweck und den Fortbestand der öffentlichen Anstalt als einer dem Gemeinwohl zu dienenden Einrichtung geboten erscheint.

Die richtige Erfüllung des öffentlichen Zweckes einer Anstalt liegt allein in der Möglichkeit der Geltendmachung des Einzelvorteils. Wird dieses Recht auf Geltendmachung verneint, so bewegt man sich damit ungewollt auf dem Boden des Polizeistaates.

[40]) Im Ergebnis ebenso Nipperdey, Kontrahierungszwang, S. 12, 91, 94ff.; Derselbe, Stromsperre, S. 5ff. Im Sinne des Textes Bühler, S. 126; wohl auch Stumpf, S. 57f.

[41]) Vgl. OVG. in JW. 1931, S. 676.

[42]) Beispiel: Aufnahme in eine Schule, Zulassung zur Universität.

[43]) So die einfache Verabfolgung von Beköstigung in Suppenanstalten oder die Duldung der Benutzung einer öffentlichen Verkehrseinrichtung, einer Badeanstalt usw.

[44]) Hier wäre als Beispiel anzuführen die Besorgung bankmäßiger Geschäfte durch die Reichsbank für fremde Rechnung (vgl. Bankgesetz vom 30. Aug. 1924, § 21, Nr. 5—8).

[45]) Ob und wann die Inanspruchnahme und die Zulassung Rechtsgeschäfte sind oder Teile eines Vertrags bilden, oder ob die Zulassung zu den Verwaltungsakten zu zählen ist, darüber soll und kann im Rahmen dieser Arbeit im einzelnen nicht entschieden werden. Vgl. darüber vornehmlich Otto Mayer, VerwR., II, S. 277ff., 283f.; auch Kormann, System, S. 15ff., 30ff., 123f.

[46]) Vgl. § 44 des 2. Entwurfs (1930) einer Reichsstädteordnung; § 72 des Entwurfs eines preußischen Selbstverwaltungsgesetzes.

freiheit (Abschlußfreiheit) entfällt. Die Anstalt muß jeden Benutzer zulassen und mit ihm auf Leistung kontrahieren, der Benutzer dagegen sich zwangsläufig der Anstaltsordnung unterwerfen. Dem Zwang von seiten der Anstalt entspricht das subjektive öffentliche Recht auf Benutzung, auf uneingeschränkte Vorteilsgewährung auf seiten des Einzelnen. Mit Recht sieht die herrschende Lehre und die Rechtsprechung im Benutzungszwang ein Merkmal für das Vorliegen einer öffentlichen Anstalt,[47]) die durch den — notwendig daraus folgenden — Kontrahierungszwang[48]) eben ihre öffentlichrechtliche Betriebspflicht und Zweckverfolgung besonders hervorkehrt. An sich ist natürlich das Moment des Zwanges durchaus nicht als zum Wesen des öffentlichen Rechtes gehörend anzusehen und damit auch keineswegs Voraussetzung für die öffentliche Anstalt, so daß umgekehrt das Fehlen eines Benutzungszwanges niemals als Indiz für die Privatrechtlichkeit gewertet werden kann.[49])

Auf gleiche rechtliche Grundlage wie die Anstalten mit Benutzungszwang werden jene öffentlichen Anstalten gestellt werden müssen, denen — nach doch noch immer herrschender Auffassung — eine private Nutzungsordnung beigelegt wird, und für die ein Kontrahierungszwang besteht, sei es auf Grund ausdrücklicher Rechtsnormen, sei es als notwendige Folge der Satzung an sich oder des öffentlichen Zweckes der Anstalt. Benutzungszwang und Kontrahierungszwang unterscheiden sich aber im Hinblick auf unser Problem nur unerheblich, und so erscheint es natürlicher, die theoretische Scheidung hier aufzugeben und solche Anstalten rein öffentlichrechtlich zu beurteilen. Nicht aus dem Auge zu lassen ist allerdings, daß letztlich beide Tatbestände der Fiktion des Vertrages bedürfen, um einen Rechtsschutz des Verletzten überhaupt ableiten zu können oder eine Grundlage der gegenseitigen Ansprüche und Leistungen zu finden, wenn keine geeigneten öffentlichrechtlichen Behelfe außer der einfachen Aufsichtsbeschwerde zur Verfügung stehen.[50])

Wie die Anstalten mit Benutzungszwang werden ferner solche Anstalten zu beurteilen sein, auf deren Leistungen die Gemeindemitglieder tatsächlich angewiesen sind, soll nicht ein wichtiges Individualbedürfnis entweder ganz

---

[47]) Vgl. Nipperdey, Kontrahierungszwang, S. 26f.; Hatschek, VerwR., S. 450f.; Toepfer, S. 537; Kormann, Pr. VerwBl., Bd. 34, S. 396; Lindemann im Hw. d. Kw., II, S. 200; v. Cossel im Pr. Kom.Arch., 1913, S. 617f.; Friedrichs, Versorgungsbetriebe, S. 61; Oertel, Städte-Ordn., Bem. 2 zu § 4; Kleiner, S. 66f.; Nöll-Freund, KAGes., Bem. 2 zu § 3 und die dort angezogene Judikatur; siehe auch OVG. Bd. 52, S. 28ff. — Wenn Stier-Somlo (Handb., 2. Aufl., S. 201) besonders hinsichtlich der Gemeindeanstalten darauf hinweist, daß durch polizeilichen Anschlußzwang der Anstaltscharakter willkürlich verliehen werden kann, ohne daß die sachlichen Voraussetzungen, das Vorwiegen des öffentlichen Interesses, gegeben zu sein brauchen, so kann dieser an sich theoretisch richtige Einwand an der tatsächlichen Verwertbarkeit des Erkennungsmerkmals „Benutzungszwang" wenig ändern.

[48]) Die Verletzung der Kontrahierungspflicht begründet zivilrechtliche Ansprüche aus § 826 BGB., wenn dem Verletzten kein besonderer Schutz aus öffentlichrechtlichen Normen zuteil wird. — Vgl. dazu Nipperdey, Kontrahierungszwang, S. 53ff., 96ff.; Derselbe, Stromsperre, S. 12f., 17f., 22ff.; Jaeger, KO., § 17, Anm. 18b; Sigloch, S. 44ff.; siehe auch die Entscheidungen des RG., Bd. 62, S. 266, Bd. 102, S. 396f.

[49]) Vgl. Otto Mayer, VerwR., II, S. 273f.; Nipperdey, Stromsperre, S. 5f.; Fleiner, Institutionen, S. 327; Köttgen, Öffentl. Hand, S. 10; Bühler, S. 14, 123ff.; OVG. im Pr. VerwBl., Bd. 24, S. 619.

[50]) Vgl. hierzu Nipperdey, Kontrahierungszwang, S. 39f., 85ff., 94ff., 135ff.; Derselbe, Stromsperre, S. 12ff., 18; Friedrichs, Versorgungsbetriebe, S. 69f. Siehe auch Sigloch, S. 45, der die Kontrahierungspflicht eines privatrechtlichen Betriebes (fälschlich „Regiebetrieb" bezeichnet) als eine bürgerlichrechtliche Verpflichtung gegenüber jedem Dritten ansehen will, deren Erfüllung durch die ordentlichen Gerichte erzwungen werden kann. Beim „Anstaltsbetrieb" verwandele sich der privatrechtliche Anspruch in ein subjektives öffentliches Recht. — Hierin stimmen wir mit Sigloch überein, nur daß wir den „Anstaltsbetrieb" auf eine viel breitere Basis stellen.

unbefriedigt bleiben oder nur ungenügende Erfüllung finden und dieser Zustand dem überwiegenden Interesse der Gesamtheit zuwiderlaufen.

Mit der Eigenschaft, als Anstalt des öffentlichen Rechts zu gelten, ist die Frage, ob die Geschäfte als öffentlich-rechtliche gegen Benutzungsgebühren oder als privatrechtliche gegen entsprechende privatrechtliche Entgelte betrieben werden, nicht unbedingt zu verknüpfen.[51]) Doch wird in den meisten Fällen die Gegenleistung des Benutzers für Inanspruchnahme einer öffentlichen Anstalt eine solche rechtliche Form annehmen, die auf die Funktion der Anstalt als auf eine Verwaltungstätigkeit hinweist. Diese rechtliche Form des Entgelts ist die *Benutzungsgebühr*. Unter dem allgemeineren Begriff „Gebühr"[52]) wird zu verstehen sein eine öffentliche Abgabe als Gegenleistung für die besondere Inanspruchnahme von Leistungen eines Gemeinwesens (*Strutz*). Zu beachten ist aber immer, daß die Gebühr in allen Beziehungen (für materielles Recht und Gerichtsstand) als öffentlich-rechtliche Abgabe zu behandeln sein wird.[53]) Ihr Gegenstück findet die Benutzungsgebühr im privatwirtschaftlichen Entgelt, das in einer juristischen Form des bürgerlichen Rechts (z. B. Mietzins, Werklohn) zum Ausdruck kommt. Nur wenn mit der Veranstaltung die Förderung des öffentlichen Interesses bezweckt wird, kann die erste Art des Entgelts, eine Gebühr, erhoben werden.[54]) Für jede Benutzungshandlung aber, die außerhalb der öffentlichen Zweckbestimmung einer Anstalt liegt, sind die Normen des Privatrechts maßgebend, womit natürlich auch das Recht zur Gebührenforderung entfällt.

Die Grenze[55]) zwischen öffentlichrechtlichen Gebühren und privatrechtlichen Entgelten — wichtig für die Verfolgung des entstandenen Anspruchs und die Verjährung[56]) — ist schwierig festzulegen. Das von einem Gemeinwesen geforderte Entgelt als Gegenleistung für die Inanspruchnahme seiner Einrichtungen kann sowohl die Form der Gebühr als auch die des privatrechtlichen Anspruchs aufweisen; denn die Benutzung von Einrichtungen öffentlicher Verbände hat nicht schon ohne weiteres einen öffentlichrechtlichen Gegenanspruch zur Folge.

Aus der Eigenart der Gebühr folgt, daß die Erhebung nur unter Zugrundelegung allgemeiner Normen rechtlich möglich ist; denn fehlt es an festen Normen, so kann keine „Gebühr" und damit keine Gebührenpflicht entstehen. Gebühren

---

[51]) So auch *Bühler*, S. 20, 25ff., 106. Gegenteiliger Ansicht besonders *Köttgen* (vgl. Öffentliche Hand, S. 19f.; R. d. öff. Anstalt, S. 125f.); ähnlich auch *Toepfer*, S. 536f.; ferner *Kleiner*, S. 58f., 61f., 78. *Köttgen* ist aber darin uneingeschränkt beizupflichten, daß es richtiger ist und das Wesen einer öffentlichen Anstalt zum markanten Ausdruck bringt, wenn die Entgelte für die Benutzung der Anstalt öffentlichrechtlicher Art sind und den bestehenden privatrechtlichen Nutzungsordnungen öffentlicher Anstalten eine öffentlichrechtliche Normierung gegeben wird.

[52]) Über die geschichtliche Entwicklung der Gebühr vgl. besonders *Toepfer*, S. 500ff.

[53]) Nicht zu folgen wird der Ansicht des Reichsgerichts sein (Bd. 83, S. 206ff.), das einen Unterschied zwischen Gebühren im engeren Sinne und solchen im weiteren Sinne machen will. Nur die ersteren sollen als öffentliche Abgaben gelten, während die letzteren nur den privatrechtlichen Charakter eines Entgelts aufweisen. Durch die verschiedene Auslegung desselben Begriffs verliert die „Gebühr" aber ihre wesentliche Eigenschaft, Merkmal eines besonders gearteten Entgelts zu sein. Es führt zur Rechtsunsicherheit, wenn für jedes einzelne Gesetz, auch wenn solche gesetzgeberisch im Zusammenhang stehen, zu untersuchen ist, welchen Sinn der Gesetzgeber jeweilig mit dem Ausdruck Gebühr verbunden wissen will.

Auch das OVG. hat sich gelegentlich (z. B. in der Entsch. vom 18. Jan. 1910, Zentr. Bl. f. d. ges. Unterrichtsverw., 1910, S. 919ff.) auf den Standpunkt gestellt, daß es privatrechtliche Gebühren gebe, und daß der § 4 des KAGes. auch solche umfasse. Das OVG. hat aber diese Ansicht wieder aufgegeben. Vgl. OVG., Bd. 45, S. 101; Bd. 55, S. 76f.; Pr. VerwBl., Bd. 35, S. 30.

[54]) So OVG. in DJZ., 1913, S. 591; OVG., Bd. 29, S. 62; Pr. VerwBl., Bd. 31, S. 731f.

[55]) Vgl. hierzu besonders auch *Toepfer*, S. 495ff.

[56]) Für die Verjährung vgl. z. B. §§ 87 und 88 des KAGes. und § 16 KPAGes.

nach freiem Ermessen gibt es nicht,[57]) was konsequentermaßen die Pflicht zur Aufstellung von Gebührenordnungen mit festen Normen und Sätzen auslöst. Das preuß. KAGes. hebt dieses Erfordernis im § 7 noch besonders hervor. Voraussetzung für die Rechtsbeständigkeit einer Gebührenordnung ist natürlich ein förmlich gültiger Beschluß der zuständigen Organe.

Der Forderung nach festen Normen ist nur dann entsprochen, wenn der Gebührenpflichtige die Gebührenordnung mittels einfacher Berechnung selbst nachprüfen kann.[58]) Bestimmungen, die den Grundsatz der Gleichheit oder der Bestimmtheit der Gebührenpflicht verletzen, machen die ganze Gebührenordnung ungültig; ebenso verfallen Gebührenordnungen der Ungültigkeit, wenn in ihnen Abweichungen von den Gebührensätzen durch Vereinbarungen zwischen Anstaltsträger und -benutzer vorgesehen sind, die dem Grundsatz der Gleichmäßigkeit widersprechen.[59])

Daß erst eine tatsächliche willentliche Inanspruchnahme einer Einrichtung, niemals die bloße Möglichkeit dazu, eine Gebührenpflicht zur Entstehung bringen kann, entspricht dem inneren Wesen der öffentlichrechtlichen Abgabe.[60]) Darüber besteht im wesentlichen kein Streit mehr. Eine gebührenpflichtige Inanspruchnahme ist aber auch dann vorhanden, wenn sie gewissermaßen unfreiwillig, aber unter einer (rechtmäßigen) polizeilichen Drohung erfolgt ist. Von einer Inanspruchnahme kann aber da keine Rede sein, wo ohne Zutun und Willen oder gar gegen den Willen desjenigen, von dem eine Gebühr gefordert wird, die Einrichtung oder Anstalt zu seinen Gunsten tätig geworden ist. Wohl aber tritt die Gebührenpflicht schon dort ein, wo eine im öffentlichen Interesse unterhaltene Veranstaltung ihre Leistungen dem Benutzer so zur Verfügung stellt, daß diesem eine fortgesetzte Benutzung unmittelbar ermöglicht wird, so z. B. bei den sogenannten Anschlußgebühren und den Kurtaxen.[61])

Die Höhe des Entgelts ist niemals dafür entscheidend, ob es sich um eine Benutzungsgebühr oder um eine privatrechtliche Gegenleistung handelt; denn das Prinzip der bloßen Kostendeckung ist kein der Gebühr immanentes,[62]) wie an früherer Stelle ausführlicher dargelegt wurde. Nur dort, wo die Höhe der Gebühr in einer offensichtlichen Diskrepanz zur Gegenleistung steht, wie es beim sogenannten Schulgeld der Fall ist, wird sie Beweis für das Vorliegen einer öffentlichen Anstalt erbringen.

Im Gegensatz zur Höhe der Gebühr kann die Form der Gebührenordnung zuweilen über den Charakter des Entgelts und damit auch über die betref-

---

[57]) OVG., Bd. 49, S. 85ff.; Bd. 54, S. 79ff., 83; Pr. VerwBl., Bd. 31, S. 732; RGZ., Bd. 83, S. 286f.

[58]) OVG., Bd. 40, S. 80; Bd. 61, S. 195.

[59]) Anders ist es rechtlich zu beurteilen, wenn der Anstaltsträger über einzelne bestimmte Gebührenforderungen Abmachungen mit dem Gebührenpflichtigen trifft oder auf die Gebühren durch Niederschlagung verzichtet. Solche Abmachungen sind zulässig und machen die Ordnung selbst nicht ungültig.

[60]) OVG., Bd. 29, S. 63f.; Bd. 31, S. 53f.

[61]) Moll spricht hier von „Benutzungsmöglichkeitsgebühren" (Hw. d. Kw., Erg.-Bd. 1, S. 171, 178f.). Daß der Unterschied zwischen Benutzungsgebühren, Anschlußgebühren und Benutzungsmöglichkeitsgebühren rechtlich unpraktisch und auch tatsächlich schwierig zu erfassen ist, hebt mit Recht Friedrichs (Versorgungsbetriebe, S. 73) hervor.

[62]) Streng an das Kostendeckungsprinzip hält sich dagegen Fleiner (Institutionen, S. 426), was aber zu seinen Ausführungen über die Gewinne öffentlicher Anstalten im Widerspruch steht (S. 325, 327). Auch Toepfer kann sich trotz richtiger Voraussetzungen (S. 535f.) nicht zur klaren Stellungnahme entschließen (S. 546ff.); dagegen hat Köttgen neuerdings (vgl. Veröffentl. d. Ver. d. deutschen Staatsrechtsl., H. 6, S. 140, Anm. 53) seinen Standpunkt, wo er das Deckungsprinzip sehr scharf betonte, aufgegeben.

fende Einrichtung Aufschluß geben. Auch der Verfahrensgang beim Zustandekommen einer Gebührenordnung wird vielfach darauf hinweisen, ob das vorgesehene Entgelt als Gebühr oder als privatwirtschaftliche Gegenleistung zu behandeln sei. Nicht unbedingt für die Einordnung in das öffentliche Recht spricht die Tatsache, daß ein von der Gemeinde festgesetzter Tarif die Genehmigung der Aufsichtsbehörde erlangt hat. Hieran kann u. U. nur die Folge geknüpft sein, daß die Entgelte lediglich im Verwaltungszwangsverfahren beigetrieben werden dürfen (KAGes., § 90 Abs. 1).[63])

Die Einseitigkeit der Gebührenfestsetzung — an sich überhaupt Voraussetzung der Gebühr im Gegensatz zu dem aus einem Vertragsverhältnis entspringenden privatrechtlichen Entgelt[64]) — allein begründet noch nicht das Vorliegen eines öffentlichrechtlichen Grundverhältnisses und damit das Merkmal einer öffentlichen Anstalt.

Die Entgelte für die Benutzung der beiden großen Verkehrsanstalten des Staates, der Post und der Eisenbahn, werden z. B. einseitig vom Staate festgesetzt, und doch wird nur das Entgelt für die Leistungen der Post als öffentlichrechtliche Gebühr aufgefaßt. Hier wäre es richtiger, die privatrechtliche Nutzungsordnung durch eine öffentlichrechtliche zu ersetzen,[65]) also auch die Leistungsentgelte als öffentlichrechtliche Gebühr anzusehen, anstatt an der historischen Überlieferung[66]) von der privatrechtlichen Beziehung zwischen Eisenbahn und Benutzer festzuhalten. Es hieße den Fluß des öffentlichen Rechts aufhalten und den vernünftigen Sinngehalt dieser Rechtskategorie einengen,[67]) wenn man einer materiell öffentlichrechtlichen Einrichtung — also z. B. einer öffentlichen Anstalt mit unbestrittenen im Gemeininteresse liegenden Funktionen — aus formellen Gründen einen privatrechtlichen äußeren Aufbau zuteilt und Entgelte, die an sich Gebühren sind, als Erwerbseinkünfte ansieht,[68]) nur weil infolge einheitlicher Regieführung und allgemeiner wirtschaftlicher Kraftentfaltung Überschüsse erzielt werden. Daß diese Überschüsse in dem Haushaltsplan der Gemeinwesen eine große Rolle spielen und praktisch mit ihnen jeweilig gerechnet wird[69]) oder vorübergehend mit den Überschüssen sogar andere Verpflichtungen des Verbandes abgelöst werden,[70]) kann an dem grundsätzlichen Charakter der Einrichtung und ihrem Hauptzweck nichts ändern.[71])

---

[63]) Es bleiben für die Verfolgung dann beide Rechtswege offen, also sowohl der bürgerlichrechtliche als auch der verwaltungsrechtliche Weg. Vgl. Pr. VerwBl., Bd. 42, S. 25; RGZ. in JW., 1926, S. 1431; Staub, HGB. § 373 Vorbem. 16.

[64]) So die herrschende Meinung: Strutz, Gebühren, S. 617f.; Moll, Über Gebühren, S. 215, 219; W. Jellinek, VerwR., S. 373f.; Fleiner, Institutionen, S. 425; Hatschek, VerwR., S. 451; Toepfer, S. 524ff.; Nöll-Freund, Bem. 6 zu § 4 KAGes.

[65]) Darin decken sich unsere Gedanken mit den von Köttgen bei der Behandlung des Verwaltungsrechts der öffentlichen Anstalt ausgesprochenen Leitsätzen. Vgl. Veröffentl. d. Ver. d. deutschen Staatsrechtsl., H. 6, S. 122ff.

[66]) Vgl. OVG., Bd. 25, S. 151f.

[67]) Vgl. hierzu Otto Mayer, VerwR., II, S. 274ff.; ferner Fleiner, Institutionen (8. Aufl.), S. 325ff., und die in der 5. Aufl. in Anm. 11, S. 303, zitierten Stellen; Derselbe, Umbildung zivilr. Inst., S. 9f.; weiter W. Jellinek, VerwR., S. 374.

[68]) Strutz z. B. (Gebühren, S. 635) sieht die Entgelte für die Verkehrsleistungen der Post-, Telegraphen- und Fernsprechverwaltungen als Erwerbseinkünfte an. Demgegenüber siehe aber seine Ausführungen auf S. 622ff. — Im gleichen Sinne wie Strutz: Köttgen, Öffentliche Hand, S. 21, 29.

[69]) Vgl. hierzu auch E. Scholz, Das heutige Gemeindebesteuerungssystem in Preußen, Schriften d. Vereins f. Sozialpolitik, Bd. 126, S. 298f.; ferner O. Landsberg, Die Entwicklung des Gemeindeabgabenwesens in den preußischen Städten, ebenda, Bd. 127, 1, S. 3ff.

[70]) Hiergegen wendet sich besonders Toepfer, S. 547f.

[71]) In diesem Sinne muß auch Eheberg (S. 75f., 111) aufgefaßt werden.

Ein wichtiges Erkennungsmittel für die öffentlichrechtliche Struktur des Entgelts ist aber in der Art und Weise der Gebührenfestsetzung zu erblicken. Kommt die Gebührenordnung durch Verwaltungsakt zustande — sei es durch formelle Sanktion historisch überkommener oder gewohnheitsrechtlich entstandener Gestaltungen der Gebührenerhebung, sei es durch Spezialgesetz oder durch Delegation in Form der Blankoermächtigung —, und ist die Festsetzung der einzelnen Gebühren an sich oder deren Höhe höchstens mit Beschwerde oder Verwaltungsklage anfechtbar, dann ist die öffentlichrechtliche Natur des Entgelts meistens nicht zu bezweifeln.

Weiter weist in vielen Fällen die Art der Verfolgung des Anspruchs, der durch die Inanspruchnahme der Einrichtung entstanden ist, auf den rechtlichen Charakter des Leistungsanspruchs hin. Wird für die Geltendmachung und Eintreibung der entstandenen Forderung auf den für bürgerlichrechtliche Ansprüche gegebenen Weg ausdrücklich verwiesen, so wird man es in der Regel mit einem privatrechtlichen Entgelt zu tun haben. Stellt sich umgekehrt die Anforderung der Gegenleistung als Hoheitsakt dar, dessen Durchsetzung mit eigenen Zwangsmitteln ohne vorherige Anrufung der ordentlichen Gerichte erfolgen kann,[72]) so ist damit ein wichtiges, wenn auch nicht unbedingt zwingendes Merkmal für den Gebührencharakter des Entgelts gegeben;[73]) denn auch hier bleibt die Regel nicht ohne Ausnahme.[74])

Wir sehen aus dem Gesagten, daß ein exaktes Erkennungsmittel für die Gebühr nicht besteht. Als wirklich entscheidend, ob es sich im Einzelfalle dem inneren Wesen nach um eine Gebühr oder einen privatrechtlich gestalteten Anspruch oder gar um eine Steuer handelt, kann grundsätzlich nur der wahre Wille des Gemeinwesens angesehen werden, der von diesem verfolgt wird, und der sich nach außen hin in irgendeiner Form äußern und das Wesen der Sache erkennen lassen muß.

Wird vom Gesetzgeber ein Zwang zur Benutzung einer Anstalt vorgeschrieben, oder sind die Gemeindemitglieder auf die Anstaltsbenutzung unter Vermeidung sozialer oder allgemeinwirtschaftlicher Schäden angewiesen, so bedarf auch die Erlassung einer Gebührenordnung der gesetzlichen Grundlage; denn die Festsetzung der den Benutzer kraft Gesetzes treffenden öffentlichrechtlichen Gebühr kann nicht dem freien Ermessen der Anstalt überlassen bleiben. Eine Vermutung, daß sich der Benutzer bei freiwilliger Inanspruchnahme einer mit Benutzungszwang ausgestatteten oder einer tatsächlich notwendigen Anstalt jeder beliebigen Gebührenfestsetzung unterwerfen will, ist nicht anzuerkennen und würde dem Grundsatz von der Gesetzmäßigkeit der Verwaltung widersprechen.[75])

Gebühren verlieren nicht den Charakter einer öffentlichrechtlichen Abgabe, auch wenn sie durch einen beliehenen öffentlichen Unternehmer zur Erhebung gelangen, wenn sie nur Folgewirkung der Inanspruchnahme einer im Gemeininteresse errichteten Anstalt sind.[76])

---

[72]) Vgl. § 90 KAGes.; § 16 KPAGes.

[73]) So die herrschende Meinung, vgl. Strutz, Gebühren, S. 622; W. Jellinek, VerwR., S. 371 f., 377; Hatschek, VerwR., S. 452; Fleiner, Umbildung zivilr. Inst., S. 21.

[74]) So hat Hamburg für die durch Leistungen von seiten gemischtwirtschaftlicher Unternehmungen entstandenen Ansprüche die Beitreibung im Verwaltungszwangsverfahren zugelassen, obgleich die Entgelte ihrem rechtlichen Charakter nach mehr privatrechtlicher Natur sind.

[75]) U. E. trifft — entgegen der Auffassung W. Jellineks, VerwR., S. 115, 495 — der Grundsatz auch für diesen Teil des öffentlichen Anstaltsrechts zu; denn es handelt sich bei der Anstaltsbenutzung nicht allein um Vorteilsgewährung, sondern zugleich auch meistens um Eingriffe in das Vermögen der Benutzer. — Wie im Text im besonderen Hatschek, VerwR., S. 455; ebenso Toepfer, S. 521 ff.

[76]) Vgl. RGZ., Bd. 83, S. 287.

Als weiteres Tatbestandsmerkmal einer öffentlichen Anstalt haben wir planmäßige, staatlich beaufsichtigte Tätigkeit gefordert, deren Früchte dem Benutzer zugute kommen sollen.

Eine geordnete Geschäftsführung ist an sich ja Voraussetzung jeder Unternehmung, ganz gleich, ob sie von einem Gemeinwesen oder einem Privatmann ins Leben gerufen und betrieben wird. Doch wird von einer öffentlichen Einrichtung darüber hinaus gefordert werden müssen, daß die Geschäftsführung an feste Grundlinien gebunden ist, deren Innehaltung in Anbetracht der öffentlichen Funktionen von jedem Berechtigten überprüft und im Falle der Abweichung mit den entsprechenden Rechtsmitteln angefochten werden kann. Grundlage der Anstaltstätigkeit wird demnach eine Verfassung sein müssen, die einerseits die Organe der Anstalt bindet und anderseits dem Benutzer seine Rechte und Pflichten zuweist.[77]) Das Verhalten der Organe kann im einzelnen durch Sondervorschriften, durch Dienstanweisungen geregelt werden. Die Rechte- und Pflichtenzuweisung kann in der Form einer besonderen Anstaltsordnung geschehen, deren Durchführung der Anstalt obliegt, und die in der sog. Anstaltsgewalt als Folge der Anstaltsordnung zum Ausdruck kommt.

Der Anstalt muß es überlassen bleiben, ob sie eine besondere Anstaltsordnung erlassen will oder nicht; einer gesetzlichen Ermächtigung bedarf sie — ausgenommen bei Festsetzung der Gebührenordnung bei Anstalten mit Benutzungszwang oder Benutzungsnotwendigkeit (vgl. § 8 preuß. KAGes.) — zu ihrem Erlaß nicht. Das schließt nicht aus, daß sich eine aufgestellte Anstaltsordnung, die an sich nur Verwaltungsvorschriften, keine Rechtssätze statuiert, nur innerhalb der Grenzen der allgemeinen Gesetze halten muß und Rechte höherer Art, seien es verfassungsmäßig gewährleistete oder auf bürgerlichrechtlichem Titel beruhende, weder beschränken noch vereiteln darf. Enthält eine Anstaltsordnung derartige Bestimmungen, so sind diese ungültig,[78]) der Charakter der Anstalt selbst wird durch sie nicht berührt. Das aus der Anstaltsordnung sich ergebende Gewaltverhältnis zwischen der Anstalt und dem Benutzer — und nur zwischen diesen Parteien entsteht ein solches — wirkt sich in Verwaltungsakten auf Unterwerfung aus, denen, wie gesagt, keine derogative Kraft im obigen Sinne innewohnt.[79])

Unterläßt die Anstalt die Normierung einer Anstaltsordnung oder wird diese insbesondere in Anbetracht der Benutzungsvorschriften nur mangelhaft durchgeführt, so daß sich nicht ersehen läßt, ob sie nach öffentlichrechtlichen oder privatrechtlichen Gesichtspunkten ausgestaltet ist, dann begibt sich die Anstalt dadurch eines wichtigen Anhaltspunktes bei der Beurteilung ihres rechtlichen Charakters. Bestehen in einem solchen Fall Zweifel, ob die Institution eine öffentlichrechtliche Anstalt oder eine Einrichtung des Privatrechts ist, dann wird die Entscheidung letztlich immer in dem der Einrichtung ungünstigen Sinne ergehen, d. h. eine Privatunternehmung des Gemeinwesens vermutet werden müssen.

Wie die Anstaltsordnung, so muß sich auch die Anstaltsgewalt intra legem halten; sie kann auch nicht den Bereich überschreiten, der durch die besondere Art der Anstalt gegeben ist. Der Kreis der durch die Anstalt ausgeübten Gewalt wird je nach der Anstaltsgrundlage den Benutzer nur für die Zeit der tatsächlichen Benutzung erfassen — der Nutzer ist dann nur dem engeren Hausrecht unterworfen — oder darüber hinaus auch das Leben des Anstaltsunterworfenen außerhalb der Anstalt berühren, d. h. den Nutzer durch die Anstaltsdisziplin binden. Der

[77]) Über den Rechtscharakter solcher Verfassungen vgl. Kormann, System, S. 60.

[78]) Es kann hier dahingestellt bleiben, inwieweit die Ungültigkeit einzelner Normen auch die anderen Bestimmungen ergreift.

[79]) Vgl. hierzu auch RGZ., Bd. 45, S. 164f.; Bd. 62, S. 265f.

Anstaltsgewalt unterworfen ist natürlich immer nur der mit der Anstalt anstaltsmäßig Verbundene, unbeteiligten Dritten gegenüber muß sie versagen.

Ob die Anstalt zur Unterstützung ihrer Gewaltausübung und gegen Störungen ihrer Tätigkeit von seiten Dritter sich der sogenannten Anstaltspolizei bedienen kann, d. h. mit Hilfe der Polizei Verordnungen und Verfügungen zu ihren Gunsten erlassen oder die Polizeibehörden um Schutz anrufen darf, auch ohne Vorliegen der Voraussetzungen des § 10 II 17 ALR., ist im einzelnen hier nicht näher zu untersuchen.[80]) Grundsätzlich wird man die Berechtigung einer „Anstaltspolizei" verneinen müssen; sie für zulässig erklären, hieße der öffentlichen Anstalt einen besonderen Schutz gegenüber anderen Unternehmungen gewähren, was dem Grundsatz der gleichen Rechtsschutzgestaltung widerspräche. Die Polizei wird der öffentlichen Anstalt ihren Schutz und ihre Hilfe nur im Rahmen ihrer allgemeinen Aufgaben zuteil werden lassen dürfen. Dies hindert jedoch nicht eine bevorzugte Bereitschaft der Polizei zum Einschreiten zugunsten der öffentlichen Anstalt, weil ja die Anstalt hauptsächlich öffentlichen Interessen dienen soll. Der Rechtsgrund des polizeilichen Einschreitens muß aber dessenungeachtet der gleiche bleiben; soll die Rechtsgrundlage über § 10 II 17 ALR. hinaus erweitert werden, bedarf es dazu einer besonderen gesetzlichen Ermächtigung.[81])

Staatlich beaufsichtigt oder, was dem gleichsteht, von öffentlichen, d. h. mit staatlichen Hoheitsrechten ausgestatteten, Organen beaufsichtigt, muß die Tätigkeit der Anstalt sein, soll eine solche eine öffentliche Einrichtung ausmachen. Nicht genügen würde ein privatrechtlicher Vertrag, durch den die Anstalt zur Befolgung bestimmter Sicherungen verpflichtet wäre. Die Pflichtenstellung zum höheren Verbande muß eine öffentlichrechtliche sein.

Bei den unselbständigen Anstalten kann die staatliche Aufsicht nur mittelbar in die Erscheinung treten; sie greift nicht direkt auf die Anstalt über, sondern auf das Gemeinwesen und findet ihre Grenze an dem Aufsichtsrecht über den untergeordneten Verband. Primäre Aufsicht kann hier nur das Gemeinwesen selber ausüben. Anders liegen die Verhältnisse bei den selbständigen Anstalten. Die Staatsaufsicht ist hier eine unmittelbare, das Gemeinwesen darf nur im Rahmen seiner Autonomie sekundär Aufsichtsrechte geltend machen.

Mit dem Begriff der Aufsicht können nur solche Handlungen der Aufsichtsorgane gedeckt werden, die sich instruktionsmäßig an die Anstaltsorgane wenden, nicht rechtssatzmäßig an die Allgemeinheit. Es wird sich also im wesentlichen um eine Dienstaufsicht handeln, die die Tätigkeit der Anstaltsorgane in bezug auf die Gesetzmäßigkeit oder auch auf die Zweckmäßigkeit ihrer Handlungen kontrolliert. In die Leitung einer selbständigen Anstalt wird nur dann eingegriffen werden dürfen, wenn der gesetzte Zweck der Anstalt gefährdet erscheint oder die Aufgaben ungenügend erfüllt werden. Doch wird auch hier der Grundgedanke jeder Auf-

---

[80]) Statt vieler siehe hierzu Kuprian, Die Anstaltspolizei, „Annalen d. Deutschen Reichs", 1929, S. 378ff.

[81]) So im besonderen W. Jellinek, Gesetzesanwendung, S. 278ff.; Derselbe, VerwR., S. 419f., 496; ferner im Sinne des Textes Hatschek, VerwR., S. 455f.; Richter, Veröffentl. d. Ver. d. deutschen Staatsrechtsl., H. 6, S. 101f.; Kuprian, „Annalen d. Deutschen Reichs", 1929, S. 391ff., 395, 398; Jebens, Pr. Verw.Bl., Bd. 22, S. 330. — Fleiner (Institutionen S. 330ff., 392) und Otto Mayer (VerwR., I, S. 214, II, S. 284f.) bejahen demgegenüber das Bestehen einer selbständigen Anstaltspolizei. — Wenn Fleiner z. B. sagt (S. 330f.), daß die Anstaltspolizei nie dazu mißbraucht werden dürfe, die Konkurrenz eines erlaubten privaten Gewerbebetriebs zu unterdrücken, andererseits bei Nichtvorhandensein ausreichender eigener anstaltlicher Zwangsmittel die Anstaltspolizei die Anordnungen der Anstaltsorgane durchzuführen habe, so wird damit die Entscheidung, ob eine „erlaubte" Konkurrenz der Anstalt vorliegt, letztlich in die Hand der Anstaltsorgane gelegt, die bei der Beurteilung doch mehr oder weniger befangen sind. — Gegen Fleiner treffend besonders die Ausführungen von Kuprian, S. 381, 387ff., 393ff.

sicht, daß die Anweisungen nicht den für die Anstalt gesetzten Normen zuwiderlaufen, also nicht die Sphäre des freien Ermessens berühren dürfen, zur Geltung kommen müssen.[82]) Wie die Aufsicht im besonderen ausgestaltet und mit welchen Mitteln sie durchgeführt wird, bleibt der Regelung durch den Träger der Anstalt vorbehalten.

Mit der Forderung, daß die Anstalt *öffentlichrechtlich organisiert* sein soll, wird allerdings ein Unsicherheitsfaktor in die Definition hineingetragen. Aber wie auch die Kategorie des öffentlichen Rechts formaljuristisch nicht scharf zu erfassen ist, ebensowenig läßt sich die öffentliche Anstalt fest umreißen, denn auch ihr wohnen ja die Elemente des öffentlichen Rechts inne. Die Voraussetzung der öffentlichrechtlichen Organisation wird als letztes Scheidemittel anzusehen sein, wenn alle anderen Merkmale für das Vorliegen einer öffentlichen Anstalt sprechen. Als Maßstab sind die gleichen Erkennungsmerkmale anzulegen, die für die Abgrenzung der juristischen Person des öffentlichen Rechts von der des Privatrechts zu verwenden sind.[83]) Demzufolge werden die Momente: Daseinsnotwendigkeit, positive Aufsicht eines öffentlichen Verbandes, Zwangsmitgliedschaft mit der damit verbundenen Rechtssetzungsgewalt, Dienstherrnfähigkeit und die Fähigkeit, Verwaltungsakte wirksam vornehmen zu können, für die Beurteilung heranzuziehen sein.

---

[82]) Vgl. hierzu auch *Rosin*, Recht d. öffentl. Genossensch., S. 103ff., 117; *W. Jellinek*, VerwR., S. 511ff.

[83]) Eine ganz andere Frage ist, wann eine Anstalt schlechthin juristische Persönlichkeit erlangen kann, also zu einer selbständigen juristischen Person des öffentlichen Rechts wird. Ein öffentliches Unternehmen mit dem Ziel, Angelegenheiten des Gemeinwesens zu besorgen, kann durch freien Entschluß der Beteiligten jederzeit ins Leben gerufen werden, sei es durch Abzweigung schon bestehender Einrichtungen, sei es durch vollständige Neuschaffung. Die juristische Persönlichkeit wird im ersten Falle auf die abgezweigte Einrichtung ohne weiteres übergehen, wenn das Stammwesen bereits öffentlichrechtliche Persönlichkeit besaß und die Zweigeinrichtung spezielle Aufgaben zu übernehmen hat. Die Zweigeinrichtung wird aber nur dann eine eigene Rechtspersönlichkeit führen, wenn der Sachmittelbestand und die persönlichen Mittel aus der alten Organisation so ausgeschieden werden, daß diese ein eigenes selbständiges Leben entwickeln können. Ist das nicht der Fall, dann läge nur eine sog. unselbständige Anstalt ohne eigene Rechtspersönlichkeit vor, die damit aber ihren Charakter als Träger hoheitlicher Verwaltung nicht verliert.

Bei neuen Unternehmungen ist zur Entstehung der juristischen Persönlichkeit des öffentlichen Rechts in der Regel eine gesetzliche Grundlage erforderlich. Die Gesetze können z. B. gewisse Voraussetzungen rechtssatzmäßig anordnen, Normativbestimmungen aufstellen, bei deren Erfüllung für die Unternehmung die juristische Person ohne weiteres entsteht, oder die Entstehung ist von einer förmlichen — das ALR. II 19 § 42 kannte auch stillschweigende Genehmigung — Verleihung der Rechtsfähigkeit, meist Genehmigung genannt, abhängig. Bisweilen erlangt eine Anstalt mit der Genehmigung zur Errichtung oder mit staatlicher Anerkennung zugleich das Recht der juristischen Persönlichkeit. (Beispiele bei *Sigloch*, S. 55ff.; vgl. auch *Ahl*, Hess. Spark.-Ges. von 1902, Art. 1 mit Bem. 1—3; *Kleiner*, S. 84ff.) — Wechselt nur der Träger einer Einrichtung mit juristischer Persönlichkeit, so geht die Einrichtung samt der dazugehörigen juristischen Persönlichkeit auf den neuen Herrn über. In dieser Weise vollzog sich namentlich der Übergang ehemals kirchlicher Anstalten (Krankenhäuser, Armenhäuser, Versorgungsanstalten, Schulen, Universitäten) auf die Gemeinden oder andere öffentliche Verbände höherer Ordnung. (Im einzelnen vgl. hierzu *Otto Mayer*, VerwR., II, S. 333ff.; *Gierke*, Genossenschaftsrecht, II, S. 962ff.; *Hatschek*, Städtische Anstalt und städtische Stiftung, VerwArch., Bd. 19, S. 326ff.; ferner *W. Jellinek*, VerwR., S. 168ff.; *Sigloch*, S. 60ff., und die dort jeweilig zitierte weitere Literatur.)

Auch eine Unternehmung mit betont privatrechtlicher Grundlage kann unter Umständen eine rechtsfähige öffentliche Anstalt sein, wenn das typisch Anstaltsmäßige eben vorhanden ist. Vornehmliches Beispiel bildet die Deutsche Reichsbahngesellschaft. (Die Deutsche Reichsbank ist dagegen eine öffentlichrechtliche Körperschaft. Über die rechtliche Stellung beider Institute vgl. besonders *Sigloch*, S. 73ff., 85ff.) Die kommunalen Versorgungsbetriebe — von denen weiter unten ausführlicher zu handeln sein wird — bleiben öffentliche Gemeindeanstalten, auch wenn sie auf privatrechtlichen Fundamenten ruhen.

Die formelle Rechtsfähigkeit, also die kraft Gesetzes erfolgte Ausstattung der juristischen Persönlichkeit mit eigenen öffentlichrechtlichen Merkmalen, ist nicht unbedingte Voraussetzung für eine

Von den aufgezählten Merkmalen entfallen für unsere in Frage stehende Abgrenzung von vornherein die positive Aufsicht und die Zwangsmitgliedschaft. Staatlich beaufsichtigte oder von öffentlichen Organen beaufsichtigte Tätigkeit gehört schon an sich zum Wesen der öffentlichen Anstalt. Da eine Anstalt keine „Mitglieder" hat — sie sind nur den Körperschaften eigentümlich —, so muß auch die Zwangsmitgliedschaft als Erkennungsmittel entfallen. Wohl aber können öffentliche Anstalten Zwangsnutzer haben, wie dies z. B. bei einer kommunalen Fäkalienabfuhr mit Benutzungszwang in die Erscheinung tritt. Auch die Rechtssetzungsgewalt fehlt der Anstalt; sie kann keine Anordnungen an einen unbestimmten Personenkreis erlassen. Die Satzungsgewalt der Anstaltsordnung trifft nur den Anstaltsunterworfenen, keinen unbeteiligten Dritten. Dienstherrnfähigkeit wird man, wenigstens in Preußen, den öffentlichen Anstalten ohne weiteres zuerkennen müssen, wenn sich auch immer wieder der Gedanke in den Vordergrund drängt, daß letztlich nur Reich, Ländern oder Gemeinden und den kommunalen Verbänden die Dienstherrnfähigkeit zustehe und diese ihre Beamten den Anstalten zur Dienstleistung überweise, die Anstalt als solche nicht Dienstherr sein könne.[84]) Die Befugnis zum Erlasse von Verwaltungsakten erschöpft sich vielfach in der Gebührenfestsetzung und in der Verfolgung der entstandenen Ansprüche ohne gerichtliches Urteil im Wege des Verwaltungszwangsverfahrens. Bleibt als letztes Moment die Daseinsnotwendigkeit, und zwar eine solche im Gemeininteresse. Wenn für das innere Wesen einer öffentlichen Anstalt Nutzungsgewährung im Gemeininteresse bedeutsam ist, so wird damit schon die Daseinsnotwendigkeit verknüpft sein, die dann eine öffentliche Betriebspflicht der Anstalt der Gemeinschaft gegenüber begründet. Allerdings liegt es vielfach nicht ganz einfach, eine Einrichtung der öffentlichen Hand als daseinsnotwendig und somit als betriebspflichtig zu erklären und damit Voraussetzungen für die Zuteilung öffentlichrechtlicher Normen zu schaffen. Im einzelnen werden auch hier die jeweiligen kulturellen, wirtschaftlichen und politischen Momente für die Beurteilung zu Rate gezogen werden müssen, wie ja auch die öffentliche Verwaltung mit diesen Strömungen weit mehr verflochten ist und sich ihnen schneller anzupassen hat als die Justiz, um den wechselnden Bedürfnissen der Bürger die notwendige Befriedigung zu verschaffen.[85])

3.

Der Begriff der öffentlichen Anstalt ist nunmehr erschöpfend analysiert, und damit sind zugleich das innere Wesen und die Funktionen der Anstalt im weitesten Sinne aufgezeigt worden. Zur Vervollständigung möge noch kurz auf die **Stellung der Anstalt nach außen** eingegangen werden.

öffentliche Anstalt; denn die Erhebung zu einer Einrichtung des öffentlichen Rechts ist gegeben mit Vorhandensein der materiell wesentlichen Merkmale. — Vgl. hierzu auch Kormann, WStVR., III, S. 1; Otto Mayer, VerwR., II, S. 331f.

Schon Regelsberger (Pandekten I, S. 349) weist mit Recht darauf hin, daß die Rechtsfähigkeit entstehen muß, wenn das Wesen der Einrichtung es fordert: „. . . die Rechtsordnung würde mit ihrer Aufgabe in Widerspruch treten, wenn sie Lebewesen, gegen deren Unschädlichkeit, ja Nützlichkeit kein Zweifel obwaltet, durch Vorenthaltung der Rechtsfähigkeit das Dasein verkümmerte." — Zu diesen Fragen siehe auch die neuere Entscheidung des Reichsgerichts in Bd. 117, S. 257ff.

[84]) So Otto Mayer (VerwR., II, S. 138), der neben den obengenannten Trägern öffentlicher Verwaltung nur noch die öffentlichen Religionsgemeinschaften als Dienstherrn anerkennen will. Die Auffassung Otto Mayers, in abstracto weitergeführt, müßte zu dem Ergebnis führen, daß richtiger Dienstherr letztlich nur der Staat sei, gegenüber dem nur öffentliche Dienstpflichten geschuldet werden können.

[85]) Vgl. hierzu Laband, Staatsrecht, 5. Aufl., II, S. 186ff.; Fleiner, Institutionen, S. 196ff., 325f.

Im Verhältnis zu Dritten und zu anderen Anstalten, kurz im Außenverhältnis, wird die öffentliche Anstalt einen zweifachen Rechtscharakter zum Ausdruck bringen können. Einmal als Hoheitsperson mit der Befugnis zur Vornahme von Verwaltungsakten, zum andern als sogenannter Fiskus, der den allgemeinen Rechtsnormen ebenso wie jeder Privatmann unterworfen ist.

Die öffentliche Anstalt kann trotz ihrer gewissen Hoheitsfunktion grundsätzlich nicht schrankenlos in die Rechte unbeteiligter Dritter eingreifen. Im besonderen wird ihr die Befugnis abzusprechen sein, das Eigentum [86]) oder irgendein Ausübungsrecht Dritter ohne weiteres zugunsten der Anstalt zu beschränken oder gar ganz aufzuheben. Wohl haben das Eigentum und sonstige private Rechte eine gewisse Schwäche der öffentlichen Anstalt gegenüber; aber diese Schwäche darf zugunsten der Allgemeinheit nur insoweit ausgenutzt werden, als das verletzte individuelle Recht schutzunwürdig erscheint gegenüber dem Gemeininteresse. Wo hier die Grenze liegt, ist Tatfrage. Doch wird dem richterlichen Ermessen nicht ein zu weiter Spielraum zu geben und der Begriff der entschädigungspflichtigen Enteignung im Sinne des Art. 153 Abs. 2 RV. möglichst weit zu fassen sein.[87]) In der Regel werden sich Einengungen oder Aufhebungen der Rechte anderer zugunsten der Anstalt auf eine gesetzliche Grundlage stützen müssen, wenn sie gültig vorgenommen werden sollen.[88]) Will die öffentliche Anstalt darüber hinaus Vorteile für sich erwerben, dann wird sie auf die Normen des Privatrechts zurückgreifen und sich mit Hilfe privatrechtlicher Verträge die Rechtsvorteile sichern

---

[86]) Für eine öffentlichrechtliche Eigentumsbeschränkung zugunsten einer öffentlichen Anstalt tritt z. B. Fleiner (Institutionen, S. 332ff.), im besonderen aber Otto Mayer (so in der 1. Aufl. seines VerwR., II, S. 185, 189f.) ein, gegen den sich besonders Anschütz im Pr. VerwArch. (Bd. 14, S. 325, 331 mit Anm. 19) wendet. Auch in der 3. Aufl. (II, S. 126ff.) hält Otto Mayer an der weitgehenden Eigentumsbeschränkung fest, die sich aber mit den im Bd. 1, S. 88ff., entwickelten Gedanken nicht gut verteidigen läßt. Aber warum — so könnte Otto Mayer entgegengehalten werden — schaffte die Gesetzgebung für die Eigentumsbeschränkung immer neue Normen, wenn die Beschränkungen ebenso auch ohne Gesetz geschahen und geschehen? Warum „weicht die Postverwaltung aus", wenn die Hausbesitzer der Anbringung von Briefkästen widersprechen? Gewiß brachten Gas und Elekrtizität eine Erleichterung gegenüber der alten Öllaterne, die mit Hilfe der Vorrichtung in einem häßlichen Kasten an der Hauswand täglich mehrmals herab- und hinaufgezogen wurde. Daraus, daß auch die Öllaterne ertragen werden mußte (Otto Mayer, 3. Aufl., II, S. 129, Anm. 21), folgt noch nicht, daß auch die Anbringung umfangreicher elektrischer Armaturen oder die Legung von Starkstromdrähten ohne gesetzliche Grundlage ertragen werden muß. Ein Gewohnheitsrecht für öffentliche Eigentumsbeschränkung kann — auch wenn wir das Bestehen zugeben — nicht jedwede Beschränkung rechtfertigen und kann im modernen Rechtsstaat auf die Dauer nicht befriedigen. Wenn der Gesetzgeber für die Eigentumsbeschränkung allmählich Rechtsgrundlagen schaffte, oder durch Richterspruch vielfach für erlittene Beeinträchtigungen des Eigentums Entschädigungen zuerkannt wurden, so kam damit nur der Übergang vom Polizei- zum Rechtsstaat zum besonderen Ausdruck. — Vgl. hierzu Hatschek, VerwR., S. 458f.; Fleiner, Institutionen, S. 83ff., 302f., 322ff.; W. Jellinek, VerwR., S. 116f., 397ff., besonders aber auch seine Ausführungen in dem dem Deutschen Städtetag erstatteten Rechtsgutachten (Entschädigung für baurechtliche Eigentumsbeschränkungen, Schriften d. Deutschen Städtetags, H. 7 [1929], S. 29f., 32ff.). Vgl. auch Schelcher, A. d. ö. R., N. F., Bd. 18, S. 343ff., 369ff.; Kuprian, „Annalen d. Deutschen Reichs", 1929, bes. S. 389ff.

Fleiner hatte in der Frage der Eigentumsbeschränkung zunächst eine Stellung eingenommen, die der Auffassung Otto Mayers zuneigte (vgl. Institutionen, 5. Aufl., S. 308f.); der dadurch entstandene innere Zwiespalt mit seiner sonstigen Lehre (vgl. 5. Aufl., S. 83ff., 121f., 124, 285, 311, 329ff.) ist in der 8. Aufl. durch Neufassung verschiedener Stellen (vgl. besonders S. 133ff., 332ff.) beseitigt worden.

[87]) Vgl. Anschütz, RV., 10. Aufl., Art. 153, Bem. 9; Schelcher, A. d. ö. R., N. F., Bd. 18, S. 328, 343ff., 350.

[88]) Vgl. RV., Art. 153 Abs. 2. Dazu Anschütz, RV., 10. Aufl. Bem. 2, 4—9 zu Art. 153 und Bem. 3f. zu Art. 114; Schelcher, S. 344ff. — Preußisches Gesetz über die Enteignung von Grundeigentum von 1874, §§ 1, 2; Preußisches Wassergesetz vom 7. April 1913, § 332 Abs. 1; GO. § 1.

müssen.[89]) Liegt aber eine gesetzliche Ermächtigung insbesondere zur Eigentumsbeschränkung zugunsten einer öffentlichen Anstalt vor, dann kann die Belastung des dienenden Grundstücks den Charakter einer Grunddienstbarkeit annehmen.[90]) Hierzu im Gegensatz stehen die auf gesetzlicher Grundlage beruhenden öffentlichen Lasten der Staatsbürger zugunsten einer öffentlichrechtlichen Anstalt.[91]) Während

[89]) Vgl. hierzu den Rosetten-Fall in OVG., Bd. 43, S. 387ff.; ferner Fleiner, Institutionen, S. 352ff.; Friedrichs, Versorgungsbetriebe, S. 25ff., 35f.; Schelcher, A. d. ö. R., N. F., Bd. 18, S. 369ff.; Henke, Elektrizitätswirtschaft, S. 66ff., 103ff.

[90]) So z. B. das Mitbenutzungsrecht der Telegraphenverwaltung gemäß §§ 1 und 2 des Telegraphenwegegesetzes von 1899 oder die Bestellung von Wegegerechtigkeiten an den Bahnkörpern an der Kleinbahn gemäß § 5 des preußischen Gesetzes über die Bahneinheiten vom 8. Juli 1902. — Vgl. hierzu auch die Entscheidungen des RG. in Bd. 73, S. 204f., in JW. 1911, S. 467, Nr. 51; JW. 1912, S. 851, Nr. 3; Gruchot, Bd. 52, S. 1200; Warneyer, 1916, Nr. 30. Vgl. aber auch RGZ., Bd. 58, S. 264ff., insbesondere S. 269ff. — Zur Frage siehe statt vieler: Schelcher, A. d. ö. R., N. F., Bd. 18, S. 357ff., 360ff., 376ff.

[91]) Hierher gehört z. B. die Schullast auf Grund der §§ 1, 7ff. des Gesetzes betr. d. Unterhalt. der öffentlichen Volksschulen vom 28. Juli 1906; ferner die Kanalisationsgebühren. Zu den letzteren vgl. RGZ., Bd. 73, S. 204f.; Pr. VerwBl., Bd. 32, S. 806ff., Bd. 33, S. 295f., Bd. 34, S. 529f., 744.

Fleiner (Institutionen, S. 150f.) will bei Wechsel des Besitzers für die an dem Grundstück haftenden öffentlichen Lasten jeweils ein neues Rechtsverhältnis zwischen neuem Besitzer und der öffentlichen Verwaltung begründet wissen. Dem ist zu folgen; denn haftet die rückständige öffentliche Last oder eine sonstige öffentlichrechtliche Abgabe am Grundstück und geht sie mit diesem ohne weiteres auf den neuen Erwerber über, so würde dadurch z. B. bei rückständigen Gebühren oder Beiträgen durch Leistungsverweigerung der betreffenden Anstalt das dem Erwerber oder Verfügungsberechtigten zustehende öffentliche Recht auf Anstaltsbenutzung vereitelt und so dem Zweck der öffentlichen Anstalt widersprochen werden.

Die gleichen Grundsätze werden auch auf die gemeindlichen Versorgungsbetriebe analoge Anwendung finden müssen. Die Konstruktion vom einheitlichen Vertrag und das darauf begründete Leistungsverweigerungsrecht der Werke bei rückständigen Entgelten ist nicht nur öffentlichrechtlich unhaltbar (treffend die Bemerkung von Mayer zum Urteil des Bayer. OVG. in JW., 1930, S. 2248), sondern stellt auch in den allermeisten Fällen eine unbillige Ausnützung der Monopolstellung der Werke dar und verstößt so gegen die guten Sitten.

Nicht zu folgen deshalb den Entscheidungen und Theorien, die einen einheitlichen Vertrag zugrunde legen. (Siehe hierzu im besonderen den Aufsatz von Rumpf in JW., 1930, S. 1346ff., wo Entscheidungen beider Richtungen angezogen sind und, die Ausführungen von Rumpf in Henke, Elektrizitätswirtschaft, S. 203ff.) Richtig die Ausführungen von Jaeger im Kommentar zur KO., 6./7. Aufl., § 17, Anm. 18b. Vgl. auch die Entscheidung des Bayer. Verwaltungsgerichtshofs vom 28. Dez. 1929 (JW., 1930, S. 1450f., 2248), in der ausgesprochen wird, daß bei öffentlichrechtlicher Regelung der Benutzung gemeindlicher Anstalten, Unternehmungen und Einrichtungen die Gemeinde auf die Allgemeinheit und die Bedürfnisse ihrer Bevölkerung ganz besondere Rücksichten zu nehmen hat und bei Ausübung ihres Bestimmungsrechtes Treu und Glauben gegenüber ihren Gemeindeangehörigen und Dritten nicht außer acht lassen darf. Wenn auch in dem zur Entscheidung stehenden Fall (die städtischen Elektrizitätswerke wollten in Konkursfällen die Fortlieferung elektrischen Stromes von der Bezahlung sämtlicher rückständiger Gebühren abhängig machen) der Anschluß durch Ortsstatut öffentlichrechtlich geregelt war, so müssen die vom Bayer. OVG. entwickelten Grundsätze, wenn nicht die Gedanken des öffentlichen Rechts überhaupt beiseite geschoben werden sollen, auch auf alle jene gemeindlichen Betriebe ausgedehnt werden, auf deren Leistungen die Gemeindemitglieder tatsächlich angewiesen sind, auch wenn eine ausdrückliche öffentlichrechtliche Regelung bisher noch nicht erfolgt ist (anderer Meinung Rumpf in Henke, Elektrizitätswirtschaft, S. 137f.).

Eingehend Stellung zu diesen Fragen der Rückständigkeit öffentlicher Abgaben und privatrechtlicher Entgelte nimmt Friedrichs, der auch das Recht der Polizei prüft, gegen das Werk bzw. die Anstalt bei Leistungsverweigerung auf Grund rückständiger Entgelte einzuschreiten (vgl. Versorgungsbetriebe, S. 67, 69, 82ff., im Sinne des Textes S. 71, 85). Vgl. auch Nipperdey, Stromsperre, S. 36, Anm. 1. Richtig OVG., Bd. 54, S. 78f., 82f., 441f. Im Sinne Fleiners auch Moll im Hw. d. Kw., Erg.-Bd. 1, S. 174; ferner Jaeger, Leipz. Z., 1912, S. 294ff.; Derselbe, Kommentar zur KO. (3./4. Aufl.), § 61, Anm. 20. Vgl. auch DJZ., 1930, S. 425f. — Nöll-Freund, KAGes. Bem. 3 zu § 90.

Etwas anderes ist die pfandrechtliche Haftung für rückständige Gebühren und Beiträge (vgl. hierzu auch OVG., Bd. 54, S. 76ff.). Die schuldrechtliche Verteilung der Lasten richtet sich nach den Vorschriften der §§ 446, 103 BGB.

der Inhalt der öffentlichen Grunddienstbarkeiten fest bestimmt ist, richtet sich die öffentliche Last nach den jeweiligen Bedürfnissen der Anstalt.

Dem Grundsatz der Koordination der einzelnen Träger hoheitlicher Verwaltung entspricht es, wenn bei Interessenkollisionen der einen öffentlichen Anstalt kein Vorzug vor der anderen eingeräumt wird. Beide Anstalten stehen einander gleichberechtigt gegenüber, wenn nicht für diese oder jene ein Vorzug ganz allgemeiner Natur oder eine Bevorrechtigung in speziellen Fällen durch eine besondere Grundlage begründet ist.[92])

Infolge der gegenseitigen Unabhängigkeit kann die eine Anstalt auf die andere nur in der Form des „Ersuchens" einwirken[93]) und die Vornahme einer Handlung zugunsten der ersuchenden Anstalt erbitten. Bleibt das Ersuchen ergebnislos, oder entstehen Meinungsverschiedenheiten, so ist es der einzelnen Anstalt überlassen, die Aufsichtsbehörde um Hilfe zu bitten, die den Streit gütlich beizulegen versucht oder die Verwaltungsgerichte anruft. Bereits entstandene tatsächliche Kollisionen kann die Polizei — der ja dann ein bevorzugtes Einschreiten zugebilligt werden muß — im Rahmen ihrer Befugnisse, also nur aus den Gesichtspunkten der allgemeinen Polizei, beseitigen.

Vermögensrechtliche Streitigkeiten zwischen öffentlichen Anstalten unterliegen genau wie privatrechtliche dem Spruch der ordentlichen Gerichte. Unerheblich bleibt dabei die verschiedene Qualität des Anstaltsträgers.[94])

Auf andere Rechtsverhältnisse zwischen der öffentlichen Anstalt und ihren Benutzern oder sonstigen Gemeindemitgliedern findet das Zivilrecht nur insoweit Anwendung, als auf zivilistische Rechtsinstitute ausdrücklich verwiesen wird oder das öffentliche Recht dem konkreten Rechtsverhältnis überhaupt keine Ordnung zuteil werden läßt.

Die rechtlichen Verhältnisse der Beamten, Angestellten und Arbeiter der öffentlichen Anstalten, insbesondere die Zulässigkeit der Anwendung arbeitsrechtlicher Normen, sollen hier nicht untersucht werden, ebenso sollen die steuerrechtlichen Zusammenhänge hier unerörtert bleiben.

4.

Mit der Darstellung des Wesens der öffentlichen Anstalt sind zugleich die Hauptmerkmale der gemeindlichen Anstalt des öffentlichen Rechts gekennzeichnet worden. Zur formalen Abgrenzung ist jedoch für die **Gemeindeanstalt** eine eigene Definition aufzustellen, die sich an den allgemeinen, für die öffentliche Anstalt aufgestellten Begriff anlehnen wird.[95]) Man kann die öffentlichrechtlich betriebene **Gemeindeanstalt** etwa bezeichnen als **ein öffentlichrechtlich organisierter, nicht von einer Personenmehrheit getragener Bestand von sachlichen Mitteln, der durch planmäßig entfaltete, von Gemeindeorganen überwachte Tätigkeit bestellter Personen**

---

[92]) Vgl. hierzu z. B.: RGZ., Bd. 81, S. 216ff., besonders S. 220.

[93]) Hierzu vgl. auch Kormann, System, S. 81f.

[94]) Vgl. hierzu die Beispiele in RGZ., Bd. 35, S. 296ff.; Bd. 81, S. 216ff.; Bd. 91, S. 273ff. — Zum Text vgl. auch Kormann, System, S. 30ff.

[95]) Über den Begriff der Gemeindeanstalt vgl. auch die Theorien bei Stumpf, S. 7ff.; ferner Bühler, S. 7ff., 249ff. Dem Wesen der Gemeindeanstalt widerspricht die mehrfach vertretene Auffassung, daß schon dann eine Gemeindeanstalt vorliegt, wenn die Gemeindeverfassungsgesetze den Gemeindevorstand zur Verwaltung einer gemeindlichen Einrichtung berufen. Diese abwegige Auffassung würde z. B. dazu führen, gemeindlich betriebene Ziegeleien, Brauereien oder Gasthöfe als Gemeindeanstalten zu bezeichnen. — Statt vieler siehe hier Jebens, Pr. VerwBl., Bd. 22, S. 329.

den Gemeindemitgliedern besondere Nutzungen im Gemeininteresse gewährt.[96])

Gewisse Unterschiede zur öffentlichen Anstalt sollen hier schon im Aufbau der Definition zum Ausdruck kommen. Im wesentlichen trifft für die öffentlichrechtlich betriebene Gemeindeanstalt — im folgenden einfach mit „öffentliche Gemeindeanstalt" bezeichnet — das für die öffentliche Anstalt Gesagte zu, und auf die allgemeinen Kennzeichen der öffentlichen Anstalt wird bei Entscheidung der Frage, ob eine öffentlichrechtlich oder privatrechtlich betriebene Gemeindeanstalt oder Einrichtung vorliegt, in Zweifelsfällen stets zurückzugreifen sein. Doch weist die öffentliche Gemeindeanstalt gegenüber der öffentlichen Anstalt Unterschiede auf, die einmal aus der historischen Entwicklung der kommunalen Selbstverwaltung zu verstehen sind, zum andern aus der, wiederum aus der Geschichte resultierenden, bestimmter gefaßten Normgebung erhellen.

Bemerkenswert ist vor allem der Rechtsschutz der Gemeindemitglieder. Während bei der öffentlichen Anstalt die Zulassung des Bürgers zur Benutzung der Anstalt schlechthin als subjektives Recht rechtssatzmäßig formell noch immer nicht gesichert ist[97]) und nur aus materiellen Kriterien abgeleitet werden kann, ist dem Gemeindemitglied für die meisten Fälle ein Recht auf Zulassung zu den Nutzungen einer öffentlichrechtlichen Gemeindeanstalt ausdrücklich gewährleistet und als subjektives öffentliches Recht anerkannt, das im Verwaltungsstreitverfahren geltend gemacht werden kann.[98]) Wo die Ordnungen der Selbstverwaltungskörper die Einwohner ihrer Bezirke zur Mitbenutzung der von ihnen errichteten öffentlichen Anstalten berechtigen,[99]) wird dadurch ein öffentlichrechtlicher Zulassungszwang zugunsten der Gemeindemitglieder ausgesprochen.[100])

[96]) Auf diese im Verwaltungsrecht sehr umstrittene Abgrenzung zwischen Anstalten, Einrichtungen und Unternehmungen kann hier nicht näher eingegangen werden. Rein sprachlich genommen, gehen die drei Begriffe vielfach derart ineinander über, daß es nur äußerst schwer ist, eine scharfe Grenzlinie zu ziehen und etwa zu sagen: hier hört die Einrichtung auf und beginnt die Anstalt, oder diese Erscheinung ist noch als Einrichtung zu betrachten, jene fast gleichartige als Unternehmung anzusehen. Der weiteste Begriff ist der der „Unternehmung", wie auch der Begriff „Veranstaltung" Einrichtungen und Anstalten umschließen kann. Wird durch aufgewendete Tätigkeit ein Zustand, ein dauernder Erfolg geschaffen oder wiederholt sich die Tätigkeit immer wieder in gleicher oder ähnlicher Weise zur Erreichung eines gleichen oder wirtschaftlich ähnlichen Ziels, dann haben wir es mit einer „Einrichtung" zu tun. Dem Ausdruck „Einrichtung" haftet also ein Moment der Ständigkeit und Gleichartigkeit der Zweckverfolgung an. Sobald nun eine solche Einrichtung zu einem einheitlichen und selbständigen Ganzen sich herausbildet und für sich in einem festumschlossenen Wirkungskreise ihre Zweckerfüllung betätigt und das aus eigener Kraft, mit eigens dafür bestimmten Mitteln sachlicher und persönlicher Art, dann ist eine „Anstalt" gegeben. — Vgl. hierzu im besonderen Stumpf, Bl. f. administrat. Praxis, Bd. 57, S. 24ff., 47ff., dem wir im wesentlichen hier gefolgt sind; ferner v. Cossel, Pr. Kom.Arch., Bd. 4, S. 613ff.; Stier-Somlo, Handb., 2. Aufl., S. 36ff.; Kormann in Hirths Annalen, 1911, S. 860f.; Derselbe, Pr. VerwBl., Bd. 34, S. 394f.

[97]) Wenn auch nach Radbruch (Rechtsphilosophie, S. 50f.) dem subjektiven Rechte die rechtsphilosophische Priorität vor der Rechtspflicht zukommt, so wird doch der rechtliche Zwangsschutz zugunsten der wirtschaftlichen Bedürfnisbefriedigung nicht entbehrt werden können. — Vgl. zu diesen Gedanken Fr. Darmstaedter, Das Wirtschaftsrecht in seiner soziologischen Struktur, 1928, S. 9, 12f., 36ff., 146ff.

[98]) Vgl. OVG., Bd. 41, S. 165ff., Bd. 63, S. 101, Bd. 64, S. 172, Bd. 68, S. 114, Bd. 80, S. 47; OVG. in JW. 1931, S. 676. — Über das Recht auf Benutzung der Gemeindeveranstaltungen vgl. auch Pr. Kom.Arch., Bd. 4 (1913), S. 624f.

[99]) Preuß. Städteordnung für die sechs östlichen Provinzen vom 30. Mai 1853 § 4 Abs. 1: „Alle Einwohner des Stadtbezirks sind zur Mitbenutzung der öffentlichen Gemeindeanstalten der Stadt berechtigt . . .". Vgl. auch § 4 Abs. 1 der westfälischen, rheinischen, hessen-nassauischen Städteordnungen, § 7 der Frankfurter, § 5 der schleswig-holsteinischen, §§ 12, 15, 17, 35, 36 der hannoverschen Städteordnungen, § 8 der preuß. LandgO.; § 6 Nr. 2 der Prov.-O., § 7 Nr. 2 der Kreis-O.

Der Entwurf des preuß. Selbstverwaltungsgesetzes sieht im § 31 vor:

„(1) Alle Einwohner einer Gemeinde oder eines Gemeindeverbandes sind berechtigt, die

Wie bei der öffentlichen Anstalt, so ist es auch bei der öffentlichen Gemeindeanstalt nicht erforderlich, daß das Substrat von sachlichen Mitteln im Eigentum der Gemeindeverwaltungen ist,[101]) es genügt eine tatsächliche Verfügungsmacht, die den Anstaltsträger in bezug auf Verwaltung und Nutznießung zum rechtlichen Herrn der Anstalt stempelt. Unterschiede gegenüber der öffentlichen Anstalt liegen nur insoweit vor, als der Grad der allgemeinen Verwaltungsaufsicht über die öffentlichen Gemeindeanstalten entsprechend dem besonderen Wesen der kommunalen Selbstverwaltung[102]) ein anderer ist. Hier genügt meistens eine einfache Überwachung der Anstaltsorgane bei Ausübung ihrer anstaltlichen Tätigkeit, die nach außen hin nicht wirksam zu werden braucht. Mit welchen Mitteln die Überwachung verfolgt wird, hängt im einzelnen von der Art der Anstalt und ihrer Zielsetzung, der Gemeindeverfassung, der engeren Wirtschaftspolitik und nicht zuletzt von Parteiströmungen ab.

öffentlichen Anstalten und Einrichtungen der Gemeinde oder des Gemeindeverbandes mitzubenutzen, und verpflichtet, die gemeindlichen Lasten nach den Vorschriften der Gesetze mitzutragen. Die Mitbenutzung der gemeindlichen Anstalten, Einrichtungen und Betriebe muß für alle Einwohner nach festen und gleichmäßigen Grundsätzen geregelt sein; jedoch dürfen Vorzugsbestimmungen für Minderbemittelte getroffen werden.

(2) Zur Mitbenutzung der öffentlichen Anstalten und Einrichtungen, die für den in dem Gebiet der Gemeinden und Gemeindeverbände vorhandenen Grundbesitz und Gewerbebetrieb bestehen, sind auch diejenigen Grundbesitzer und Gewerbetreibenden, welche nicht Einwohner der Gemeinde oder des Gemeindeverbandes sind, für ihren innerhalb der Gemeinde oder des Gemeindeverbandes belegenen Grundbesitz oder Gewerbebetrieb berechtigt.

(3) Die Vorschriften der Abs. 1 und 2 finden auf juristische Personen entsprechende Anwendung."

Der § 14 des 2. Entw. der Reichsstädteordnung lautet: „Alle Einwohner der Stadt sind zur Mitbenutzung der öffentlichen Anstalten und Einrichtungen der Stadt berechtigt und zur Teilnahme an den Gemeindelasten nach den Vorschriften der Gesetze verpflichtet."

Bayerische Gemeindeordnung vom 29. April 1869 Art. 19, Ziffer 4: „Der Gemeindebürger genießt das Recht, . . . die Gemeindeanstalten zu benutzen."

Bayerische Gemeindeordnung vom 17. Okt. 1927, Art. 44, Abs. 1: „Zur Benützung . . . ihres Eigentums, ihrer Anstalten, Unternehmungen und Einrichtungen . . . ist jeder berechtigt, der in der Gemeinde wohnt oder sich aufhält oder in der Gemeinde mit Umlagen veranlagt ist und die für die Benützung allgemein bestimmten Voraussetzungen erfüllt."

Die Gemeindeordnung für den Freistaat Sachsen vom 1. Aug. 1923 in der Fassung vom 15. Juli 1925 enthält keine ausdrückliche Bestimmung, doch ergeben sich die Rechte materiell aus den Bestimmungen der §§ 3 und 4.

Die thüringische Gemeinde- und Kreisordnung vom 8. Juli 1920 ist insofern beachtlich, als sie das Gleichheitsprinzip mit besonderer Deutlichkeit hervorhebt. Sie bestimmt in § 96: „Die Mitbenutzung der öffentlichen Gemeindeanstalten, Einrichtungen und Betriebe muß für alle Einwohner nach festen und gleichmäßigen Grundsätzen geregelt sein; Vorzugsbestimmungen für Minderbemittelte sind zulässig."

Nicht ganz so bestimmt faßt sich die württembergische Gemeindeordnung vom 19. März 1930 in Art. 22: „Alle Einwohner eines Gemeindebezirks sind nach gleichen Grundsätzen zur Mitbenutzung der öffentlichen Gemeindeanstalten berechtigt . . .".

§ 11, Nr. 1 der badischen Gemeindeordnung vom 5. Okt. 1921 bestimmt: „Wer auf der Gemarkung der Gemeinde wohnt (Gemeindeangehöriger), ist bei Erfüllung der Voraussetzungen zur Benutzung der öffentlichen Einrichtungen und Anstalten der Gemeinde berechtigt und zur Teilnahme an den öffentlichen Lasten verpflichtet."

§ 113 der braunschweigischen Städteordnung vom 15. Nov. 1924: „Die Mitbenutzung der städtischen Anstalten, Einrichtungen und Betriebe muß für alle Einwohner nach festen, gleichmäßigen Grundsätzen geregelt sein; jedoch dürfen Vorzugsbestimmungen für Minderbemittelte getroffen werden." Inhaltlich gleich sind die Bestimmungen in § 121 der Landgemeindeordnung und im § 103 der Kreisordnung.

§ 64 Gewerbeordnung Abs. 1: „Der Besuch der Messen-, Jahr- und Wochenmärkte sowie der Kauf und Verkauf auf denselben steht einem jeden mit gleichen Befugnissen frei."

[100]) Hierzu Stier-Somlo, Handb., 2. Aufl., S. 263ff.

[101]) So auch Lindemann im Hw. d. Kw., II, S. 199.

[102]) Vgl. hierzu die Ausführungen von Luther in: Mitzlaff-Stein, Zukunftsaufgaben, S. 40ff.

Die Aufgaben der einzelnen Gemeindeanstalten sind in der Regel so spezialisiert, daß auch eine sachliche Dienstaufsicht durch die kommunalen Aufsichtsorgane praktisch nicht durchführbar ist.[103]) Meistens kann die Tätigkeit der Anstaltsorgane nur in den großen Linien kontrolliert werden, und nur dann setzt eine genauere Untersuchung ein — meistens mit Hilfe einer ad hoc bestellten Spezialkommission —, wenn sich irgendwelche Unregelmäßigkeiten gezeigt haben, die zu einem Einschreiten zwingen. Die objektive Unmöglichkeit einer genauen Tätigkeitskontrolle der Anstaltsorgane kann natürlich zu einer Unterdrückung von Fehlern und zu einer Verschleppung von Rechtswidrigkeiten und Mängeln aller Art führen, die das Gemeininteresse schwer zu schädigen vermögen. Alleinige Sicherung gegen solche den Anstaltszweck gefährdenden Vorkommnisse wird nur in sorgsamster Auswahl der Anstaltsorgane zu erblicken sein.

Die Möglichkeit, auf die finanzielle Verwaltung gemeindlicher Veranstaltungen, also auch auf die der öffentlichen Gemeindeanstalten, einzuwirken, besteht für die Aufsichtsorgane in zweierlei Hinsicht. Einmal ist den Aufsichtsorganen eine mittelbare Einwirkung möglich infolge des Steuerbewilligungsrechts über die Bestimmungen der §§ 77, 78 KAGes. und des Zustimmungsrechts zur Aufnahme von Anleihen nach geltenden Bestimmungen.[104]) Weiter geht der unmittelbare Einfluß der Aufsichtsorgane, der sich in der Genehmigung von Ortsstatuten über die Benutzung von Gemeindeveranstaltungen geltend macht, und in der im § 8 KAGes. geforderten Genehmigung zur Festsetzung von Gebühren in den erforderlichen Fällen des § 4 Abs. 3 KAGes.[105]) Durch den Genehmigungsvorbehalt will das Gesetz in erster Linie eine gegen das Gemeininteresse verstoßende zu hohe Bemessung der Gebühren verhindern.

Während bei Errichtung einer öffentlichen Anstalt schlechthin die Frage der Gemeinnützigkeit und öffentlichen Zwecksetzung in größerem Maße abhängig sein wird von der voraussichtlichen Anzahl und der sozialen Zusammensetzung der Nutzer, wird bei einer öffentlichen Gemeindeanstalt unter Umständen dem Gemeininteresse schon gedient, wenn die Anstaltsnutzungen nur von einer einzelnen Klasse oder sogar von wenigen Personen (z. B. städt. Wärmehallen,

---

[103]) Dazu vgl. Köttgen, Verschärfung der Staatsaufsicht? Zeitschrift f. Selbstverwaltung, Jahrg. 13 (1930), S. 74, 76f.; Rieß, Kommunale Finanzkontrolle, Verw.Arch., Bd. 35 (1930), S. 292ff., bes. S. 299f. — Der Entwurf eines Gesetzes über die kommunale Selbstverwaltung in Preußen faßt — abgesehen von einigen Sondervorschriften — im 8. Teil des Allg. Teils die Bestimmungen über die Staatsaufsicht zusammen. — Vgl. hierzu auch Heinrichs in: Zeitschr. f. Selbstverw., 13. Jahrg. (1930), S. 337ff. — Über Wesen und Umfang des Kommunalaufsichtsrechts vgl. auch OVG. Bd. 25, S. 49.

[104]) Vgl. Östl. Städteordnung § 50 Abs. 1 Nr. 3; preuß. Kriegsges. vom 13. Mai 1918, Art. 5 Nr. 8; preuß. Ges. vom 3. Jan. 1928, § 1. — Im einzelnen weiter Brauchitsch, Bd. VII, S. 692ff. — Zur Frage der Kommunalanleihen siehe „Städtetag", 1930, S. 221ff., ferner die Entschließung des Preuß. Städtetags vom September 1930, in der die Städte die Anleihefreiheit fordern. — Zum Text siehe auch Rieß, Kommunale Finanzkontrolle, VerwArch., Bd. 35 (1930), S. 292ff.; DJZ., 1931, S. 154ff.

[105]) Die Festsetzung von Gebühren ist dann genehmigungspflichtig, wenn die Gemeindeangehörigen oder ein Teil von ihnen die Veranstaltung kraft Gesetzes benutzen müssen, oder wenn sie tatsächlich auf sie angewiesen sind (§ 4 Abs. 3 KAGes.), und zwar in jedem Falle, also auch dann, wenn die Gebühren alle Kosten der Veranstaltung decken (vgl. OVG., Bd. 30, S. 99 Anm.). Der Genehmigung bedarf es nicht, wenn von den Vorschriften über die Bemessung der Gebühren (§ 4 Abs. 2 KAGes.) abgewichen werden soll; denn das Kriegsgesetz vom 13. Mai 1918 ist durch das preuß. Gesetz vom 3. Jan. 1928 wieder in Kraft gesetzt. Ein Gemeindebeschluß, auf Gebührenfestsetzung überhaupt zu verzichten, bedarf der Genehmigung ebensowenig wie der eine bestehende Gebührenordnung aufhebende. Es ergibt sich dies aus dem im § 8 verfolgten Zweck des KAGes. Auf den über diesen Punkt entstandenen Streit ist hier nicht weiter einzugehen. Vgl. Nöll-Freund, Bem. 2 und 3 zu § 8 KAGes.; ferner Friedrichs, Kommunalabgabengesetz, Bem. 2 zu § 8; siehe auch v. Cossel, im Pr. KomArch., Bd. 4 (1913), S. 623.

Suppenanstalten usw.) in Anspruch genommen werden können. Es geht also der Charakter einer Gemeindeanstalt nicht dadurch verloren, daß sie ihrem Zwecke nach nur von einer bestimmten Klasse oder einzelnen Gruppen von Gemeindeangehörigen benutzt werden kann, sofern nur die Gemeinde durch die Einrichtung eine öffentliche Aufgabe erfüllt.

Hingewiesen sei an dieser Stelle noch auf die praktisch wichtige Frage, inwieweit die Polizei aus materiell polizeilichen Gründen auf Gemeindeanstalten einzuwirken in der Lage ist. Allgemein wird hier zu sagen sein, daß die Stellung der Polizei zu den gemeindlichen Wohlfahrtsanstalten — zu denen wohl die meisten Gemeindeanstalten zu zählen sein werden — keine andere sein darf wie zu privaten Unternehmen. Andererseits gilt aber auch der Gemeinde gegenüber in bezug auf deren Anstalten der Satz, daß die Polizei bei unmittelbar bevorstehender Gefahr zur Abwendung eines Notstandes in die Rechte der Anstalten eingreifen darf. Im Verhältnis der Polizei zu den sogenannten polizeilichen Gemeindeanstalten wird es in der Regel der Polizei versagt sein, von den Gemeinden ein Mehr zu fordern als nötig ist.[106])

2. Teil.

I.

Wirtschaft und Gemeinde.

Die deutsche Gemeinde war von jeher stärker mit dem Wirtschaftsleben verflochten als etwa der Staat. Wenn daher die Gemeinden größtenteils in den 80er und 90er Jahren des vergangenen Jahrhunderts mit der zentralen Versorgung ihrer Mitglieder mit wirtschaftlichen Gütern begannen, so traten sie damit nicht zuletzt das Erbe des Mittelalters an, das den Städten bekanntlich einen erheblichen Einfluß auf die Wirtschaftsgestaltung einräumte. In einigen deutschen Ländern laufen sogar noch heute einzelne Fäden aus der Stadtwirtschaft des Mittelalters[1]) zur modernen Stadtgemeinde herüber; aber die inneren Beziehungen zwischen Mensch und Wirtschaft sind andere geworden.[2]) Den Kern der städtischen Wirtschaftshoheit bildete meistens die wirtschaftliche Verwaltung des eigenen Vermögens.[3]) In der Weiterentwicklung ist die Verwaltung auf die Befriedigung einzelner lokaler Bedürfnisse ausgedehnt worden. Das Ende des 19. und der Beginn des 20. Jahrhunderts brachten aus sozialen Notwendigkeiten heraus eine erhebliche Ausweitung wirtschaftlicher Unternehmungen der Gemeinden. Dem modernen Industrie- und Handelsstaat, zu dem Deutschland geworden ist, lag infolge der starken Zusammenballung von Menschen in den Städten eine weit größere Fürsorge für seine Untertanen ob, als dem reinen Agrarstaat. Mit fortschreitender Industrialisierung, Spezialisierung und Mechanisierung, mit der

[106]) Im einzelnen siehe hierzu Pr. VerwBl., Bd. 22, S. 330f.; Friedrichs, Versorgungsbetriebe, S. 67ff., 82ff.

[1]) Vgl. darüber G. v. Below, Probleme der Wirtschaftsgeschichte, 2. Aufl. (1926), S. 143ff., 501ff.; ferner den Art.: Sozialpolitische Aufgaben der Gemeinden, Hw. d. Stw., Bd. 4, S. 770ff. und die dort angeführte Literatur. Siehe auch Rörig, Stadt und Staat in der älteren deutschen Geschichte, „Städtetag", 1929, S. 291ff., S. 418ff.

[2]) Siehe hierüber z. B.: H. v. Eicken, Geschichte und System der mittelalterlichen Weltanschauung, 4. Aufl. (1923), S. 488ff.; Gierke, Genossenschaftsrecht, II, S. 622ff., 727ff., 961ff., 973.

[3]) Dazu Gierke, Genossenschaftsrecht, II, S. 748ff., 961ff. — Typisch z. B. die badische Gemeindeordnung (Fassung von 1910), § 6: „Jede Gemeinde hat das Recht, die auf den Gemeindeverband sich beziehenden Angelegenheiten zu besorgen und ihr Vermögen selbständig zu verwalten". — Württemb. Verfassungsurkunde vom 25. Sept. 1819, § 62: „Die Gemeinden sind die Grundlage des Staats-Vereins".

zunehmenden Herrschaft des Kapitalismus wuchsen deshalb die sozialpolitischen Aufgaben der Gemeinwesen. Kriegs- und Nachkriegszeit beschleunigten die Entwicklung, die in den veränderten politischen Verhältnissen eine kräftige Förderung fand. Daneben machte sich die Notwendigkeit der öffentlichen Verwaltung wirtschaftlicher Angelegenheiten durch die allgemeine Volksarmut geltend. Insbesondere wurden die wichtigsten Selbstverwaltungskörper, die Kommunen, vor immer neue Aufgaben gestellt, deren Erfüllung zur Schaffung der verschiedensten Unternehmungen und Einrichtungen führte.[4]) Auf die historische Entwicklung[5]) näher einzugehen, verbietet der Rahmen der Untersuchung. Soweit es zum Verständnis einzelner Punkte notwendig ist, wird auf die Geschichte zurückgegriffen werden.

Wie jeder Privatmann, so kann auch die Gemeinde Unternehmungen aller Art ins Leben rufen, kein Gesetz hindert sie daran;[6]) denn weder die alten Städteordnungen noch die Landgemeindeordnungen enthalten, ebensowenig wie die frühere Gesetzgebung, irgendwelche Vorschriften, die die Aufgaben der Gemeinden vorschreiben oder begrenzen. Das preußische Kommunalabgabengesetz setzt eine Betätigung der Gemeinden stillschweigend voraus und statuierte nur Bestimmungen, die dann gelten sollen, wenn die Gemeinde ihre Veranstaltungen als gewerbliche Unternehmungen verwalten will. Auch die neuere Gesetzgebung hat es vermieden, für Art und Umfang der wirtschaftlichen Betätigung der Gemeinden feste Grenzen zu ziehen, weil es nach wie vor ja Hauptaufgabe der kommunalen Wirtschaft ist, sich im Rahmen der gesamten Volkswirtschaft den zeitlichen und örtlichen Verhältnissen anzupassen.

Die Gemeinde braucht sich aber nicht auf die Stufe des Privatmannes zu stellen; ihr ist als öffentlicher Verband die rechtlich bedeutsame Möglichkeit eröffnet, eine Veranstaltung öffentlichrechtlich zu betreiben und — was einem Privatmann verwehrt ist — ihre Leistungen nicht als gewerbliche darzubieten, sondern als Nutzungen einer öffentlichen Anstalt, wodurch sie ein Stück der ihr

---

[4]) Über den Aufgabenkreis der Gemeinden in der Nachkriegszeit vgl. Hirsch, Die Aufgaben der Kommunalpolitik, 1921, S. 5ff.

[5]) Vgl. hierzu Fuchs, Art.: Gemeindebetriebe im Hw. d. Kw., II, S. 241ff.; Lindemann in: Zukunftsaufgaben deutscher Städte, 1925, S. 899ff.; Koch, ebenda, S. 8f.; Most, ebenda, S. 921ff. Vgl. auch den Vortrag von Mulert auf dem Internat. Gemeindekongreß in Sevilla 1929 („Städtetag", 1929, S. 250ff.); siehe ferner Mulert, ebenda, S. 1106ff., und in den Schweiz. Annalen, 1930, S. 4ff.; Beneke auf der Tagung in Klagenfurt 1929, Vereinsschriften des Vereins für Kommunalwirtsch., Bd. 36, S. 6ff. Weiter Niebuhr, S. 22ff., der aber bei der Entwicklung der wirtschaftlichen Tätigkeit der Gemeinden und der öffentlichen Hand überhaupt die sozialen und kultürlichen Momente übersieht und nur mehr rein politische und wirtschaftlich-finanzielle Zwecke als treibende Kräfte unterstellt. Zu welchen logischen Widersprüchen und dialektischen Auswegen das führen muß, zeigen u. a. die Ausführungen auf S. 46f., 64, 80f., 86ff., 92ff. Auch der Schrift von Bente, Organisierte Unwirtschaftlichkeit, 1929, kann dort, wo sie sich unserem Problem nähert, der gleiche Vorwurf nicht erspart bleiben (vgl. z. B.: S. 61, 98).

Hingewiesen sei hier noch auf die Ausführungen von Richter auf der letzten Tagung der Ver. d. deutschen Staatsrechtslehrer (H. 6 der Veröffentl., S. 69ff.). Richter hebt mit Recht hervor, daß man sich hüten müsse, das Vordringen der öffentlichen Hand einzig aus den sozialistischen Bestrebungen heraus zu erklären (S. 73f.). Wenn Richter aber weiter das Vordringen der öffentlichen Hand in die Wirtschaft u. a. aus dem Machtstreben des Staates ableiten will, der in der wirtschaftlichen Macht einen Ersatz für die verlorene politische und militärische suche (S. 76), oder gar den Betätigungsdrang der Bürokratie zur Ursache des Vordringens der öffentlichen Hand machen will, so müssen wir Richter die Gefolgschaft versagen. Im übrigen muß hier auf die Ausführungen in Heft 6 der Veröffentl., S. 74ff., und auf die Aussprache über die Berichte (S. 144ff.) verwiesen werden.

[6]) Über die rechtliche Zulässigkeit erwerbswirtschaftlicher Betätigung der öffentlichen Hand siehe auch Richter, Veröffentl. d. Ver. d. deutschen Staatsrechtsl., H. 6, S. 80ff. Über das Recht der Gemeinden zur Sozialisierung (Kommunalisierung) vgl. statt vieler: Stier-Somlo, Handb., 2. Aufl., S. 28ff.

übertragenen Hoheitsgewalt ausstrahlt. Es bleibt der Gemeinde unbenommen, eine Unternehmung, an deren Bestehen die Gemeinschaft ein Interesse hat, zu betreiben, entweder durch eine juristische Person des öffentlichen Rechts (Körperschaft, Anstalt) oder durch eine juristische Person des Privatrechts (A.-G., G. m. b. H.), deren Mitgliedschaftsrechte ganz oder zum Teil die Gemeinde innehat. Weiter besteht für die Gemeinde die Möglichkeit, sich an einem privatrechtlichen Unternehmen in ihrer Eigenschaft als öffentlicher Verband zu beteiligen. Man spricht in diesem Fall von einer gemischtwirtschaftlichen oder, wie Passow es ausdrückt, von einer gemischt privaten und öffentlichen Unternehmung.[7]) Endlich braucht die Gemeinde das Unternehmen nicht selbst zu betreiben, sondern verpachtet es[8]) oder überläßt den Betrieb einer anderen Rechtsperson. Die letztere Möglichkeit geschieht in der Form, daß das Gemeinwesen das Eigentum an der Unternehmung und den Betriebsmitteln behält, zum Betriebe sich jedoch einer Gesellschaft des bürgerlichen Rechts, einer sogenannten Betriebsgesellschaft, bedient, deren Mitgliedschaftsrechte der Gemeinde als juristischer Person ganz oder zum Teil zustehen.[9]) Nur zu erwähnen sind hier die Fälle mittelbarer Versorgung durch die Gemeinde, die in der Form möglich ist, daß die Gemeinde die Leistungen für eigene Rechnung von einem bestehenden Unternehmen kauft und sie wieder für eigene Rechnung verkauft (Verteilerwerke) oder so, daß sich die Gemeinde die Mitbenutzung einer fremden kommunalen Anstalt gegen Entschädigung einräumen läßt (Verwaltungsanschluß). In allen diesen Fällen haben wir es mit gemeindlichen Unternehmungen zu tun, deren rechtliche Wirkungen im Innen- und Außenverhältnis allerdings sehr verschieden sind.

Zu den gemeindlichen Unternehmungen selbst im weitesten Sinne können aber nicht diejenigen privaten Einrichtungen gezählt werden, die, ohne daß die Gemeinde Mitgliedschaftsrechte besitzt, nur durch eine Betriebspflicht gegenüber dem Gemeinwesen — sei es auf Grund der vom Gemeinwesen erteilten Betriebskonzession, sei es durch gewöhnlichen Vertrag — an die Gemeinde gebunden sind.[10]) Solche Unternehmungen bleiben trotz ihrer möglichen öffentlich-rechtlichen Verpflichtung zur Zweckverfolgung juristische Personen des Privatrechts, so oft das geltende Recht an die Unterscheidung der Personenarten Rechtsfolgen knüpft.

Die Aufgaben der Gemeinden werden, wie oben gesagt, durch keine Normen begrenzt. Einen gewissen Anhaltspunkt bieten die vom preußischen OVG. auf-

---

[7]) Die sogenannte gemischtwirtschaftliche Zwillingsunternehmung, eine Rechtserscheinung besonders der Nachkriegszeit, kommt für die gemeindliche wirtschaftliche Betätigung weniger in Betracht. Ihre Organisation ist so, daß die öffentlichen und privaten Beteiligten sich zunächst zu einer Stammgesellschaft zusammenschließen, in der die öffentliche Hand die Mehrheit hat. Die Stammgesellschaft gründet ihrerseits wieder mit dem Privatunternehmen eine zweite Gesellschaft, in der eine private Mehrheit besteht. Dieser Gesellschaft wird dann meistens die Betriebsführung übertragen, während die Stammgesellschaft die Anlagewerte fest in der Hand hat. — Vgl. hierzu Thierbach, Die Fortbildung der gemischtwirtschaftlichen Unternehmungen, „Technik und Wirtschaft", 1919, S. 261; Sigloch, S. 155 f. — In neuerer Zeit tauchen bei den großen Kommunalverwaltungen diese Pläne, neben den Betriebsgesellschaften eine zweite sogenannte Besitzgesellschaft zu gründen, aber wieder auf.

[8]) Über die einzelnen Rechtsverhältnisse bei der Verpachtung siehe KRGR., Vorbem. 1—3, 5 zu § 535, § 581; ferner Sigloch, S. 126 ff. — Dahingestellt kann bleiben, ob ein verpachteter Betrieb steuerrechtlich weder ein Betrieb „von" der Körperschaft des öffentlichen Rechts, noch ein „öffentlicher" Betrieb mit eigener Rechtspersönlichkeit ist, wie dies RFH. in Bd. 23, S. 92, annimmt.

[9]) Vgl. hierzu auch den Aufsatz von A. Saxer, Die Verselbständigung kommunaler Erwerbsunternehmungen, „Zeitschr. f. schweiz. Stat. u. Volksw.", 1924, S. 205 ff.

[10]) Die von Sigloch (S. 24, 156 f.) dafür angewandte Bezeichnung „gemischtrechtliche Unternehmung" trifft doch nicht ganz das Wesen.

gestellten Grundsätze,[11]) wonach die Gemeinde alles in den Bereich ihrer Wirksamkeit ziehen kann, was die Wohlfahrt des Ganzen, die materiellen Interessen und die geistige Entwicklung der Einzelnen fördert. Sie kann grundsätzlich alle dazu erforderlichen Einrichtungen treffen, insbesondere gemeinnützige Anstalten, welche diesen Zwecken zu dienen vermögen, errichten, übernehmen und unterstützen, nur beschränkt auf allen diesen Gebieten durch das staatliche Aufsichtsrecht und die örtliche Zuständigkeit.

Theoretisch kann der moderne Selbstverwaltungskörper jedwede Unternehmung ins Leben rufen. Doch wird er aus sozial- und wirtschaftspolitischen Gründen[12]) nur solche Unternehmungen einrichten, die dem Gemeinwohl dienen und die berechtigten Interessen der privaten Erwerbswirtschaft nicht verletzen. Die herrschende sozialpolitische Anschauung weist der Betätigung der öffentlichen Hand den breitesten Raum zu. Die neueren Städte- und Gemeindeordnungen[13]) und die preußischen Entwürfe bieten dafür Beispiele.[14]) Nur ganz

---

[11]) Vgl. OVG., Bd. 12, S. 158; Bd. 19, S. 176. — Eine gewisse Beschränkung der wirtschaftlichen Betätigung enthält Art. 139 der württemb. Gemeindeordnung (vgl. Küchle, Württ. Gemeindeordnung, 1930, S. 89f.).

[12]) Auf einer anderen Ebene liegen die verwaltungsorganisatorischen Hemmnisse. Dazu siehe: Gegenwartsfragen der Kommunalverwaltung, S. 18, 34ff.

[13]) Über die Geschichte der Autonomie der Landgemeinden und der Städte vgl. Kinne, §§ 26, 27 (S. 88ff.), §§ 39, 40 (S. 121ff.); Stier-Somlo, Handb., 2. Aufl., S. 37ff.

[14]) In § 2 der braunschweig. Städteordnung vom 15. Nov. 1924 werden die Aufgaben der Stadt kurz erwähnt; es heißt dort: Die Städte „verwalten unter eigener Verantwortung die ihnen gesetzlich obliegenden oder freiwillig übernommenen Aufgaben . . .". In § 111 heißt es dann: „Selbstverwaltungsangelegenheiten sind alle Aufgaben, die sich aus dem Zusammenleben in örtlicher städtischer Gemeinschaft ergeben, soweit das Gesetz sie nicht einer anderen Stelle übertragen hat. Die Erfüllung solcher Aufgaben kann von den Städten freiwillig übernommen oder ihnen durch Gesetz übertragen werden." § 122 bestimmt endlich: „Die Städte können Anstalten, Einrichtungen und Betriebe gemeinnütziger und gewerblicher Art betreiben."

Die badische Gemeindeordnung vom 5. Okt. 1921 bestimmt in § 1 Nr. 2: „Aufgabe der Gemeinde ist die Pflege des geistigen, sittlichen, körperlichen und wirtschaftlichen Wohles der Einwohner und deren Erziehung zur Gemeinschaft des Volkes."

Die thüringische Gemeinde- und Kreisordnung vom 8. Juli 1926 enthält in Nr. 2 des Teils I die „Aufgaben der Gemeinden". Der § 4 I lautet: „Die Gemeinden haben die Aufgabe, die geistige, sittliche, körperliche und wirtschaftliche Wohlfahrt ihrer Einwohner zu pflegen. Die Erfüllung dieser Aufgaben kann, sofern sie nicht anderen Stellen ausschließlich vorbehalten ist, von den Gemeinden freiwillig übernommen oder ihnen durch besonderes Gesetz auferlegt werden."

Der Art. 28 der neuen bayerischen Gemeindeordnung vom 17. Okt. 1927 bietet besonderes Interesse deshalb, weil er den Kommunen bestimmte Verpflichtungen gesetzlich auferlegt. Die wichtigsten Abschnitte haben folgenden Inhalt: „Die Gemeinden sind, abgesehen von den durch die Gesetze und Verordnungen sonst auferlegten Obliegenheiten, verpflichtet: zur Herstellung und Unterhaltung . . . der nötigen Begräbnisplätze, Bestattungsanstalten, der erforderlichen Feuerlöschanstalten und Löschgeräte und der nötigen Viehverscharrungsplätze . . . ; zur Herstellung und Unterhaltung der Gemeindewege, Brücken, Stege und Fähren . . .; zur Unterhaltung und Reinhaltung der Ortsstraßen und -plätze . . .; zur Herstellung, Unterhaltung und Reinhaltung der nicht nur für Einzelne notwendigen Anlagen zur Versorgung mit Trinkwasser und zur Beseitigung von Abwässern, zur Unterhaltung und Reinhaltung der anderen öffentlichen Brunnen, Wasserleitungen und Kanäle . . ." — Hierzu siehe Stritzke, Die privatwirtschaftliche Betätigung der Gemeinden nach bayr. Recht, Bayr. VerwBl., Jahrg. 78 (1930), S. 43ff., 54ff.

Die neue Gemeindeordnung für Württemberg vom 19. März 1930 umschreibt in Art. 2 die Aufgaben der Gemeinde ähnlich der thüringischen Gemeinde- und Kreisordnung.

2. Entwurf einer Reichsstädteordnung (1930), II. Aufgaben der Städte, § 3 Abs. 1: „Die Städte haben die Aufgabe, die geistige, sittliche, körperliche und wirtschaftliche Wohlfahrt ihrer Einwohner zu pflegen. Sie sind zu diesem Zweck befugt, alle Aufgaben zu übernehmen, die nicht durch Gesetz anderen Stellen ausschließlich vorbehalten sind. Sie sind Träger der örtlichen Verwaltung." — Vgl. Entwurf und Begründung der Reichsstädteordnung in H. 11 der Schriftenreihe des Deutschen Städtetags und dazu Mulert, in „Städtetag", 1930, S. 169ff. Zum Entwurf der RStO. vgl. aber auch die Zurückhaltung des Bayer. Städtebundes, Schriftenreihe H. 36, S. 65ff.

Entwurf eines preußischen Gesetzes über die kommunale Selbstverwaltung vereinzelt wird der Versuch gemacht — besonders in Bayern und Thüringen —, die Universalität der gemeindlichen Wirtschaftsbetätigung aufzuheben und den Gemeinden festbestimmte Aufgaben zuzuteilen.

In der Regel umschreiben die Gemeinden ihren Aufgabenkreis programmatisch mit der negativen Wirkung, daß eine Gemeinde, soweit sie in diesem Aufgabenkreis tätig wird, nicht wegen Verletzung der ihr gesetzten Schranken daran gehindert werden kann. Eine unbedingte Verpflichtung der Gemeinden zur Ausschöpfung der in ihren Gemeindeordnungen umschriebenen Aufgaben wird deshalb aber nicht angenommen werden können, sie würde auch zu unmöglichen Konsequenzen führen. Zieht die Gemeinde bestimmte Tätigkeiten in ihren Aufgabenkreis, so ist daraus noch nicht ohne weiteres zu folgern, daß alles, was Aufgabe der Gemeinde geworden ist, den Charakter einer öffentlichrechtlichen Verpflichtung annimmt. Zwar kann also die Gemeinde Unternehmungen aller Art ins Leben rufen,[15]) doch öffentlichrechtlich betreiben kann sie nur solche, bei denen die materiellen Voraussetzungen vorliegen. Hierfür die Merkmale aufzufinden, soll nunmehr versucht werden.

Wenn wir nun die Gemeindebetriebe einer Prüfung unterziehen wollen, die nicht für den Eigenbedarf des Gemeindehaushalts allein Güter oder Nutzleistungen bereitstellen,[16]) sondern solche im Auge haben, die hauptsächlich den Bürgern zur Befriedigung ihrer Bedürfnisse dienen sollen, dann müssen wir scheiden zwischen Unternehmungen, die der Bedürfnisbefriedigung der Gemeindeangehörigen im engeren und solchen, die der Bedürfnisbefriedigung im weiteren Sinne dienen.

Dieser nach wirtschaftlichen Gesichtspunkten erfolgten Zweiteilung steht jene nach rechtlichen Gesichtspunkten gegenüber, und zwar die Scheidung der gemeindlichen Unternehmungen in öffentlichrechtlich betriebene und privatrechtlich betrie-

---

(Kommunal-Schriften-Verlag G. m. b. H., Köln 1930), § 1: „Kommunale Selbstverwaltung ist das Recht einer Gebietskörperschaft, die eigenen Angelegenheiten der örtlichen oder weiteren Gemeinschaft selbst zu verwalten." § 2: „Aufgabe der Selbstverwaltung ist die Pflege der geistigen, sittlichen und wirtschaftlichen Wohlfahrt der Gemeinschaft. Die Gemeinden und Gemeindeverbände sind befugt, alle dieser Aufgabe dienlichen Angelegenheiten zu übernehmen, soweit sie nicht durch Gesetz einer anderen Stelle übertragen sind. Selbstverwaltungsangelegenheiten können den Gemeinden oder Gemeindeverbänden, soweit sie nicht freiwillig von ihnen übernommen werden, nur durch Gesetz auferlegt werden."

Nach den Vorschriften des Selbstverwaltungsgesetzes sollen verwaltet werden (§ 40 des Entwurfes des EG.): die Städte, Landgemeinden, Ämter, Kreise und Provinzen, die nach den bisher geltenden jeweiligen Ordnungen verwaltet wurden, und diejenigen Verbände, die nach den Vorschriften des Zweckverbandsgesetzes bisher verwaltet wurden.

Der Kreis der zur kommunalen Selbstverwaltung gehörenden Aufgaben ist gegenüber der Hoheitsverwaltung negativ abgegrenzt durch konkrete Bestimmung der Verwaltungszweige, die als Hoheitsverwaltung anzusehen sind. Der Entwurf legt in § 61 Abs. 2 fest: „Als Hoheitsverwaltung . . . sind folgende Verwaltungszweige anzusehen: a) allgemeine Verwaltung (Generalien, Personalverwaltung, Wahl- und Meldewesen), b) Finanz- und Steuerverwaltung, c) Bau-, Grundstücks-, Forst- und landwirtschaftliche Verwaltung, d) Wohlfahrtsverwaltung einschließlich Anstaltsverwaltung und Gesundheitswesen sowie Amtsvormundschaft, e) Jugendamt, f) Schulverwaltung und Bildungswesen, g) Berufsfeuerwehr, h) Schlachthausverwaltung, i) Hafenverwaltung.

Zu den preußischen Entwürfen vgl. Helfritz, Grundriß des pr. Kommunalrechts, 2. Aufl., S. 18; ferner Stier-Somlo, Wandlungen und Entwicklungstendenzen des kommunalen Verfassungsrechts seit der Staatsumwälzung in: „Staat und Selbstverwaltung", Jahrg. 9 (1928), S. 467 ff., 503 ff., 538 ff., 566 ff.; Peters, Der allgemeine Teil des Entwurfs eines preußischen Selbstverwaltungsgesetzes, VerwArch., Bd. 35 (1930), S. 321 ff.

[15]) Über die sachliche Genehmigungsbedürftigkeit vgl. Friedrichs, Versorgungsbetriebe, S. 10 ff.

[16]) Z. B. Stadtgärtnereien, Gemeindedruckereien usw.

bene.[17]) Nur die rechtliche Seite allein soll uns hier interessieren; die wirtschaftlichen Momente werden nur insoweit zu berücksichtigen sein, als sie bei Klärung der juristischen Fragen Verwendung finden können. Mit dieser Scheidung wird für die preußischen Verhältnisse zugleich eine Zuweisung geschaffen, ob eine gemeindliche Unternehmung unter den § 3 oder unter den § 4 des KAGes. fällt, die ja in den an sie geknüpften Rechtsfolgen verschieden sind. Der Unterschied zwischen gewerblichen Unternehmungen der Gemeinde (§ 3 KAGes.) und Gemeindeveranstaltungen (§ 4 KAGes.) ist entsprechend unserer Auffassung über das Wesen des öffentlichen Rechts[18]) darin begründet, daß eine Veranstaltung im Sinne des § 4 KAGes. nur dann vorliegt, wenn das Gemeininteresse überwiegend daran beteiligt ist und der mit der Veranstaltung verfolgte objektive Zweck überwiegend dem Interesse des Gemeinwesens dient.[19]) Das öffentliche Interesse allein genügt nicht immer, um eine öffentliche Veranstaltung im Sinne des § 4 KAGes. zu schaffen. Im übrigen muß hier auf die früheren allgemeinen Ausführungen verwiesen werden.

Zu den Unternehmungen einer Gemeinde, die unmittelbare Bedürfnisse der Bürger befriedigen sollen, sind vornehmlich die reinen Versorgungsbetriebe zu zählen, so die Wasser-, Licht- und Kraftversorgung. Weiter fallen unter diese Kategorie die Betriebe für Lebensmittelerzeugung oder -beschaffung und alle übrigen Unternehmungen im weitesten Umfange, die gewerbliche Leistungen anbieten. Eine vergleichende Zusammenstellung der gemeindlichen Unternehmungen würde wohl fast die gleichen Gruppen wirtschaftlicher Betätigung aufweisen. Hierbei möge besonders auf die Untersuchungen des Vereins für Sozialpolitik verwiesen werden.[20])

Unser rechtliches Interesse wird sich weiter denjenigen Einrichtungen und Veranstaltungen zuzuwenden haben, deren Dienste oder Nutzleistungen mehr oder weniger mittelbar den Bürgern zugute kommen. Es gehören dazu vor allem die Einrichtungen polizeilicher und sozialpolitischer Natur, also die Einrichtungen und Veranstaltungen für die Krankenpflege, Armenfürsorge und die Jugendfürsorge. In etwa gleicher Ebene liegen die Einrichtungen der Feuer- und Wasserwehren. Weiter gehören hierher die sanitären und hygienischen Einrichtungen, als da sind: die Kanalisation, die Fäkalien- und Müllabfuhr, die Straßenreinigung, die Bäder und die Schlachthöfe, weiter die Einrichtungen für bakteriolo-

---

[17]) Zu Unrecht sieht Gerber (Öffentl. Unternehmung, S. 46f., vgl. auch S. 75f.) diese juristische Einteilung als wertlos für die sozialökonomischen Erkenntnisse an. Richtig ist, daß nur das eine aus dem anderen verstanden werden kann.

[18]) Vgl. S. 28f., 44f. der Arbeit.

[19]) Anderer Ansicht hier v. Cossel (Pr. Komm. Arch., Bd. 4 [1913], S. 614ff.), der auch gegen die Rechtsprechung des OVG., die in dieser Frage allerdings nicht immer einheitlich ist, Stellung nimmt. Zu Unrecht nimmt auch v. Cossel an (S. 617f.), daß es der Verleihung eines öffentlichen Rechts auf Mitbenutzung zu einer im öffentlichen Interesse unterhaltenen Veranstaltung ohne Benutzungszwang bedarf, um diese zu einer Veranstaltung im Sinne des § 4 KAGes. zu machen.

[20]) Vgl. hierzu das Sammelwerk „Gemeindebetriebe", Neuere Versuche und Erfahrungen über die Ausdehnung der kommunalen Tätigkeit in Deutschland und im Ausland im Auftrage des Vereins für Sozialpolitik, herausgeg. von C. J. Fuchs. Schriften des Vereins f. Sozialpolitik, Bd. 126—130, 132. — Vgl. dazu auch Freund im Verw.-Arch., Bd. 17, S. 281ff., Bd. 18, S. 98f., Bd. 19, S. 273ff., Bd. 21, S. 456; ferner von Blume, Art. Kommunalpolitik, Handb. d. Politik, I, S. 292f.

Neuerdings hat der Gesamtausschuß des Vereins f. Sozialpolitik in der Sitzung vom 12. Sept. 1928 als nächstes Thema für die Arbeiten des Vereins in Aussicht genommen: Untersuchungen über moderne Organisationsformen der öffentlichen Unternehmung. In der Sitzung vom 7. März 1929 wurde der Arbeitsplan — der gedruckt vorliegt — besprochen; die Ergebnisse sollen im 176. Bande der Vereinsschriften zusammengefaßt werden, der demnächst wohl erscheinen dürfte.

gische Untersuchungen, Desinfektionen und Einrichtungen zur Tierkörpervernichtung. Die zum Gebiet der kulturpolitischen Aufgaben gehörenden Institute, die Schulen, die Einrichtungen zur Pflege der Kunst und Wissenschaft, fallen ferner darunter. Organisationen zur Erfüllung verkehrspolitischer Aufgaben, Schaffung und Unterhaltung geeigneter Verkehrsmittel und Verkehrswege, schließen den großen Kreis. Eine erschöpfende Aufzählung wird hierdurch natürlich nicht gegeben. Es handelt sich bei allen diesen Fällen nicht um abmeßbare Dinge, sondern nur um typische Erscheinungen innerhalb der neuzeitlichen Gemeinde, die Anhaltspunkte für die Urteilsbildung geben sollen, wie diese oder jene Veranstaltung einer Gemeinde rechtlich zu beurteilen ist.

II.

Die gemeindlichen Unternehmungen für die Befriedigung der Bedürfnisse im engeren Sinne.

1.

Wir beginnen unsere Untersuchungen mit den Versorgungsbetrieben und bemerken, daß räumlich in der Hauptsache die preußischen gemeindlichen Einrichtungen daraufhin geprüft werden, welche Einrichtungen dem Privatrecht und welche dem öffentlichen Recht zuzuschlagen sind unter den im ersten Teil ausführlich behandelten Gesichtspunkten.[21])

Die Wasserwerke, Gasanstalten und Elektrizitätswerke der Gemeinden sind vielfach aus den Händen privater Unternehmer erworben und in kommunale Verwaltung überführt worden. Man überließ es meistens dem kaufmännischen Unternehmungsgeist — zuweilen auch aus Voreingenommenheit —, sich vorerst auf diesen Gebieten zu versuchen; bei erfolgreicher Durchführung der Einrichtungen schien für die Gemeinden der Zeitpunkt der Übernahme immer noch früh genug zu sein, was allerdings manchen Gemeinden infolge Verschärfung der Übernahmebedingungen bedeutende finanzielle Opfer auferlegte, die den Haushalt zum Teil noch heute belasten.[22])

Wo die Gemeinden gleich am Anfang mit eigenen Werken begannen, stellten sich im Laufe der Zeit zuweilen organisatorische und technische Schwierigkeiten — besonders bei den Elektrizitätswerken ein, die manche Kommunen durch Heranziehung privater Unternehmer zu überbrücken versuchten.[23]) Es entstand so die gemischtwirtschaftliche Unternehmung, die bis heute einen beachtlichen Anteil an den Versorgungsbetrieben innehat.

Die Versorgungsbetriebe können nun bald zu den gewerblichen Unterneh-

---

[21]) Rechtsgrundlage für die Gemeindebetriebe sind nach den älteren Landgemeindeordnungen § 6 LGO. für die sieben östlichen Provinzen vom 3. Juli 1891 (auch für Schleswig-Holstein gültig gemäß Provinzialgesetz vom 4. Juli 1892), § 13 der westfälischen Landgemeindeordnung vom 19. März 1856; § 11 des rheinischen Gemeindeverfassungsgesetzes vom 15. Mai 1856. Rechtsgrundlage nach den älteren Städteordnungen sind § 11 der StO. für die sechs östlichen Provinzen vom 30. Mai 1853; § 11 der westfälischen StO. vom 19. März 1856; § 10 der rheinischen StO. vom 15. Mai 1856; § 17 der StO. für die Provinz Schleswig-Holstein vom 14. April 1869. — Diese Vielheit der preußischen Einzelgesetzgebung — im Reich gelten z. B. zusammen etwa 65 Städteordnungen, Kreisordnungen, Gemeindeordnungen — will das im Entwurf formulierte Gesetz über die kommunale Selbstverwaltung nunmehr beseitigen und durch eine einheitliche Ordnung die Verfassung und Verwaltung der Gemeinden und Gemeindeverbände gesetzlich regeln. Dazu siehe besonders Peters, Verw. Arch., Bd. 35 (1930), S. 321 ff.; ferner auch die Aufsätze im „Städtetag", 1930, S. 273 ff., 323 ff., 382 ff.

[22]) Vgl. hierzu auch Passow, S. 109 f., 135 f.; Schriften d. Verb. d. Gemeinde- und Staatsarbeiter, Nr. 37/38, S. 7 f. — Auch eigene Informationen des Verfassers bestätigen das oben Gesagte.

[23]) Passow, S. 94 ff., 128 ff.

mungen im Sinne des § 3 KAGes. zählen, bald aber haben sie auch als öffentliche Gemeindeanstalten zu gelten, die unter die Bestimmungen des § 4 der Städteordnung für die östlichen Provinzen und § 4 des KAGes. fallen. Daß die rechtlichen Elemente der „Anstalt" bei gemeindlichen Wasser-, Gas- oder Elektrizitätswerken vorliegen, ist nicht erst besonders zu prüfen; es ergibt sich dies aus dem an früherer Stelle Gesagten. Fraglich wird nur, worin der öffentlichrechtliche Charakter dieser Einrichtungen zum Ausdruck kommt.

Wasserwerke und Kanalisationsanlagen, die wir an dieser Stelle gleich mitbehandeln wollen, werden dann die Eigenschaft einer öffentlichen Gemeindeanstalt haben, wenn ihre Benutzung unter Anwendung von Zwangsmitteln bewirkt werden kann.[24]) Allerdings kann in Preußen den Hauseigentümern durch Ortsstatut allein eine Zwangspflicht zum Anschluß ihrer Häuser an eine von der Gemeinde geschaffene Wasserleitung oder Kanalisation bisher nicht auferlegt werden,[25]) genau so wenig wie durch Ortsstatut die Einwohner zur

[24]) Vgl. hierzu Stier-Somlo, Handb., 1917, I, S. 42, II, S. 157, 198f.; Drews, Grundz. einer VerwRef., S. 45ff.; Otto Mayer, II, S. 281f.; Fleiner, Institutionen, S. 335f.; Kinne, S. 138f., 273f.; Toepfer, S. 537f.; Friedrichs, Polizeiverw.-Ges., S. 8, 78, 159f.; Derselbe, Kommunalabgabengesetz, Bem. 6 zu § 3, Bem. 7 zu § 4; Rosin, PolVerordnR., S. 96; Neukamp, GewO., S. 3, 17, Anm. 1a; Landmann, GewO., 8. Aufl., S. 60f.; Apelt, S. 136f.

Das preußische Oberverwaltungsgericht hat ebenso wie die sächsischen und bayerischen höchsten Verwaltungsgerichte (dazu Apelt, S. 137 Anm. 1) ausgesprochen, daß es unzulässig sei, ein Wasserwerk als gewerbliche Unternehmung zu behandeln (vgl. Pr. VerwBl., Bd. 39, S. 189). Die gleiche Stellung nahm erst kürzlich der Hessische Verwaltungsgerichtshof ein, vgl. JW., 1930, S. 2334f. — Bezüglich der Eigentumsverhältnisse und der Betriebsformen der einzelnen Städte vgl. die Angaben im Städte-Jahrbuch, 1929, S. 385f.

[25]) In Bayern kann die Benutzung gemeindlicher Wasserleitungen, Kanalisationen, Anstalten zur Beseitigung des Unrats und zur Straßenreinigung durch Satzung der Gemeinde mit Genehmigung der staatlichen Aufsichtsbehörde zur Zwangspflicht gemacht werden, wenn für alle Beteiligten gleiche Benutzungsbedingungen aufgestellt werden (Bayer. Gemeindeordnung vom 17. Okt. 1927, Art. 44 VI). Hierzu siehe besonders Kimmerl, Zwangsbenützung gemeindlicher Einrichtungen nach bayerischem Recht, „Annalen d. Deutschen Reichs", 1929, S. 337ff., für streitige Fragen Bayer. Gem. u. Verw.-Ztg., 1930, S. 202ff.

Auch in Thüringen sind die Gemeinden, Kreise und Zweckverbände berechtigt, durch Ortsgesetz oder Kreissatzung den Einwohnern die Benutzung bestimmter gemeinnütziger Anstalten, Einrichtungen oder Betriebe aufzuerlegen, wenn es das gemeine Wohl erfordert. Insbesondere kann ein Anschluß- oder Benutzungszwang für Kanalisation, Wasserleitung, Straßenreinigung und Müllabfuhr vorgeschrieben werden (Thür. Gemeindeordnung und Kreisordnung vom 8. Juli 1926, §§ 98, 109, 133).

Daß die bisherige preußische Auffassung über diese Fragen nicht mehr den tatsächlichen Erfordernissen entspricht, findet seine Bestätigung in den neuen Gesetzentwürfen, die den Anschlußzwang an gemeindliche Werke und Einrichtungen vorsehen. So lautet § 44 des 2. Entwurfs einer Reichsstädteordnung: „Die Städte sind berechtigt, sofern es das Gemeinwohl erfordert, ihre Einwohner durch Ortsgesetz zu verpflichten, sich an bestimmte gemeinnützige städtische Einrichtungen anzuschließen. Insbesondere kann der Anschluß- oder Benutzungszwang vorgeschrieben werden für städtische Kanalisation, Wasserleitung, Müllabfuhr, Straßenreinigung und Leichenbestattung."

In dem preußischen Entwurf eines Gesetzes über die kommunale Selbstverwaltung heißt es in § 72: „Die Gemeinden und Gemeindeverbände sind berechtigt, sofern es die öffentliche Ordnung und Sicherheit erfordern, durch Satzung für sämtliche in dem Gebiet der Gemeinden und Gemeindeverbände belegenen Grundstücke den Anschlußzwang an Wasserleitung, Kanalisation, Müllabfuhr und Straßenreinigung vorzuschreiben."

In diesen Satzungen können für den Fall der Zuwiderhandlung Zwangsgelder angedroht werden; ihre Festsetzung erfolgt durch den Vorstand der Gemeinde oder des Gemeindeverbandes. Diesem stehen außerdem zur Durchführung der in den Satzungen enthaltenen Bestimmungen die Zwangsbefugnisse der §§ des [neuen] Landesverwaltungsgesetzes zu." — Dazu Peters im Verw.-Arch., Bd. 35 (1930), S. 349ff.

[26]) Polizeiliche Verfügungen können aber im Zweifel ebenso wie Polizeiverordnungen Rechtsquelle für die Statuierung des Benutzungszwanges und des daraus folgenden Kontrahierungszwanges sein. — Vgl. hierzu auch Nipperdey, Kontrahierungszwang, S. 9f.; Friedrichs, Kommunalabgabengesetz § 4 Bem. 7; Derselbe, Versorgungsbetriebe, S. 63f.; W. Jellinek, VerwR., S. 416.

Benutzung einer kommunalen Gasanstalt oder eines Elektrizitätswerks gezwungen werden können; denn damit würde nach preußischer Rechtsauffassung die Gemeinde den Bürger in der Wahl der Mittel beschränken, was einem der Gemeinde nicht zustehenden Eingriff in das Selbstbestimmungsrecht der Einwohner gleichsteht. Nur mit Hilfe einer Polizeiverordnung[26]) kann nach geltenden Rechtsgedanken[27]) ein Zwang zum Anschluß an die Wasserleitung oder Kanalisation herbeigeführt werden,[28]) und zwar nur unter der Voraussetzung, daß die Benutzung im polizeilichen Interesse gemäß 10 II § 17 ALR. liegt[29]) und die Einrichtungen kraft ortsstatutarischer Normen sämtlichen Gemeindeangehörigen zur Verfügung stehen. Zur Herstellung und Bereithaltung von Einrichtungen zur Versorgung mit Trink- und Wirtschaftswasser und zur Fortschaffung der Abfallstoffe können die Gemeinden sogar jederzeit angehalten werden, wenn es zum Schutze gegen übertragbare Krankheiten erforderlich ist.[30])

Für die Mitbenutzung ihrer Wasserwerke und Kanalisationsanlagen wird die Gemeinde Gebühren zu fordern berechtigt sein, die den Charakter öffentlicher Abgaben aufweisen.[31]) In der Regel wird die Gebührenpflicht für den Eigentümer

---

[27]) Daß nur aus materiell polizeilichen Gründen, also aus solchen der öffentlichen Sicherheit, Ordnung und Gefahrabwendung, ein ortsstatutarischer Zwang zum Anschluß an gemeindliche Werke und Einrichtungen ausgeübt werden kann, daran wird nach wie vor festzuhalten sein. Ob aber neben dem Ortsstatut an der rein behelfsmäßigen Art und Weise des ergänzenden Mitwirkens der Polizei festzuhalten ist, oder ob die Gemeinden selbst mit den nötigen Zwangsrechten auszustatten sind, damit sie in jeder Hinsicht in der Lage sind, ihre Anstalten selbst zu verwalten, darüber kann hier so im Vorbeigehen nicht entschieden werden. Jellineks Bedenken in diesen Punkten (s. Anm. 28) treffen ebenso wie Drews Argumente (vgl. Verw.Ref., S. 45f.) den Kern der Dinge, so daß auf diese beiden Autoren verwiesen werden mag. — Vgl. auch den 2. Entwurf der Reichsstädteordnung, besonders §§ 43, 44 des Entwurfs und S. 29f., 51ff. der Begründung, Heft 11 der Schriftenreihe des Deutschen Städtetages.

[28]) So die ständige Rechtsprechung des Pr. OVG. und des Kammergerichts; vgl. OVG., Bd. 26, S. 53ff., Bd. 32, S. 295, Bd. 52, S. 306f., Bd. 61, S. 379, 382, Bd. 62, S. 243, Bd. 68, S. 316f.; OVG. in JW., 1930, S. 676f. — Aus der Literatur vgl. Friedrichs, Versorgungsbetriebe, S. 62ff., und die dort weiter angezogene Judikatur; W. Jellinek, Gesetzesanwendung, S. 295f., 318; Derselbe, VerwR., S. 422f., 495f. — Jellinek, der sich gegen einen Benutzungszwang mit Hilfe von Pol. Ver. sträubt, könnte eingewendet werden, daß das Ausschlaggebende doch die evidente Gemeinnützigkeit einer solchen Einrichtung ist, und daß eine wesentliche öffentliche Aufgabe der Gemeinde letztlich unerfüllt bliebe, wenn die Anstalten — selbst wenn finanzielle Gründe bei der Errichtung mitgesprochen haben sollten (zu weit geht Riemann in JW., 1930, S. 671, Nr. 1) oder eine private Unternehmung die Aufgaben vielleicht ebenso erfüllen könnte — nicht errichtet und wenn sie nicht allen Einwohnern zur Benutzung offen gehalten würden. Aus dem Gemeininteresse fließt aber die Notwendigkeit des Zwanges auch dann, wenn u. U. für den Einzelnen der Anschluß an die gemeindlichen Werke nur präventiv wirkt. Könnten z. B. Anlieger eines bestimmten Straßenzuges durch eigene Brunnen besseres Wasser erlangen, als es in den städtischen Röhren fließt, Anlieger dahinter oder daneben liegender Straßenzüge aber keine solchen Brunnen bohren können und auf die städtische Leitung angewiesen sind, so müssen die ersten Anlieger im öffentlichen Interesse zum Anschluß gezwungen werden (hier ganz abgesehen von den §§ 332, 331 Abs. 1 des preuß. Wasserges.), weil sonst das System des städtischen Röhrennetzes zum Schaden der anderen gestört werden würde. Das gemeinsame Interesse geht vor. Weiter erheischt die Vorsorge, daß jedem Grundstück durch Anschluß an die gemeindlichen Werke der Bezug von gutem Wasser hinreichend sichergestellt und dadurch erforderlichenfalls Schutz vor Übelständen in gesundheitlicher oder sonstiger Hinsicht gewährleistet wird. (So mit Recht OVG. im Urteil vom 28. Nov. 1929, JW., 1930, S. 676f.).

Wohl aber ist Jellinek darin uneingeschränkt beizupflichten, daß der große Zweck, hier also die Verfolgung von Gemeininteressen mit Hilfe gemeindlicher Anstalten, einen Akt der Gesetzgebung rechtfertigt, nicht aber mit Hilfe vielleicht bedenklicher Akte der Polizei rechtlich vernünftig durchgeführt werden kann. — Vgl. hierzu auch Drews, Verw.Ref., S. 44ff.

[29]) Somit ist es der Polizei versagt, den Gemeindeangehörigen gegenüber einen Zwang zu statuieren, der nur das Bestehen oder den finanziellen Erfolg einer kommunalen Einrichtung sichern soll. Zum Text siehe auch die Entscheidung des Kammergerichts vom 8. April 1930. Dazu Anm. 105a dieses Abschnittes.

[30]) R. Seuchenges. vom 30. Juni 1900, § 35 Abs. 2; preuß. Seuchenges. vom 28. Aug. 1905, § 12.

begründet mit dem vollendeten Anschluß des Grundstückes, weil dadurch die Möglichkeit jederzeitiger Benutzung der Einrichtungen eröffnet wird.[32])

Zu einer Verschärfung des Zwanges kommt es, wenn durch Ortsstatut in Verbindung mit einer Polizeiverordnung dem Benutzer geboten wird, keine anderen Anstalten derselben Art zu benutzen als die von der Gemeinde selbst betriebenen oder privilegierten privaten Unternehmungen. Diese Ausschließlichkeit der bevorrechtigten Anstalt wirkt sowohl gegen die Benutzer als auch gegen die Unternehmer gleichartiger privater Anstalten und statuiert so, wenn auch rechtlich nur gegen die Benutzer, eine faktische Monopolstellung der kommunalen Einrichtungen oder des privilegierten privaten Unternehmens. Wird eine solche Einrichtung als eine im Gemeininteresse notwendige anzusehen sein, so wird für eine privatrechtliche Behandlung einer solchen Anstalt kein Raum bleiben. Die Abfuhr von Müll und Fäkalien durch eigene kommunale Anstalten oder durch beauftragte Privatunternehmer bildet hierfür das markanteste Beispiel. Solche Anstalten werden aus nicht zu bestreitenden gesundheitspolizeilichen Motiven, die solchen Anstalten wiederum Daseinsnotwendigkeit verleihen, nach den Normen des öffentlichen Rechtes zu behandeln sein, und ihre Errichtung und Bevorrechtigung gegenüber privaten Unternehmungen gleicher Art werden nicht als rechtswidrig betrachtet werden können, die insbesondere den Grundsätzen der Gewerbeordnung (§§ 1 und 10) widersprächen.[33]) Wie beim Anschlußzwang an eine städtische Kanalisation ist nach herrschender Rechtsauffassung auch hier Voraussetzung der Polizeiverordnung, daß die Anstalt den Bürgern kraft öffentlichen Rechts zur Verfügung gestellt wird.

Ein ganz anderes Problem ist die Frage der Entschädigung derjenigen Privatpersonen, welche gleichartige Unternehmungen betrieben haben und durch die Monopolstellung an der tatsächlichen weiteren Ausübung direkt oder indirekt behindert werden. Die Frage läßt sich nur je nach den sachlichen und örtlichen Verhältnissen beantworten. Eine Entschädigung ganz allgemein abzulehnen, widerstrebt u. E. dem rechtsstaatlichen Gedanken.[34])

---

[31]) Anderer Meinung ist hierüber das Reichsgericht in Bd. 83, S. 206ff.; vgl. besonders S. 207, 209, 213; siehe dagegen Fleiners Stellung (Institutionen, S. 53 Anm. 20, S. 323f.), die im Sinne des Textes sich bewegt; ebenso Apelt, S. 137. Vgl. auch Friedrichs, Versorgungsbetriebe, S. 18ff. Ausdrücklich anerkennt das sächsische OVG. (Pr. VerwBl., Bd. 48, S. 421) den Gebührencharakter.

Hamburg, das sein Wasserwerk durch eine G. m. b. H. betreibt, hat die der Gesellschaft geschuldeten Leistungen als im Verwaltungszwangsverfahren beitreibbar erklärt. (Hamb. Ges. u. Verordn.-Bl., 1923, Nr. 145.)

[32]) Hierüber siehe die bei Nöll-Freund angeführte Judikatur (§ 4 Bem. 6 u. 11, KAGes.); siehe auch Moll, Art. Benutzungsmöglichkeitsgeb. im Hw. d. Kw., Erg.-Bd. 1, S. 178f.; u. E. wird der Gebührenbegriff durch diese Definition nur verdunkelt und ist zweckmäßig doch zu vermeiden.

[33]) Die Literatur hat hierzu noch immer keinen einheitlichen Standpunkt eingenommen. Im Sinne des Textes Stier-Somlo, Handb., 1917, I, S. 42f., II, S. 119, 157; Derselbe, Kommentar zur Gewerbeordnung S. 145, Friedrichs, Pol. Verw. Ges., S. 47, 51, 160; Neukamp, GewO., S. 3, 17 Anm. 1a; Landmann, GewO., 8. Aufl., I, S. 78f., 149f.; Drews, Verw. Ref., S. 45ff.; ebenso weiter Kinne, S. 274f.; Toepfer, S. 537f.; Fleiner, Institutionen, S. 290f., 342f. — Abweichend hier W. Jellinek, VerwR., S. 423f. — Vielleicht kommt aber Jellinek in Fortentwicklung seiner Schutzwürdigkeitstheorie (vgl. Baurechtliche Eigentumsbeschränkungen, Rechtsgutachten für den Städtetag, 1930, S. 12ff., 20f.) auch hier zu anderen Ergebnissen.

[34]) Gegen eine Entschädigungspflicht im wesentlichen die Gerichtspraxis. — Vgl. dazu OVG., Bd. 32, S. 295ff.; Pr. VerwBl., Bd. 18, S. 496f., Bd. 21, S. 433f.; RGZ., Bd. 45, S. 256, Bd. 60, S. 327, Bd. 72, S. 88. — Aus den neuestens vom Reichsgericht und vom Staatsgerichtshof entwickelten Gedanken (vgl. Bd. 116, S. 271ff., Bd. 124 Anh. 32f.) wird aber auf eine andere Stellungnahme zu der hier vorliegenden Frage geschlossen werden müssen. Vgl. dazu auch W. Jellinek, Baurechtliche Eigentumsbeschränkungen, S. 17ff.

Auch die Wissenschaft verhält sich zum größten Teil ablehnend. Vgl. hierzu Stier-Somlo,

Fast ausschließlich privater Initiative verdanken die Gas- und Elektrizitätswerke in den Städten ihre Entstehung, wobei die Form der Aktiengesellschaft am besten den Bedürfnissen zu entsprechen schien. Die Gemeinden verliehen der Unternehmung ein besonderes Gebrauchsrecht an den öffentlichen Straßen und schlossen mit dem Unternehmer langfristige Verträge ab, in denen sie den Gemeindemitgliedern den Bezug von Gas und Strom und der Gemeinde die Beleuchtung der öffentlichen Straßen und Plätze sicherten. Die Stellung des Unternehmers erhielt ihre besondere Sicherheit durch die Verpflichtung der Gemeinde, während der Vertragsdauer keinem Dritten ein Gebrauchsrecht zu verleihen.[35]) Mit der stärkeren Bedeutung der Licht- und Kraftzuführung für Haushalt und Wirtschaft beteiligten sich die Gemeinden durch Erwerb von Mitgliedsrechten an den Betrieben oder gliederten die Einrichtungen ganz in die kommunale Verwaltung ein.[36])

Da die Gemeinden bisher weder durch Ortsstatut noch mit Hilfe einer Polizeiverordnung einen Zwang zur Benutzung einer städtischen Gasanstalt oder eines kommunalen Elektrizitätswerkes ausüben können, sondern die Benutzung in das freie Belieben jedes Einzelnen stellen müssen, hat sich der privatrechtliche Charakter solcher Anstalten vielfach erhalten und nur langsam der öffentlich-rechtliche Betrieb herausgebildet.[37]) Im größeren Umfange werden heute die Elektrizitätswerke gemischtwirtschaftlich betrieben.[38]) Private und öffentliche Körperschaften bringen gemeinsam das notwendige Unternehmungskapital auf und üben die oberste Leitung gemeinsam aus. In welchem Anteilsverhältnis die Beteiligungen zueinander stehen und wie die Zusammenarbeit in der obersten Leitung stattfindet, hängt von der gewählten Gesellschaftsform und den tatsächlichen wirtschaftlichen und einzelpersönlichen Verhältnissen ab.[39])

Bei den Gaswerken liegen die Dinge insofern etwas anders, als die reine kommunale Verwaltung in den meisten Gemeinden für die Kapitalbeschaffung und wirtschaftliche Leistung ausreicht. Nur ganz vereinzelt hat — soweit es sich überhaupt um größere Versorgungsbetriebe handelt — auch hier die Form der

---

Handb., I, S. 42f., II, S. 199; Fleiner, Institutionen, S. 294f., 303; doch scheint Fleiner entgegen seiner früher vertretenen Meinung einer Entschädigung nicht mehr ganz abhold zu sein (vgl. 5. Aufl., S. 275ff., 363f., 8. Aufl., S. 291ff.); Rosin, PolizeiverordnR., S. 149; Anschütz im Pr. VerwBl., Bd. 18, S. 405ff.; vgl. neuerdings aber seine Stellungnahme in der 10. Aufl. des Kommentars zur Reichsverfassung, Art. 153, Bem. S. 609ff.; ferner Friedrichs, Pol. Verw. Ges., S. 51ff., und die dort angezogene Judikatur; siehe auch Friedrichs, Versorgungsbetriebe, S. 60 (siehe aber auch S. 9).

Otto Mayer (II, S. 118ff., 311ff.) und W. Jellinek (VerwR., S. 423f.), in gewissem Sinne auch Thoma (Festschrift für das preuß. OVG., 1925, S. 205, Nr. 23) haben sich bisher für eine Entschädigung eingesetzt. Thoma und wohl auch Jellinek leiten den Anspruch aus der Verletzung der Gewerbefreiheit her. Wenn u. E. ein rechtliches Hindernis in der Ausübung des privaten Abfuhrgeschäfts nicht besteht, so wird andererseits der Privatgewerbebetrieb tatsächlich doch unmöglich gemacht. Und diese tatsächliche Ausschließung der Privatunternehmer rechtfertigt u. E. unter Umständen eine Entschädigung über Art. 153 Abs. 2 der Reichsverfassung. — In unserem Sinne wohl auch die Ausführungen von Schelcher im A. d. ö. R., N. F., Bd. 18, S. 344ff., 350, 375.

[35]) Beispiele derartiger Verträge bei Ludw. Steinhauser, Deutsches Elektrizitätsrecht, 1928, S. 34ff.

[36]) Vgl. hierzu H. Bueggeln, Die Entwicklung der öffentlichen Elektrizitätswirtschaft in Deutschland, 1930, wo die öffentliche Elektrizitätswirtschaft von ihrem Anfang bis zum Kriegsausbruch verfolgt wird.

[37]) Über die Rechtsverhältnisse der einzelnen städtischen Elektrizitätswerke siehe die Angaben im Städte-Jahrb., 1929, XIII, S. 430ff.

[38]) Vgl. hierzu Schmelcher, Art. Gemischtwirtschaftl. Untern. im Hw. d. Stw., Bd. 4, S. 846ff.; ferner Passow, S. 128ff.; Jeserich in „Kommunalwirtsch.“, 1929, S. 1708ff.

[39]) Vgl. hierzu Passow, S. 143ff., 156ff.; Ritzkopf, Rechtsformen, S. 9ff., 24ff.

gemischtwirtschaftlichen Unternehmung den Vorzug erlangt,[40]) die infolge größerer Unabhängigkeit von den gemeindepolitischen und sonstigen außerhalb des rein Wirtschaftlichen liegenden Einflüssen freier zu arbeiten vorgibt. Doch ist die bisherige Entwicklung noch nicht als abgeschlossen zu betrachten, insbesondere ist in der Frage, ob die gemischtwirtschaftliche Unternehmung allein vorteilhafter arbeiten könne als die kommunalen Regiebetriebe, noch nicht das letzte Wort gesprochen.[41])

Die rechtliche Frage, ob Gasanstalten und Elektrizitätswerke stets als gewerbliche Unternehmungen und nicht als im öffentlichen Interesse unterhaltene Veranstaltungen zu gelten haben, wird so allgemein nicht beantwortet werden können wie dies des öfteren in der Literatur geschieht.[42]) Es ist nicht einzusehen, warum die Einrichtung und Unterhaltung von Gas- und Elektrizitätswerken nicht ebenso überwiegend im öffentlichen Interesse liegt wie eine Kanalisationsanlage oder etwa eine Stadtbibliothek. Die sozialen Verhältnisse der Zeit fordern für den Einzelnen nicht nur Bereitstellung der für die Erhaltung der Gesundheit notwendigen sanitären und hygienischen Einrichtungen, sondern ebenso eine wohlfeile Licht- und Kraftquelle als Arbeitshilfe zur Erleichterung oder Verbesserung der Existenzbedingungen.[42a]) Die Lieferung von Licht und Kraft ist eine ebenso gemeinnützige und sozial notwendige Leistung wie die Lieferung von Trink- und Wirtschaftswasser,[43]) und die leistenden Anstalten haben nicht nur im sozialen

---

[40]) Gemischtwirtschaftlich betreiben (1929/30) von den größeren Städten nur Frankfurt a. M. (Frankfurter Gasgesellschaft A.-G., ohne Bedeutung sind daneben die 2 städtischen Gaswerke in Frankfurt-Heddernheim und Griesheim) und Kaiserslautern die Gasfabrikation. In Berlin hat das städtische Gaswerk als Betriebsform die A.-G. gewählt (daneben ist die Stadt mit 45 Mill. RM. = 45% an der Deutschen Gas-Ges., A.-G. beteiligt), während Hamburg und Altona die G. m. b. H. vorzogen.

Über die führenden privaten Gasversorgungsunternehmungen (Deutsche Continental Gasges. A.-G., Dessau, Thür. Gasges. m. b. H.) und die Gasabteilung der Rhein.-Westf. Elektrizitäts-Ges. (seit März 1928 in Händen der A.-G. für Kohleverwertung, Essen) vgl. Schriften des Verb. d. Gemeinde- u. Staatsarb., Nr. 37/38, S. 10ff., 31f., 37ff., 41ff.; siehe auch Hw. d. Kw., Erg.-Bd. 1, S. 651f. und den demnächst erscheinenden Bd. 176 der Schriften des Ver. für Sozialp.

Etwa 20 Städte mit 21 Gaswerken erzeugten (1929) Gas nicht selbst, sondern bezogen ihren ganzen Gasbedarf von anderen Werken. Einzelheiten dazu im Städte-Jahrb., 1930, V, S. 105, 111ff.

[41]) Wie dies z. B. Schmelcher (Hw. d. Stw., Bd. 4, S. 849, 851f.) und Ludewig (Regiebetriebe, S. 31f., 39ff., 44f.; „Kommunalw.", 1929, S. 1258ff.; Lieferpreise, S. 9, 17, 29) und z. T. auch Passow (S. 128ff., 183f.) behaupten. — Vgl. auch die auf der Tagung der Staatsrechtslehrer 1925 von Helfritz geäußerte Meinung, die in gleicher Richtung liegt (Heft 2 der Veröffentl., S. 243).

In scharfem Gegensatz hierzu stehen Urteile von Kommunalpolitikern, die in der Schrift über Gemeindebetriebe zusammengetragen sind; vgl. besonders S. 17, 22f., 28, 36f., 114; vgl. auch Lohmeyer in „Kommunalw.", 1924, S. 723ff.; Ritzkopf, Rechtsformen, S. 10ff., 34ff.; Naphtali, S. 62ff.; v. Bremen in „Kommunalw.", 1929, S. 550ff., 1664ff. Im Sinne des Textes ferner Most im Hw. d. Kw., II, S. 339f., auch im Erg.-Bd. 1, S. 647, 650, 653; Derselbe in: Zukunftsaufgaben der deutschen Städte, S. 931; Mulert in den Schweiz. Annalen, 1930, S. 57ff.; Sigloch, S. 130f.; Jeserich in „Kommunalw.", 1929, S. 1709ff. — Über den Anteil der gemichtwirtschaftlichen Unternehmung an den kommunalen Betrieben überhaupt für die Zeit von 1920 bis 1925 vgl. Elsas in: Zukunftsaufgaben, S. 938ff. Für die jetzige Zeit dürfte sich das Bild erheblich zuungunsten der gemischtwirtschaftlichen Unternehmung verschoben haben.

[42]) Vgl. z. B. Landmann, GewO., 8. Aufl., I, 1, S. 60f.; siehe darüber auch Friedrichs, Versorgungsbetriebe, S. 20ff.

[42a]) So wurde z. B. durch unverhältnismäßig hohe Gaspreise die Existenz zahlreicher Hausgewerbetreibender im Thüringer Wald in Frage gestellt.

[43]) Der Einwendung, daß durch Belieferung mit Gas oder Strom vornehmlich den privaten Interessen der Abnehmer gedient wird, muß entgegengehalten werden, daß hier das private Interesse so erheblich Teil des Gemeininteresses ist, daß dieses allein ausschlaggebend wirkt. — Vgl. hierzu auch die Ausführungen von Buck im Handb. d. kommunalen Verfassungs- u. Verwaltungsrechts, Bd. 2, Abt. 2, S. 125f. Buck zählt aber trotz seiner im Sinne des Textes sich bewegenden Urteile das Elektrizitätswerk zu den reinen gewerblichen Betrieben der Gemeinde. Siehe

Sinne einen öffentlichen Charakter — wie Georg Jellinek dies früher angenommen hat[44]) —, sondern sind auch im juristischen Sinne öffentlichrechtlicher Natur; denn sie befriedigen durch ihre Leistungen lebenswichtige Bedürfnisse aller Gemeindemitglieder und erfüllen dadurch öffentliche Aufgaben.[45])

---

ferner die Urteile in dem Heft: Die Regiebetriebe der Gemeinden, S. 30f., 125ff.; weiter Otto Zieger im Kommentar der neuen thüring. Gemeindeordnung, § 95, S. 127. — Nicht beizupflichten ist der Ansicht Friedrichs in diesen Punkten, besonders nicht der Begründung seines Standpunktes, wenn er u. a. (Versorgungsbetriebe, S. 20) sagt: „Als Mittel zur Beleuchtung, zur Heizung und in Explosionsmotoren und vielen anderen Verwendungszwecken steht das Gas mit anderen Stoffen im Wettbewerb und kann durch sie im Grundsatz ersetzt werden." Deshalb, so folgert Fr. weiter, seien die Bedingungen für eine öffentliche Anstalt weniger gegeben. Oder wenn Fr. ausführt (S. 21): „Hauswirtschaft ohne elektrischen Strom ist vielfach unbequem, vielleicht menschenunwürdig, aber nicht gerade eine Gefahr", um dann zu dem Ergebnis zu kommen, daß es sich bei den Elektrizitätswerken in den allermeisten Fällen um Gewerbebetriebe handeln müsse. Anderseits spricht aber Fr. selbst (S. 14), und zwar gerade mit Rücksicht auf die Versorgungsbetriebe, von „Gewerbebetrieben", die zugleich einem öffentlichen Interesse dienen, was andernfalls nicht befriedigt wird (vgl. auch S. 60f.). In seinem Kommentar zum KAGes. nimmt Fr. dieselbe Stellung ein, nur die Wasserwerke erkennt er als Gemeindeanstalten an. Vgl. Friedrichs, Kommunalabgabengesetz, Bem. 6—8 zu § 3 (S. 10f.). — Ähnlich wie Friedrichs begibt sich auch Stier-Somlo (Handbuch, 2. Aufl., S. 260f.) auf wenig festen Boden, wenn er u. a. Gasanstalten, Elektrizitätswerke, Hafenanlagen, Straßenbahnen zu den „gemeindlichen Privatanstalten" rechnet, die „ohne rechtliche Verpflichtung der Stadtgemeinde lediglich zu Erwerbszwecken begründet bzw. ausschließlich solchen Zwecken dienen und deren Betrieb die Gemeinde jederzeit [!] unbeschadet ihrer kommunalen Aufgaben wieder einstellen kann [!]". Eine Gemeinde, die sich berechtigt hält, ihre Versorgungsbetriebe jederzeit ohne Rücksicht auf die Gemeindemitglieder einstellen zu können, hat u. E. ihre kommunalen Aufgaben und ihre öffentlichen Verpflichtungen nie begriffen. Die herrschende Rechtsunsicherheit benutzen manche interessenmäßig gebundene Autoren, den kommunalen Elektrizitätswerken — auch den reinen Regiebetrieben — den Charakter als öffentliche Anstalt mit allen Rechtsfolgen abzusprechen mit dem Hinweis, daß diese Werke auch Gewinnerzielung erstreben. (Vgl. hier besonders Henke, Elektrizitätswirtschaft, S. 137f.) Auf die Unhaltbarkeit dieser Auffassung ist an anderen Stellen genügend hingewiesen worden. Betont möge aber werden, daß es nicht angeht, je nach der Interessenlage einmal die öffentliche Seite herauszukehren, zum anderen die Kehrseite des Januskopfes zu beleuchten, wenn es den Elektrizitätswerken wirtschaftlich vorteilhafter erscheint. (Beispiele bei Henke, Elektrizitätswirtschaft, S. 137, 143ff., 197, 200ff., 208ff., 229ff.)

Die Polemik Ludewigs (Regiebetriebe, S. 15ff., besonders S. 18f.; Lieferpreise, S. 15ff.) um die Leistungen der Versorgungsbetriebe in sozialer und kultureller Hinsicht entbehrt u. E. der wissenschaftlichen Sachlichkeit; des näheren kann hierauf nicht eingegangen werden. Gegen Ludewig mit treffenden Gegenargumenten besonders Hosiosky, S. 26ff., 40f., 47f. Im Sinne des Textes bewegen sich auch die Ausführungen von Hosiosky auf S. 18f., 24ff., 47f.

Symptomatisch ist auch die immer stärker auftretende Tendenz in den großen Städten Nordamerikas, auf die wichtigsten Versorgungsbetriebe einen ausschlaggebenden Einfluß zu gewinnen, sie weitgehend zu kontrollieren, wenn auch die Überführung in den reinen kommunalen Betrieb aus praktisch-politischen Gründen für absehbare Zeit zurückgestellt zu sein scheint. Vgl. zu diesen Fragen besonders Carl D. Thompson, Public Ownership, New York 1925; siehe auch H. Neurath, Das Recht der gemeinnützigen Betriebe in den Vereinigten Staaten von Nordamerika, Heidelberger Diss. 1929; J. Brandt, Public Utilities usw. in „Städtetag", Jahrg. 24 (1930), S. 13f.; Smith, Die gesetzliche Kontrolle der gemeinnützigen Betriebe in den Vereinigten Staaten, Pr. VerwBl., Bd. 51, S. 493ff.; ferner Sigloch, S. 4, und die dort noch zitierte Literatur. — Mit welchen mehr schlagwortartigen Argumenten sich die amerikanische Privatwirtschaft gegen das Eindringen der öffentlichen Hand wehrt, zeigen die bei Niebuhr (Öffentliche Unternehmungen, S. 49f.) abgedruckten Richtlinien und Berichte nordamerikanischer Gewerbetreibender.

Über die städtischen Eigenbetriebe in Großbritannien vgl. F. E. Lawley, Schweiz. Annalen, 1928, S. 55ff., über die neue Gestaltung der Kommunalbetriebe in Frankreich vgl. E. Bouvier, Schweiz. Annalen, 1927, S. 202ff., über die kommunalen Eigenbetriebe in Italien vgl. A. Schiavi, Schweiz. Annalen, 1929, S. 358ff. Im übrigen vgl. das Handbuch der öffentl. Wirtschaft, S. 319ff.

[44]) G. Jellinek, Subjektive Rechte, S. 269f.: „Armenpflege ausüben, Volksschulen und Gymnasien errichten, Spitäler herstellen, für Straßenbeleuchtung, gutes Trinkwasser, Reinlichkeit der öffentlichen Plätze, Bepflanzung von Gärten sorgen, Kanäle graben usw., das sind die Tätigkeiten, die zwar öffentlich, aber nicht öffentlichrechtlichen Charakter haben, sie sind im sozialen, aber nicht im juristischen Sinne publizistischer Natur."

[45]) Gelegentlich hat auch die Reichsregierung in nicht mißzuverstehender Weise diese Gedanken

Wenn ein Zwang zur Benutzung einer Anstalt als Indiz für die öffentliche Rechtlichkeit angesehen wird und anzusehen ist,[46]) so steht dem gleich, wenn dem größten Teil der Gemeindemitglieder tatsächlich, also unter Vermeidung sozialer, über die Grenze allgemein zumutbarerwirtschaftlicher Schäden hinaus, die Möglichkeit zur Benutzung eines anderen Unternehmens zwecks Befriedigung lebenswichtiger Bedürfnisse genommen ist.

Dieser Schluß trifft für die kommunalen Gas- und Elektrizitätswerke uneingeschränkt zu. Im Falle des tatsächlichen Angewiesenseins der Gemeindemitglieder auf die Leistungen des unter städtischer Regie stehenden Werkes muß das Verhältnis der Gemeinde zum Benutzer unter den gleichen rechtlichen Gesichtspunkten betrachtet werden, als ob ein positiver oder negativer Zwang zur Benutzung der Anstalt bestehen würde; denn hier wie dort erfüllt die Gemeinde mit Hilfe der Anstalt einen Teil ihrer öffentlichen Aufgaben. Somit folgt schon aus der Natur der Sache allein, daß im Interesse des Gemeinwohls dem Bürger ein subjektives öffentliches Recht auf die Benutzung kommunaler Gas- und Elektrizitätswerke zuerkannt werden muß, dessen Ausübung nur durch die Benutzungsordnung — die sich natürlich intra legem halten und deren Handhabung sich von unsachlicher Motivation freihalten muß — eingeschränkt werden kann.[47]) Hinzu

---

zum Ausdruck gebracht. Vgl. die Begründung zum abgeänderten Entwurf d. Körpersch. St. Ges. (Reichstagsdrucksachen, 3. Wahlperiode 1924 /25, Nr.796, S. 8), in der es heißt: „Nicht steuerpflichtig sollen aber die sogen. Versorgungsbetriebe sein, d. h. Betriebe, die lebenswichtigen Bedürfnissen dienen, zu deren Befriedigung die Bevölkerung auf die Betriebe und Verwaltungen angewiesen ist. Auch bei diesen Betrieben tritt der Gesichtspunkt der Beteiligung am privaten Wirtschaftsleben in den Hintergrund. Ihr Zweck ist in erster Linie ein sozialer, sie dienen vor allem dem Gemeinwohl. Die Erzielung von Überschüssen ist ihnen grundsätzlich wesensfremd; wo sie gleichwohl erstrebt und erreicht wird, trägt sie eher den Charakter einer Abgabenerhebung als den eines privatwirtschaftlichen Gewinnes. Ausschlaggebend für die Befreiung derartiger Betriebe von der Steuerpflicht dürfte sein, daß für sie gegenwärtig und wohl auch künftig auf absehbare Zeit der Wettbewerb mit privatwirtschaftlichen Betrieben in der Regel ausscheidet, und daß infolgedessen ihre Heranziehung zur Steuer nicht etwa zu rationeller Wirtschaftsführung, sondern zu einer die Allgemeinheit benachteiligenden Preiserhöhung führen würde. Der Zweck der Besteuerung würde daher nicht erreicht, an Stelle der beabsichtigten Vorteile für die Gesamtwirtschaft würden Nachteile treten, die auch durch das fiskalische Interesse nicht ausgeglichen werden könnten."

Vgl. dazu auch die im Heft: Regiebetriebe der Gemeinden, S. 125ff., abgedruckten eindeutigen Entschließungen des deutschen und preußischen Städtetages; ferner die Entschließung des preußischen Städtetages vom Sept. 1929, „Kommunalwirtschaft", 1929, S. 1591f.; desgleichen die Verhandlungen in der Reichskonferenz für Kommunalpolitik der S. P. D. im Oktober 1929, „Die Gemeinde", 1929, S. 967ff., 1012ff.; ferner die von der Interessengemeinschaft kommunaler Elektrizitätswerke gefaßte Entschließung vom 24. Jan. 1929 („Städtetag", 1929, S. 179f.). — Siehe aber auch dagegen die Kundgebung der wirtschaftlichen Spitzenverbände vom 10. Nov. 1926: Die öffentliche Hand in der privaten Wirtschaft, 1926; ferner Ludewig, Gemeindebetriebe, S. 15ff., 21ff.; Derselbe, Lieferpreise, S. 15ff., 20ff.

[46]) Vgl. hierzu auch besonders Kormann (Pr. VerwBl., 1913, S. 396); des weiteren Nöll-Freund, Bem. 3 § 1 KAGes. Siehe auch die Ausführungen von Gündert, Bad. Gemeindeordnung, 4. Aufl. (1927), § 11, Bem. 6; Oertel, Städteordnung, Bem. 2 zu § 4.

[47]) Anderer Meinung hier Friedrichs, Versorgungsbetriebe, S. 57, 59; ebenso Rumpf in Henke, Elektrizitätswirtschaft, S. 137; R. (auch in JW., 1930, S. 1349f.) umgeht das Problem auf einfache Weise und kann deshalb nicht überzeugen (s. auch Anm. 91, S. 58 dies. Arb.). Andererseits wird Rumpf (in Henke, Elektrizitätswirtschaft, S. 133ff.) darin beizustimmen sein, daß nur ein Anspruch auf Abschluß eines typischen Vertrages zu den allgemeinen Lieferungsbedingungen besteht. Abweichende Verträge dürfen u. E. entgegen Rumpfs Meinung aber nur dann abgelehnt werden, wenn deren Erfüllung die Allgemeinheit benachteiligen würde. Ein einseitiges finanzielles Interesse des Werkes dürfte zur Ablehnung nicht immer ausreichen. Im Sinne des Textes Nipperdey, Stromsperre, S. 6ff., 12ff., 52f.; Walz in „Zeitschr. f. bad. Verw.", Jahrg. 60 (1928), Nr. 1, S. 2ff. Walz bejaht auch den Anspruch auf Stromversorgung, selbst wenn ein Ausbau des Stromversorgungsnetzes zugunsten Einzelner oder einzelner Ortsteile sich dann als notwendig herausstellt (vgl. S. 4f.), wenn nur die Aufwendungen für die unversorgten Einzelnen oder unversorgten Ortsteile verhältnismäßig die gleichen sind, wie sie für die versorgten Ortsteile gemacht worden sind.

kommt, daß in den meisten Fällen dieses subjektive Recht durch die einzelnen Satzungen ausdrücklich gewährleistet ist.[48]) Doch bleibt der Gesetzgebung hier noch viel zu tun übrig, um die Lücken und Unvollkommenheiten zu beseitigen.[49])

Der Gemeinde bleibt es aber überlassen, den Betrieb ihrer Gas- und Elektrizitätswerke so einzurichten, daß sich das Bezugsverhältnis als solches nach privatrechtlichen Grundsätzen regelt oder aber auch in der Weise, daß das Werk als Ganzes in der Form einer juristischen Person des Privatrechts, etwa als A.-G. oder G. m. b. H. betrieben wird.

Übernimmt eine Körperschaft des öffentlichen Rechts die Versorgung ihrer Mitglieder mit Licht und Kraft in der ersteren Weise, also in der Form des Abschlusses eines privatrechtlichen Gas- oder Elektrizitätslieferungsvertrages, so bleiben trotz der privatrechtlichen Ausgestaltung des Lieferungsverhältnisses die öffentlichrechtlichen Beziehungen zwischen Gemeinde und Gemeindemitglied bestehen;[50]) denn in der Stellung der Gemeinde als Produzent lebenswichtiger Güter und Leistungen, durch deren Bereithaltung sich die Gemeinde eines Teils ihrer öffentlichen Aufgaben entledigt, hat sich nichts geändert. Wir haben es hier, um diese Betriebe von den reinen Regiebetrieben begrifflich zu unterscheiden, mit öffentlichen Anstalten zu tun, denen eine privatrechtliche Nutzungsordnung beigelegt ist.[51]) In die gleiche Kategorie einzureihen sind jene Regiebetriebe, welche als selbständige Betriebe von der übrigen städtischen Verwaltung getrennt und für die eigene Verwaltungsordnungen aufgestellt sind,[52]) um eine unmittelbare,

---

Ähnlich auch Oertel, Städteordnung, Bem. 3 zu § 4. Ebenso Martin in der „Bayer. Gem. u. Verw.-Ztg.“, 1930, Nr. 9, S. 203. — Vorläufig sichern sich die Gemeinden dadurch, daß sie in die Bedingungen entsprechende Vorbehalte aufnehmen.

Beachtlich ist in diesem Zusammenhang der Entwurf des preußischen Selbstverwaltungsgesetzes in der Fassung des § 73, der die mißbräuchliche Ausnutzung gemeindlicher Monopole verbietet. Der Paragraph lautet: „Unterhalten Gemeinden oder Gemeindeverbände Betriebe, bei denen der Wettbewerb gleichartig privater Betriebe tatsächlich ausgeschlossen ist, so darf die Belieferung nicht davon abhängig gemacht werden, daß a) die Gemeinde oder der Gemeindeverband sich das ausschließliche Recht auf andere Leistungen oder Lieferungen als den Anschluß an das Versorgungsnetz ausbedingt, b) die Gemeinde oder der Gemeindeverband dem Belieferten die Verpflichtung auferlegt, außer der Belieferung andere Leistungen oder Lieferungen in Anspruch zu nehmen.“

[48]) Die Erkenntnis, dem Bürger ein subjektives öffentliches Recht auf Benutzung der Versorgungsbetriebe einzuräumen, das er natürlich nur gegen gemeindliche Anstalten geltend machen kann, trägt zur Lösung der Streitfrage: private oder öffentliche Versorgungsbetriebe viel bei und entzieht dem mißlichen Streit ob der billigeren Tarifgestaltung und der allgemeinen besseren Rentabilität der Betriebe, der objektiv und sachlich nie auszutragen sein wird (neuestes Beispiel: die Ferngasversorgung, vgl. Deutsche Allgem. Ztg., vom 7. März 1930; siehe auch die Hinweise auf S. 41 f. Anm. 28 der Arbeit) doch etwas den Boden.

[49]) Der Entwurf des neuen preußischen Selbstverwaltungsgesetzes zeigt beachtliche Fortschritte. — Vgl. § 31, Abs. 2, der das Mitbenutzungsrecht an den gemeindlichen Anstalten und Einrichtungen neben den Einwohnern auch den sonstigen Grundstückseigentümern und Gewerbetreibenden gewährt. (Abdruck der Bestimmungen auf S. 60, Anm. 99 der Arbeit.)

[50]) So mit Recht Nipperdey, Stromsperre, S. 12; siehe auch Handbuch der öffentl. Wirtschaft, S. 426 f.; vgl. dagegen aber OVG., Bd. 62, S. 241 ff. Vgl. hierzu und für das im Text folgende auch Köttgen in den Veröffentl. d. Ver. d. deutschen Staatsrechtsl., H. 6, S. 127 f., der sich gegen einen öffentlichrechtlichen Schutz überhaupt auszusprechen scheint.

[51]) Vgl. hierzu Otto Mayer, II, S. 272 ff.; Fleiner, Institutionen, S. 125 ff., 324 ff.; Stier-Somlo, Handb., 2. Aufl., S. 259; Nipperdey, Stromsperre, S. 14 ff.; Bühler, S. 25 ff., 106.

[52]) Als Musterbeispiel für den Aufbau einer selbständigen Betriebsverwaltung gilt die alte Verwaltungsordnung für die Betriebe der Stadt Dresden vom 31. März 1922. Die Verwaltungsordnungen für die Regiebetriebe der Städte Dresden, München und Leipzig sind auszugsweise in den Mitteilungen des deutschen Städtetags, 1924, Nr. 3, S. 42 f., abgedruckt. Lübeck hat für die Versorgungsbetriebe eine Körperschaft des öffentlichen Rechts gebildet, die nach handelsrechtlichen Gesichtspunkten ihre inneren Geschäfte verwaltet. Die Betriebe der Gas-, Elektrizitäts- und Wasserwerke sowie der Straßenbahnbetrieb bleiben im einzelnen öffentliche Gemeindeanstalten.

den Geschäftsgang möglicherweise hemmende Einwirkung der städtischen Verwaltungsorgane auszuschließen.[53])

Wählt die Gemeinde für den Betrieb ihres Gas- oder Elektrizitätswerks eine juristische Person des Privatrechts, etwa eine Aktiengesellschaft oder Gesellschaft m. b. H.,[54]) so fragt es sich, ob auch dann die gleichen öffentlichrechtlichen Gesichtspunkte maßgebend sind. Grundsätzlich ist hervorzuheben, daß hier auch dann der öffentliche Anstaltscharakter erhalten bleibt, wenn die Gemeinde — vielleicht in Anlehnung an frühere Rechtsverhältnisse, in denen die Werke als private Unternehmungen betrieben wurden — sich zur Erfüllung ihrer Aufgaben, zu denen die Bereithaltung von Wasser, Licht und Kraft eben gehört, einer privatrechtlichen Organisationsform bedient, wobei nur die Rechtsform eine unmittelbare Einwirkung der Gemeindeverwaltungsorgane ausschließt. Auch in diesen Betrieben leistet die Gemeinde ein Stück öffentlicher Verwaltung.[55]) Wir sprechen daher folgerichtig in allen diesen Fällen von öffentlichen Gemeindeanstalten in Privatrechtsform.[56]) Die für den Geschäftsverkehr bestimmten privatrechtlichen Normen schränken die materielle Rechtsstellung und damit die öffentlichrechtliche Beurteilung nur insoweit ein, als einzelne Rechtshandlungen oder Rechtsgeschäfte die Beobachtung oder die Anwendung der speziellen privatrechtlichen Sätze verlangen.[57]) Keineswegs wird aber hierbei etwa das Rechtsinstitut der A.-G. oder G. m. b. H. als solches zur juristischen Person des öffentlichen Rechts.[58]) Bejahen wir den Anstaltscharakter, so ist die Folgerung, daß dem einzelnen Gemeindemitglied auch hier ein öffentlichrechtlicher Anspruch auf Zulassung zur Anstaltsbenutzung, und zwar in Form des Rechts auf Vertragsschluß zur Seite steht.[59])

---

[53]) Der Entwurf der Reichsstädteordnung sieht in § 33 folgende Bestimmungen vor: „Für Gemeindebetriebe (Gasanstalt, Wasserwerk, Elektrizitätswerk, Straßenbahn, Schlachthof, Markthallen, Landgüter usw.) kann durch Gemeindebeschluß bestimmt werden, daß ihre Verwaltung nach besonderen, die Verwaltung erleichternden Vorschriften geführt wird."

[54]) Hamburg läßt das Gaswerk und die Wasserwerke durch je eine G. m. b. H. betreiben. Die Gesellschaftsverträge und die Betriebsverträge sind vollständig im Hamburger Ges. u. Verordn.-Bl., 1923, Nr. 145, S. 739 ff. abgedruckt. Die den Gesellschaften geschuldeten Leistungen sind nach dem Hamb. Gesetz vom 25. Juli 1923 im Verwaltungszwangsverfahren beitreibbar.

[55]) So auch Walz in „Zeitschr. f. bad. Verw.", Jahrg. 60 (1928), Nr. 1, S. 3.

[56]) Vgl. Fleiner, Institutionen, S. 125.

[57]) Durch die — wenn auch zwingende — Anwendung handelsrechtlicher Normen auf bestimmte Tatbestände kann der Grundcharakter der Anstalt ebensowenig eine Veränderung finden, wie etwa ein Kommunalbeamter nicht zum Handlungsgehilfen werden kann, wenn auch dessen Dienste kaufmännischer Natur sind und für das Rechtsverhältnis zur anstellenden Gemeinde einzelne Vorschriften über den Dienstvertrag, insbesondere über den Handlungsgehilfenvertrag, zwingende Kraft haben.

[58]) So mit Recht auch Sigloch (S. 23). Es ist aber nicht einzusehen, warum Sigloch (S. 23 f., 156 f.) Organisationen mit „öffentlichrechtlicher Pflichtstellung" und „öffentlichrechtlicher Organisation" den materiell öffentlichrechtlichen Charakter versagen will, nur weil für ihren Geschäftsbetrieb privatrechtliche Sätze nach dem Handelsrecht angewandt werden. Auch in den Fällen, in denen Sigloch dem Unternehmen nur eine „öffentlichrechtliche Pflichtstellung" als vom Gesetz verliehen beilegt, läßt sich die öffentlichrechtliche Organisation aus Einzelmerkmalen finden, so daß kein Grund besteht, solche Organisationen materiell aus dem Kreis des öffentlichen Rechts auszuschließen. Daß Sigloch sich bei dieser Stellungnahme nicht ganz sicher fühlt, kommt wohl auch darin zum Ausdruck, daß er in allen diesen Fällen einerseits von „gemischtrechtlichen Unternehmungen" spricht, andererseits aber das Vorhandensein öffentlichrechtlicher Elemente nicht zugeben will. (Vgl. S. 23 f., 26, 156 f.)

[59]) Dies ergibt sich für Preußen u. E. aus § 4 der Städteordnung und § 18 des Zuständ.-Gesetzes; denn zu einer engen Auslegung des Begriffes „Gemeindeanstalt" besteht hier keine Veranlassung (vgl. Oertel, Städteordnung, Bem. 2 zu § 4). Vielmehr müssen im Sinne dieser Vorschriften alle Veranstaltungen verstanden werden, wenn sie nur geeignet sind, öffentliche Aufgaben der Gemeinde, deren Rahmen die herrschende soziale Ansicht bestimmt, zu erfüllen. — Nippderdey (vgl. Stromsperre, S. 15 ff., 52 f.) will in solchen Fällen nur die einfache Aufsichtsbeschwerde nach § 7 des Zuständigkeitsgesetzes zulassen.

Ist die Gemeinde überwiegend an einer Gesellschaft des Privatrechts beteiligt, deren Aufgaben in der Versorgung der Bevölkerung mit Wasser, Licht oder Kraft besteht, so ändert dies — obgleich es sich dann keineswegs mehr um eine Gemeindeanstalt handeln kann[60]) — an dem Wesensinhalt der öffentlichrechtlichen Beziehungen zwischen Gemeinde und Gemeindemitglied im Grunde nur quantitativ etwas. Es entspricht nicht mehr den Verhältnissen des Rechtslebens, in diesen Fällen jede öffentlichrechtliche Beziehung zwischen der Gemeinde und ihren Mitgliedern abzulehnen. Der Unterschied liegt nur darin, daß der Anspruch des einzelnen Gemeindemitglieds auf Abschluß oder gleichmäßige Gestaltung des Liefervertrags nicht im Verwaltungsweg verfolgbar ist, sondern nur den weniger wirksamen Schutz der Aufsichtsbeschwerde (§ 7 Preuß. ZG.) genießt.[61]) Des tatsächlichen Schutzes entbehrt aber das Gemeindemitglied, wenn die Gemeinde einen Betrieb, der objektiv zu den Versorgungsbetrieben zu zählen wäre, an eine private Gesellschaft verpachtet, ohne einen Einfluß auf den Betrieb zu behalten; denn in diesem Falle gehen alle anstaltlichen Merkmale verloren und mit ihnen die rechtlichen Handhaben für die Anwendung öffentlichrechtlicher Normen.[62])

Sehen wir unter den aufgezeigten Voraussetzungen die Versorgungsbetriebe als öffentliche Gemeindeanstalten an, dann erwächst den Trägern dieser Betriebe die Pflicht, die Anstalten auch im öffentlichen Interesse zu verwalten. Hierzu gehört in erster Linie als Korrelat ihrer Öffentlichkeit die allgemeine Betriebspflicht der Gemeinschaft gegenüber,[62a]) von der sie nur durch Eintritt höherer Gewalt oder durch ausdrücklichen Beschluß der Gemeinde in Fällen der Not entbunden werden können. Weiter muß gefordert werden, daß für Inanspruchnahme der Leistungen Entgelte nur in solcher Höhe angesetzt werden, die insbesondere auch den weniger kapitalkräftigen und unbemittelten Volkskreisen eine sozial ausreichende Anstaltsbenutzung ermöglicht. Das geforderte Entgelt darf den Grundsatz der Gleichartigkeit von Leistung und Gegenleistung nicht dauernd und planmäßig verletzen. Besteht also zwischen Selbstkosten der Leistung und den für den Verbraucher festgesetzten Leistungsentgelten eine solche Spannung, daß für den Benutzer eine das Maß der Zumutbarkeit übersteigende Belastung eintritt und für die Unternehmung eine über die „normale“ Höhe hinausgehende

---

[60]) Soweit geht wohl auch Fleiner nicht, die gemischtwirtschaftliche Unternehmung ganz allgemein zu den öffentlichen Anstalten in Privatrechtsform zu zählen (vgl. Institutionen, S. 124f.), wie dies Köttgen von ihm annimmt (vgl. Veröffentl. d. Ver. d. deutschen Staatsrechtsl., H. 6, S. 110). — Als Beispiel für die Beteiligung einer Gemeinde an einer privatrechtlichen Gesellschaft möge die Frankfurter Elektrizitätswerke G. m. b. H. angeführt werden.

[61]) Vgl. hierzu Stier-Somlo (Veröffentl. d. Ver. d. deutschen Staatsrechtsl., H. 2, S. 173f.), der mit Recht hervorhebt, daß die Gemeindeaufsicht einmal darüber zu wachen hat, daß die Verwaltung der Gemeinden nach Maßgabe der für sie geltenden Normen und im Rahmen ihrer Zuständigkeit erfolgt, zum anderen verpflichtet ist, die Verwirklichung der kommunalen Zwecke zu überwachen und hierauf nötigenfalls hinzuwirken.

[62]) Anderer Meinung hier Nipperdey, Stromsperre, S. 18. Eine andere Beurteilung müßte allerdings dann Platz greifen, wenn der Pächter nur das Finanzrisiko trägt, die Gemeinde aber die zur Leistung Verpflichtete bleibt und den Mitgliedern den Anspruch auf Mitbenutzung kraft öffentlichen Rechts offenhält. In diesem Falle bliebe auch der Charakter als öffentliche Gemeindeanstalt erhalten, wenn die allgemeinen anstaltlichen Voraussetzungen gegeben sind. Im gleichen Sinne wohl auch Walz („Zeitschr. f. bad. Verw.“, Jahrg. 60 [1928], Nr. 1, S. 3), der allerdings insofern weitergeht, als nach ihm schon gewisse Vorbehalte zugunsten der Gemeinde in den Genehmigungsverträgen genügen, um den Charakter einer gemeindlichen öffentlichen Einrichtung zu erhalten und damit auch den Schutz durch die Staatsaufsicht zu gewährleisten.

[62a]) Den Betrieb der Versorgungsbetriebe „nach Belieben einrichten und auch wieder einstellen“ kann also eine Gemeinde nicht; es würde dies durchaus auch dem geltenden Rechtszustand widersprechen. — Anderer Meinung hierüber besonders Stier-Somlo, Handb., 2. Aufl., S. 260f.

dauernde Rente entsteht,[63]) dann entfällt damit der öffentliche Zweck der Einrichtung, sie muß zur rein gewerblichen Unternehmung werden, für eine öffentliche Gemeindeanstalt spricht dann keine Vermutung mehr.[63a]) Wo die Rente das „Normale" überschreitet, ist Tatfrage; obere Grenze wird die jeweilig durchschnittliche Nettorente des artgleich investierten Industriekapitals bilden müssen.

Kann unter Beachtung dieser Gesichtspunkte der einzelne Versorgungsbetrieb der Kategorie der öffentlichen Gemeindeanstalten zugeschlagen werden, dann werden diese Einrichtungen für ihre Leistungen mit besserem Recht eine Gebühr festsetzen können als etwa die Kirchhofsverwaltung für die Errichtung von Grabdenkmälern. Für eine Gebührenstaffelung bietet der § 4 KAGes. in Verbindung mit dem Deklarationsgesetz vom 24. Juli 1906 genügend Freiheiten, um das Entgelt den einzelnen Benutzerkategorien auch in sozialer Hinsicht anzupassen.[64]) Doch dürfen die allgemeinen Benutzungsvorschriften oder die Gebührenordnungen keinerlei unbillige und unverhältnismäßige Bedingungen oder Erschwerungen für den einzelnen Benutzer aufweisen, insbesondere weder die Abnahme einer Mindestquantität noch eine Mindestbenutzungsdauer vorschreiben.[65]) Auch wird es im Falle eigener Versorgung mit Licht oder Kraft unzulässig sein, den Reserveanschluß oder Zusatzanschluß an das städtische Werk überhaupt abzulehnen oder von für den Benutzer unbilligen Vereinbarungen abhängig zu machen.[66]) Derartige die öffentliche Benutzung einschränkenden und dem Prinzip der Gleichheit widerstrebenden Bedingungen sind ungültig, weil mit dem Recht zur Gebührenerhebung nicht vereinbar, der Charakter der Anstalt selbst wird aber durch solche ungültigen Bestimmungen nicht berührt.[67]) Eine Grenzziehung nach oben (Höchst-

[63]) Vgl. hierzu die Zusammenstellung der Renten für Gaswerke und Elektrizitätswerke von Greineder im Hw. d. Kw., II, S. 153f.; ferner die Gegenüberstellungen öffentlicher und privater Werke bei Ludewig, Regiebetriebe, S. 21ff., 43ff. — Schon an früherer Stelle wurde aber darauf hingewiesen, daß ein statistisch exakter Vergleich zwischen öffentlichen und privaten Betrieben schwer anzustellen ist. Vgl. hierzu die Auseinandersetzungen über die Renten der Berliner städtischen Elektrizitäts-Werke A.-G. und der privaten Elektrizitätswerke Südwest A.-G. zwischen Ludewig und v. Bremen in „Kommunalw.", 1929, S. 550ff., 1258ff., 1664ff.; ferner die Untersuchungen von Hosiosky, S. 28ff.

Doch muß es auffallen, wenn bei der Sammlung des statistischen Materials für das Städte-Jahrb. die städtischen Gaswerke die Frage, wie hoch sich die Reineinnahmen, umgerechnet auf 1000 cbm der Gesamtgasabgabe, im Berichtsjahr (1927/28) beliefen, überhaupt unbeachtet ließen; die Wasserwerke übergingen die ähnlich gehaltene Frage nach der Rentabilität zum größten Teil, zum andern Teil machten sie wenig brauchbare Angaben. Auch die Elektrizitätswerke verhielten sich bei der Rentabilitätsfrage z. T. passiv oder lieferten zuweilen der Kritik wenig standhaltende Daten. — Vgl. hierzu Städte-Jahrb. 1929, XIII, S. 391, 401, 428f., 446ff., 1930, VI, S. 142, 186ff. — Most (Wirtschaft und Gemeinde, S. 28) rügt mit Recht, daß die Gemeinden ihre finanziellen Verhältnisse oft ängstlich der öffentlichen Kritik zu entziehen versuchten, was das Vertrauen zur Verwaltung erschüttern muß. Im gleichen Sinne auch Seippel in: Kommune und Wirtschaft, S. 56. — Verstärkte Publizität der öffentlichen Wirtschaft fordern im besonderen auch die Gewerkschaften; vgl. z. B. Handbuch der öffentl. Wirtschaft, S. 444ff.

[63a]) Vgl. hierzu auch das Urteil des hessischen VGH., JW., 1930, S. 2334f.

[64]) Vgl. hierzu auch die Ausführungen von Nöll-Freund (Bem. 2 und 4 zu § 7 KAGes.), denen im Ergebnis zuzustimmen ist. — Beispiele für die Staffelung der Entgeltssätze bieten die neuesten Tarife. Eine vorbildliche Gliederung zeigen u. a. die Tarife der Stadt Frankfurt a. M.

[65]) Vgl. RGZ., Bd. 62, S. 266, Bd. 79, S. 229, Bd. 115, S. 258; OVG. in JW. 1931, S. 387f. Nicht zu folgen ist Friedrichs, Versorgungsbetriebe, S. 57, 59.

[66]) Einen anderen Standpunkt nimmt insbesondere hier Rumpf ein; vgl. seine Ausführungen in Henke, Elektrizitätswirtschaft, S. 191ff. — Vgl. hierzu auch den Entwurf des preuß. Selbstverwaltungsgesetzes, dessen § 73 das Verbot mißbräuchlicher Ausnutzung gemeindlicher Monopole statuiert (siehe Anm. 47 dieses Abschnitts).

[67]) Dem Urteil des OVG. vom 11. Juli 1911 (MinBl. f. d. innere Verw., 1911, S. 352) ist hiernach nicht zu folgen. Einzelne ungültige Vorschriften einer Satzung machen diese im ganzen nicht immer ungültig (OVG. Bd. 54, S. 441f.); siehe darüber auch unsere Ausführungen auf S. 49ff.

quantität, Benutzungsdauer) hindert nur dann das Gebührenrecht, wenn dadurch die Benutzung für die Allgemeinheit unbillig erschwert wird;[68]) denn aus einer unbegrenzten Benutzung könnte sich unter Umständen ein unverhältnismäßiger und nicht auszugleichender Vorteil eines Einzelnen auf Kosten der Allgemeinheit ergeben. Im übrigen unterliegen alle Bestimmungen über den Leistungsbezug und über die Leistungsentgelte der Versorgungsbetriebe im besonderen Maße auch der rechtlichen Wertung unter den Gesichtspunkten der §§ 138, 276, 826 des BGB.[69])

Mit der Möglichkeit, sich bei Anlagen für Licht- und Krafterzeugung nicht zuletzt durch finanzielle Beteiligung einen maßgebenden Einfluß zu verschaffen, hat es die Gemeinde in der Hand, derartige Anstalten öffentlichrechtlich oder privatrechtlich zu betreiben.[70]) Doch wird man im Zweifel sämtliche für diese Einrichtungen in Frage kommenden Merkmale stets im Hinblick darauf prüfen müssen, ob nicht wenigstens einzelne auf die öffentlichrechtliche Natur der Einrichtung hinweisen. Allerdings bleibt immer zu beachten, daß mit dem Wechsel des objektiven Hauptzwecks der Einrichtung — ob mittelbar oder unmittelbar, bleibt gleichgültig — sich auch sofort die Normen für die rechtliche Stellung ändern.

2.

Bei dem zusammengedrängten Überblick über die drei Versorgungsbetriebe der Gemeinden ist es bisher unterblieben, auf die Zweckverbände hinzuweisen, zu denen sich öffentliche Körperschaften zum gemeinsamen Vorgehen zusammenschließen, um gemeindliche Interessen auf breiter Grundlage zu verfolgen.[70a]) Direkte wirtschaftliche Interessen, zum Teil hygienische Notlage, haben dazu geführt, daß die Großstädte mit ihren Veranstaltungen aus ihrer kommunalen Isolierung heraustraten und durch Zusammenschluß Versorgungsbetriebe größeren Ausmaßes schufen, deren Leistungen einer Mehrheit von Gemeinden zugute kommen. Vornehmlich im Ruhrgebiet haben die Zweckverbände eine

[68]) Anderer Ansicht hier Nöll-Freund (Bem. 6 zu § 4 und Bem. 2 zu § 7 KAGes.). Diese Autoren erklären — gestützt auf mehrere Entscheidungen der Verwaltungsgerichte —, daß eine Begrenzung nach oben dem Wesen der Gebührenforderung widerspreche, und wollen Tarife für ungültig erklären, wenn der Verbrauch über ein bestimmtes Höchstquantum hinaus der Vereinbarung zwischen dem Anstaltsherrn und dem Abnehmer vorbehalten bleibt. Wir vertreten im Text eine andere Ansicht. Eine Begrenzung nach oben ist zulässig, solange das öffentliche Interesse nicht eingeengt wird. Bei einer stark vermehrten Inanspruchnahme einer anstaltlichen Leistung kann über den Leistungsteil, der über das allgemeine Maß hinausgeht und dieserhalb dem öffentlichen Interesse unter Umständen schon zuwiderlaufen kann, eine privatrechtliche Abmachung getroffen werden. Im Sinne des Textes v. Cossel im Pr. Kom.Arch. Bd. 4 (1913), S. 618f., auch Nipperdey, Stromsperre, S. 10f., 15f., 39f., vgl. ferner Richter, Veröffentl. d. Ver. d. deutschen Staatsrechtsl., H. 6, S. 99f., Henke, Elektrizitätswirtschaft, S. 132ff., 187ff.

[69]) Vgl. hierzu besonders die Studie von Nipperdey, Stromsperre, Zulassungszwang und Monopolmißbrauch, S. 22ff.; siehe aber auch Henke, Elektrizitätswirtschaft, S. 187ff., 192f., 200ff., 212ff.; ferner die Ausführungen auf S. 58, Anm. 91 Abs. 3 der Arbeit. Doch wird praktisch der Abnehmer von den Werken dadurch geknebelt, daß er ohne Anerkennung der Bezugsbedingungen (die eben auch alle für ihn ungünstigen Vertragspunkte enthalten und ihn in seinen Rechten beschränken, meistens auch den ordentlichen Rechtsweg ausschließen) gar keinen Anschluß an die städtischen Werke erhält und zur Erstreitung seiner Rechte deshalb einen langen kostspieligen Weg einschlagen muß, den zu gehen er fast immer scheut.

[70]) Dazu OVG., Bd. 68, S. 113.

[70a]) Für Preußen Zweckverbandsgesetz vom 19. Juli 1911; dazu Brauchitsch, VerwGes. VII, S. 434ff.; in Sachsen erfolgt der Zusammenschluß nach dem Gemeindeverbandsgesetz vom 18. Juni 1910 und der Gemeindeordnung vom 15. Juni 1925; in Süddeutschland nach den Gemeinde- und Bezirksordnungen. — Über die Verbreitung und die Aufgabengebiete der öffentlichrechtlichen Zweckverbände im Deutschen Reich vgl. W. u. St., 1931, S. 240ff.

besondere Bedeutung gewonnen.[71]) Hervorgehoben seien hier nur das in Gelsenkirchen errichtete Wasserwerk für das nördliche westfälische Kohlenrevier, das 130 Stadt- und Landgemeinden im rheinisch-westfälischen Kohlenbezirk das Wasser liefert; die Kanalisationsanlagen der sogenannten Emscher Genossenschaft, durch die Abwässer aller Gemeinden, darunter der Großstädte Essen, Gelsenkirchen, Bochum, und der gesamten Industrie zwischen den Flüssen Emscher und Lippe gemeinschaftlich in den Rhein abgeführt werden, was bei den durch den Bergbau ungünstig beeinflußten Bodenverhältnissen für die einzelnen beteiligten Gebiete unmöglich gewesen wäre.

Der Privatwirtschaft, also auch der gemischtwirtschaftlichen Unternehmung, ist eine Beteiligung an der Zweckverbandsbildung auf öffentlichrechtlicher Basis versagt,[72]) so daß die großen gemischtwirtschaftlichen Unternehmungen, besonders auf dem Gebiete der Gas- und Elektrizitätsversorgung,[73]) auf privatrechtliche Assoziationsformen angewiesen bleiben. Überdies eignen sich die preußischen gesetzlichen Grundlagen im Gegensatz zu den sächsischen oder thüringischen Gesetzesbestimmungen weniger für ein Zusammengehen organisatorisch schwieriger gestalteter interkommunaler Einrichtungen.

Zwangszweckverbände — um auch diese hier noch zu erwähnen — sind u. a. in Preußen und Sachsen zulässig, und zwar in Preußen nur zur Erfüllung solcher kommunaler Aufgaben, welche allen Beteiligten gesetzlich obliegen, und auch nur dann, wenn die Bildung des Zweckverbandes im öffentlichen Interesse notwendig ist (§ 2 Zweckverbandsgesetz). Sachsen erleichtert die zwangsweise Bildung von Zweckverbänden, dort genügen überwiegende Interessen am gemeinen Wohl schlechthin. Über den Rahmen und die Aufgabe dieser Arbeit geht es hinaus, im einzelnen auf diese Zweckverbände näher einzugehen. Ihre Einrichtungen werden rechtlich ebenso zu behandeln sein wie die isolierten Betriebe der Gemeinden. Das den Zweckverbänden im § 17 des preußischen Zweckverbandsgesetzes vom 19. Juli 1911 zugebilligte Recht zur Erhebung von Gebühren und Beiträgen müßte konsequenterweise auch dann erst wirksam werden können, wenn die Gemeinden die überwiegenden Träger der Einrichtungen geblieben sind; aber die ausdrücklichen gesetzlichen Bestimmungen entheben die Gemeinden dieses Nachweises.

Nicht unerwähnt soll aber die Wandlung bleiben, die sich in der Anschauung der Gemeinden und Gemeindeverbände in bezug auf die private Beteiligung an den Versorgungsbetrieben vollzogen hat. Während früher die Vereinigung von Gemeinwesen allein zum Betrieb von Unternehmungen ungeeignet erschien,[74]) legen nunmehr die Gemeinden vielfach keinen Wert mehr auf die private Beteili-

[71]) Vgl. W. Gräfer, Kommunalverwaltung und Wirtschaft im Ruhrgebiet, Frankfurter Staatswiss. Diss. 1927, S. 44ff.

[72]) Über die Gründe vgl. Drucks. des preuß. Abgeordnetenhauses, 21. Legisl.-Periode, IV. Session, 1911, Bd. 2, S. 967.

[73]) Zu erwähnen wäre hier z. B. das größte gemischtwirtschaftliche Unternehmen auf dem Gebiete der Elektrizitätsversorgung, das Rheinisch-Westfälische Elektrizitätswerk A.-G. in Essen, das ein umfangreiches Gebiet (115 Städte und Kreise) mit Strom versorgt und überwiegend unter dem Einfluß der öffentlichen Hand (über 60% der Stimmenanteile) steht. Das große Projekt der Zechengas-Fernversorgung, wonach das aus den Kokereien des Ruhrgebiets gesammelte Zechengas von Hamm bzw. Hamborn aus nach Hamburg, Berlin, Dresden und den Rhein aufwärts über Frankfurt nach München und Stuttgart geleitet werden soll, möge nur hier angedeutet werden. — Vgl. im einzelnen hierzu die Ausführungen in den Schriften des Verb. d. Gemeinde- und Staatsarbeiter Nr. 37/38, S. 17f., 31f., 56ff.; ferner Kommune und Wirtschaft, S. 55ff.; den derzeitigen Stand der Ferngasversorgung weist das Städte-Jahrb., 1930, V, S. 106ff., 111ff., nach. — Über den Streit um das Rhein.-Westf. Elektrizitätswerk vgl. den umfangreichen Art. in der „Deutschen Allgem. Ztg." vom 22. Nov. 1929. — Zur Frage an sich vgl. auch die geäußerten Meinungen in dem Sammelband: Gemeindebetriebe, S. 36f., 40f., 66f.

[74]) Vgl. Freund in DJZ., 1911, S. 1114f.

gung.[75]) Zum Ausdruck kommt dies dadurch, daß die Gemeinwesen die Privatanteile der gemischtwirtschaftlichen Unternehmungen, an denen sie beteiligt sind, aufkaufen und diese dadurch zu rein staatlichen oder städtischen Gesellschaften machen, die Unternehmungen also voll in öffentliche Hand überführen. Besonders machen sich diese Umgruppierungen auf dem Gebiete der Elektrizitätsversorgung geltend.

Weiter vereinigen sich die Gemeinwesen heute vielfach zu privatrechtlichen Gesellschaften, wo früher Zweckverbände Anwendung fanden, was in der ungleich schwieriger gewordenen Organisation umfangreicher Unternehmungen über große Versorgungsgebiete hin seine Ursache haben dürfte.

Beachtlich und die soziologische Wertung wichtiger Produktionsunternehmungen deutlich widerspiegelnd ist die Tatsache, daß neben die Gemeinden oder Gemeindeverbände, die sich früher allein an wirtschaftlichen Unternehmungen des Privatrechts beteiligten, nach dem Kriege auch die Länder und sogar das Reich getreten sind,[76]) um durch direkte Beteiligung oder gar durch eigene Unternehmungen ihren Einfluß stärker geltend zu machen.[77])

Reich, Länder und Gemeinden führen also heute tatsächlich einen Teil ihrer öffentlichen Aufgaben und ihrer öffentlichen Verwaltung mit den Mitteln und auch in den äußeren Formen des Privatrechts durch. Die neuere Gesetzgebung des Reiches und der Länder begünstigt durchaus diese Entwicklung.[78])

Mit der Erwähnung dieser strukturverändernden Tendenzen muß es hier sein Bewenden haben.

3.

Ist die Frage der rechtlichen Zugehörigkeit der kommunalen Versorgungsbetriebe schon nicht ganz so einfach zu beantworten, so wachsen die Schwierigkeiten bei der Beurteilung anderer gemeindlicher Unternehmungen der öffentlichen Hand. Hier genügt weder der Alleinbesitz der Gemeinde noch die eigene Regie. Die Untersuchungen werden trotz dieser Merkmale darauf hinzielen müssen, ob wirklich Nutzungen im Gemeininteresse von der Unternehmung geboten werden, zum anderen, ob auch die Elemente öffentlichrechtlicher Organisation vorliegen.

Zur Untersuchung stehen zunächst die Einrichtungen zur Lebensmittelherstellung oder -beschaffung. Ausgeschieden bleiben hierbei die von kommunaler Seite ergriffenen kriegswirtschaftlichen Maßnahmen und solche vorübergehender Natur. Weiter soll auf eine rechtliche Würdigung der von den Städten betriebenen Gaststätten mit Lebensmittelabgabe verzichtet werden; denn ihre rechtliche Stellung gibt zu Zweifeln keinen Anlaß. Bei der Versorgung der Gemeinden mit Fleisch, Milch, Gemüse, Obst usw. hat sich der gemeindliche Betrieb bisher wesentlich auf die Bereitstellung von Einrichtungen für den Handel[79]) (Wochenmärkten, Markthallen, Verkaufsständen) und auf Errichtung und Unterhaltung von Schlachthäusern beschränkt. Wir behandeln diese Einrichtungen an späterer Stelle, weil wir sie der zweiten Gruppe — Bedürfnisbefriedigung im

[75]) Vgl. hierzu Elsas, Gemischtwirtschaftliche Unternehmungen, in: Zukunftsaufgaben der deutschen Städte, S. 944f.; vgl. auch Most im Hw. d. Kw., Erg.-Bd. 1, S. 650.

[76]) Über die rechtliche Zulässigkeit der erwerbswirtschaftlichen Betätigung vgl. Richter, Veröffentl. d. Ver. d. deutschen Staatsrechtsl., H. 6, S. 80ff.

[77]) Über den Umfang und die Betätigung des Reiches und Preußens an wirtschaftlichen Unternehmungen vgl. Niebuhr, Öffentliche Unternehmungen, S. 38ff.; ferner Hinzner, Staat und Kommune, S. 11ff., 26ff.; Handbuch der öffentl. Wirtschaft, S. 281ff.

[78]) Vgl. hierzu auch Fleiner, Institutionen, S. 126, 327.

[79]) Vgl. hierüber im besonderen: Silbergleit, Städtische Betriebe zur Lebensmittelversorgung, Schriften des Vereins für Sozialpolitik, Bd. 128, S. 117ff.

weiteren Sinne — eingereiht haben. Zuweilen haben sich jedoch die Gemeinden auch mit der Produktion von Lebensmitteln befaßt, um entweder Abfallstoffe nutzbringend zu verwerten, leerstehende städtische Bauwerke oder unbebaute Grundstücke zu nutzen oder um Fürsorgeanstalten mit den notwendigen Lebensmitteln billig beliefern zu können.[80])

So haben z. B. die Städte Karlsruhe und Charlottenburg die Mästung von Schweinen in gemeindlichen Betrieben versuchsweise durchgeführt, um die Haushaltungsabfälle und Abfälle aus städtischen Betrieben zu verwerten.[81]) Lübeck hatte eine Schweinemast eingerichtet, um unbenutzte Schweinestallungen im städtischen Viehhof und die Milch der Kühe aus der Rinderquarantäne-Anstalt produktiv zu verwenden, Leipzig besaß eine städtische Armen-Brotbäckerei, die einen Teil des für die Armenpflege nötigen Brotes lieferte, Köln eine städtische Brauerei mit wesensgleicher Zwecksetzung.[82]) Alle diese Betriebe sind aber im Laufe der Zeit eingestellt worden. Mit der Herstellung von keimfreier Säuglingsmilch in reinen Gemeindebetrieben haben sich zuerst die Städte Recklingshausen, Lennep und — allerdings aus anderen Motiven — Zoppot befaßt. Später folgten größere Städte, namentlich in den Industriebezirken. Doch sind die meisten städtischen Milchküchen als isolierte Einrichtungen, der sogenannten offenen Fürsorge dienend, nicht aufrechterhalten, sondern größeren Wohlfahrtseinrichtungen aus praktisch-sozialen Gründen eingegliedert worden.[83])

Als kommunale Einrichtung wurden auch Schlächtereien mit den dazugehörigen Fleischverkaufsstellen ins Leben gerufen. Beispiele hierfür bieten u. a. die Städte Freiburg i. B., Diedenhofen (Lothringen), Landsberg a. L., Eberswalde und Bonn. In allen Fällen sind aber die kommunalen Regiebetriebe wieder aufgelöst worden, sobald der mit der Errichtung verfolgte Zweck der allgemeinen Preissenkung für Fleisch und Fleischwaren erfüllt war.[84])

Bei diesen doch nur ganz vereinzelt auftretenden Produktionsbetrieben der Gemeinden kann von einer Nutzungsgewährung an Gemeindemitglieder im öffentlichen Interesse nur dann gesprochen werden, wenn der Zweck des Einzelbetriebes ausschließlich auf dem Gebiete der öffentlichen Fürsorge liegt. Ist dies ohne Zweifel der Fall — was nach dem untersuchten Material nur selten festgestellt werden konnte —, dann wird man es mit einer, wenn auch höchst unselbständigen, öffentlichrechtlichen Gemeindeanstalt zu tun haben. Öffentlichrechtlich deshalb, weil hier mit der Gemeinnützigkeit die Daseinsnotwendigkeit indiziert wird und in der kommunalen Regieführung ohne weiteres die Überwachung des

[80]) Die Darstellung ist hier und im folgenden insofern lückenhaft, als zur Bearbeitung dieser Materie im einzelnen nur Monographien aus der Vorkriegszeit zur Verfügung standen, die durch persönliche Anfragen des Verfassers nur notdürftig ergänzt werden konnten.

[81]) Nicht als gemeindliche Betriebe in unserem Sinne sind die Schweinemästereien anzusehen, die zuweilen von Krankenhäusern unterhalten werden, um die Speiseabfälle zu verwerten. (Das städtische Waldhaus Charlottenburg unterhält z. B. im Tuberkulosenkrankenhaus eine Schweinemast für den eigenen Anstaltsbedarf; es werden dort etwa 80—90 Schweine gehalten.)

[82]) Vgl. hierzu Schriften des Vereins für Sozialpolitik, Bd. 128, S. 168f., 228f., 263f., 283ff.; Bd. 129, T. 7, S. 25f.

[83]) Zum großen Teil haben aber private Vereine die Versorgung der Säuglinge mit guter Milch noch in der Hand. Die Gemeinden beschränken sich dann auf Zuschüsse und andere Unterstützung der Einrichtungen. — Vgl. dazu im besonderen Schriften des Vereins für Sozialpolitik, Bd. 128, S. 219ff.; ferner den Art. Milchküchen im Hw. d. Kw., III, S. 366ff. — Der Milchausschank auf öffentlichen Straßen und Plätzen wird meistens — wenn auch z. T. mit kommunaler Unterstützung — von Privaten betrieben. Kommunaler Milchausschank ist zwar in einzelnen Städten anzutreffen, ist aber auch dann nicht als anstaltliche Leistung aufzufassen. — Vgl. dazu den Art. Kommunaler Milchausschank im Hw. d. Kw., III, S. 360f.

[84]) Siehe im einzelnen hierüber: Schriften des Vereins für Sozialpolitik, Bd. 128, S. 245ff.; ferner den Art. Fleischversorgung im Hw. d. Kw., II, S. 29ff.

Betriebes begründet ist. In allen übrigen Fällen sind derartige Einrichtungen der Gemeinden den privaten gewerblichen Unternehmungen gleichzustellen, mögen auch noch so viele sozialpolitische und sozialhygienische Momente bei ihrer Errichtung mitgesprochen haben.

Zu erwähnen bleiben noch die kommunalen Betriebe, die neben dem Eigenbedarf der Verwaltung Druckarbeiten für die Gemeindemitglieder liefern. Nur in beschränktem Umfange haben einzelne Städte sich diesen Aufgaben zugewandt, die sich meistens in der Herausgabe von Zeitungen und amtlichen Druckschriften erschöpfen.[85]) Neben reinen Regiebetrieben sind gemischtwirtschaftliche Unternehmungen und private unter städtischer Mitverwaltung anzutreffen. Bei allen Einrichtungen dieser Art treten die erwerbswirtschaftlichen Momente meist hinter politischen Erwägungen zurück; von einer Befriedigung öffentlicher Interessen kann bei derartigen Unternehmungen natürlich nicht die Rede sein. Damit erübrigen sich alle weiteren rechtlichen Darlegungen über diesen Gegenstand.[86])

In gewissem sachlichen Zusammenhang mit dem vorstehend Behandelten steht das Plakat- und Anschlagwesen, soweit es durch die Gemeinden verwaltet wird.[87]) Die rechtliche Seite findet durch die Feststellung ihre Erledigung, daß derartige unter Regie der Gemeinde stehende Institute zwar den Rahmen „Anstalt" streifen, aber richtiger zu den gemeindlichen Einrichtungen allgemeiner Art zu rechnen sind. Gegen die Ansetzung von Benutzungsgebühren durch die Regiebetriebe für Inanspruchnahme der gemeindlichen Anschlagsäulen oder -tafeln werden rechtliche Bedenken nicht erhoben werden können. Bei einer Verpachtung des Anschlagwesens an private Unternehmungen (wie dies vielfach geschehen ist) kann — entgegen mehrfach vertretenen Anschauungen[88]) — weder für den wirklichen Benutzer zugunsten des Pächters noch für den Pächter zugunsten der Gemeinde eine Gebührenpflicht entstehen, weil durch die Verpachtung die privatrechtliche Stellung[89]) betont und die wirtschaftlichen Gesichtspunkte in den Vordergrund gerückt sind, so daß für eine „Gebühren"-Forderung die rechtlichen Voraussetzungen entzogen werden;[90]) beiden Parteien steht nur ein privatrechtlicher Anspruch auf Grund ihrer Leistungen zu.

III.

Die gemeindlichen Unternehmungen für die Befriedigung der Bedürfnisse im weiteren Sinne.

1 a.

Wir wenden uns nunmehr denjenigen Einrichtungen und Veranstaltungen zu, deren Funktionen mehr oder weniger mittelbar dem Bürger zugute kommen sollen. An erster Stelle stehen die Einrichtungen sozialpolitischer und

---

[85]) Dazu im einzelnen: Schriften des Vereins für Sozialpolitik, Bd. 128, S. 345ff.; Bd. 129, S. 151ff., 42—45. — Vgl. auch Städte-Jahrb., 1929, XV, S. 511f.

[86]) Ein hervorzuhebendes Beispiel bildet die unter reiner kommunaler Verwaltung stehende Dresdener Stiftungsdruckerei, die neben dem Zeitungsdruck (Dresdner Anzeiger) größere Privataufträge übernimmt und beachtliche Überschüsse erzielt. Die Überschüsse werden zur einen Hälfte für wohltätige Zwecke, zur anderen Hälfte zur Verschönerung der Stadt verwendet.

[87]) Vgl. Schriften des Vereins für Sozialpolitik, Bd. 128, S. 367ff.; Bd. 129, T. 1, S. 174ff., T. 5, S. 45ff., T. 8, S. 86.

[88]) Siehe Schriften des Vereins für Sozialpolitik, Bd. 129, T. 4, S. 175; Bd. 128, S. 371f.

[89]) Siehe hierüber auch Sigloch, S. 126ff.

[90]) Vgl. hierzu auch RGZ., Bd. 82, S. 340ff.; ferner Schriften des Vereins für Sozialpolitik, Bd. 128, S. 371ff.

polizeilicher[91]) Natur. Hierzu zählen z. B. die Krankenhäuser,[91a]) die Armen- und Waisenhäuser und diejenigen Wohltätigkeitsanstalten, welche die Bewahrung vor Schutzlosigkeit oder sittlicher Gefahr bezwecken; weiter sind hier die Einrichtungen zur Feuer- und Wasserbekämpfung zu nennen. Gemeindeanstalten dieser Art werden zu öffentlichen, sobald die Polizei einen Zwang zur Benutzung statuieren kann und die Gemeinde durch Ortsstatut zur Bereitstellung der Anstalt verpflichtet ist. Das Wesentlichste darüber ist bereits bei der Behandlung der Versorgungsbetriebe gesagt worden.

Ist ein Benutzungszwang dem Wesen der Einrichtung fremd, erfolgt vielmehr die Benutzung aus sozialen Notwendigkeiten heraus, so wird die Beantwortung der Frage, ob öffentlichrechtlich oder privatrechtlich davon abhängen, ob die Einrichtung im Eigentum oder unter ausschließlicher Verwaltung der Kommune bzw. eines kommunalen Zweckverbandes[92]) steht.[93]) Unter Umständen genügt eine bestimmte Art und Weise der Überwachung der Anstaltsfunktionen durch Gemeindeorgane, wenn nur die Gemeinden auch mit Hilfe solcher Krankenhäuser ihre öffentlichen Pflichten erfüllen wollen.[94]) Allerdings kann die Frage nach dem Eigentümer oder Verwalter nicht allein den Ausschlag geben; vielmehr wird in gleicher Weise das Erfordernis maßgebend sein, daß die Anstalten jedermann zugänglich sein müssen, d. h. daß in die Anstalt aufgenommen zu werden jedermann beanspruchen kann oder doch unter gewissen Voraussetzungen beanspruchen könne; denn mit der allgemeinen Zulassung erfüllt die Gemeinde die ihr auf dem Gebiete der Gesundheits- und Wohlfahrtspflege obliegende öffentliche Pflicht, deren Verletzung mindestens eine Beschwerde des Verletzten zuläßt, solange ihm formell ein klagbares Recht nicht zuerkannt ist. Nur durch die allgemeine Zulassung bringt die Gemeinde zum Ausdruck, daß sie ihre Einrichtungen im Gemeininteresse betreiben will.[95]) Ist der Kreis der Benutzungsberechtigten kein offener,

---

[91]) Über „Polizeiliche Gemeindeanstalten" siehe Jebens im Pr. VerwBl., Bd. 22, S. 329 ff. Als polizeiliche Gemeindeanstalt bezeichnet Jebens Anstalten der Gemeinden, die zwar vorzugsweise kommunalen Zwecken dienen, zugleich aber im polizeilichen Interesse notwendig sind.

[91a]) Im einzelnen fallen darunter die allgemeinen Krankenanstalten, Säuglings- und Kinderkrankenanstalten, Augenheilanstalten, Irren- und Siechenanstalten, Entbindungsanstalten und Genesungsanstalten. Als Zubehör gelten die anstaltseignen Apotheken, Laboratorien, orthopädischen Werkstätten usw. — Vgl. hierüber auch den Aufsatz „Krankenheilanstalten" im Städte-Jahrb., 1929, XIX, S. 643 ff. Über den prozentualen Anteil der Städte an den Krankenanstalten vgl. die Angaben auf S. 644. Weitere statistische Angaben, besonders für die früheren Jahre, sind auch im Hw. d. Kw., Erg.-Bd. 2, S. 912, zu finden.

[92]) Meistens wird von kleineren Gemeinden dieser Weg gewählt, um eine leistungsfähige Krankenanstalt oder eine sonstige Wohlfahrtseinrichtung ins Leben zu rufen und zu unterhalten.

[93]) Vgl. auch Pr. VerwBl., Bd. 32, S. 265 ff. — Dietrich, im Hw. d. Kw., Erg.-Bd. 2, S. 742, verlangt für eine öffentliche Heilanstalt, daß sie im Eigentum und in der Verwaltung des Staates, der Gemeinden oder der Gemeindeverbände und der Reichsversicherungsträger steht. Zu den öffentlichen Heilanstalten rechnet Dietrich aber auch die von Stiftungen, charitativen Verbänden und Wohlfahrtsvereinen errichteten und betriebenen Anstalten. Diese Annahme ist rechtsirrig; denn die letzteren Heilanstalten stehen nicht für jedermann unbeschränkt offen, sondern ihr Betrieb ist von vornherein auf einen bestimmten Kreis von Nutzungsberechtigten beschränkt. Von privaten Unternehmern mit Gewinnabsicht begründete und betriebene Krankenhäuser, Sanatorien usw. gelten, selbst wenn nebenbei gemeinnützige Zwecke verfolgt werden sollten, als private Einrichtungen. — Die Scheidung in öffentliche und private Heilanstalt ist auch um deswillen wichtig, weil nach § 30 der GewO. nur Privatheilanstalten einer Konzession der höheren Verwaltungsbehörde bedürfen.

[94]) Auf einem anderen Boden erwachsen die Voraussetzungen für die Freistellung von der Besteuerung der obengenannten Einrichtungen. Die bisherige Rechtsprechung hat hierfür z. T. andere Richtlinien aufgestellt, die sich mit den hier entwickelten Erfordernissen einer öffentlichen Gemeindeanstalt nicht decken. — Vgl. hierzu RGZ., Bd. 92, S. 204 ff., und die dort weiter angeführte Rechtsprechung; vgl. ferner die Entscheidung des Kammergerichts in Bd. 28, B, S. 55 ff.

[95]) Im Sinne des Textes auch Jebens, Pr. VerwBl., Bd. 22, S. 330.

sondern ein geschlossener, durch Mitgliedschaft bezeichneter, oder ist die Zulassung zur Anstaltsnutzung in jedem Fall von dem Ermessen der Verwaltung allein abhängig,[95a]) so dienen Einrichtungen der obengenannten Art nicht mehr dem öffentlichen Interesse, und damit entfallen auch die rechtlichen Voraussetzungen der öffentlichen Gemeindeanstalt.

Dem Wesen einer öffentlichen gemeindlichen Krankenanstalt oder Fürsorgeanstalt irgendwelcher Art widerstrebt es nicht, wenn die Gemeinden als Unternehmer der Anstalt in Einzelfällen bürgerlichrechtliche Verpflichtungen auf anstaltliche Leistungen eingehen,[96]) zu denen sie im allgemeinen kraft öffentlichen Rechts verpflichtet sind. Für die Erfüllung einer mit Rücksicht auf das allgemeine Wohl der Gemeinde obliegenden öffentlichrechtlichen Verpflichtung der hier in Betracht kommenden Art kann die Gemeinde Gebühren erheben, dagegen für Leistungen auf Grund einer bürgerlichrechtlichen Verpflichtung nur ein vertragsmäßiges Entgelt, das mit den allgemeinen Krankenhausgebühren nicht gleichzustellen sein wird.[97])

Mehr polizeilichen Charakter tragen die kommunalen Einrichtungen zur Bekämpfung von Feuer- und Wassergefahr. Diese Einrichtungen können durch Ortsstatut geregelt werden und gehören ihrem Wesen nach zu den öffentlichen Gemeindeanstalten.[98]) Unter Berücksichtigung ihres Zweckes sind sie zu den sogenannten polizeilichen Gemeindeanstalten zu zählen. Die Berufsfeuerwehren der Städte sind vielfach Einrichtungen, denen auch andere Aufgaben (Krankentransporte, Leichentransporte, Sanitätsdienste, Wachdienste, technische Dienste usw.) übertragen sind, soweit solche zu öffentlichrechtlichen Aufgaben der Gemeinden geworden sind.

Feuer- oder Wasserwehrgebühren im eigentlichen Sinne gibt es nicht; denn die Kosten für geleistete Löschhilfe oder Wasserschutz treffen das Gemeinwesen als Kosten der örtlichen Polizei. Nur für in Anspruch genommene Sonderleistungen der Wehren, die über die ihnen obliegenden Verpflichtungen hinausgehen (Krankentransporte, Wachdienste, Sanitätshilfe, technische Hilfe u. a. m.), können Gebühren nach festen Sätzen und Normen erhoben werden.[99]) Eine vertragliche Regelung aber mit außerhalb des gemeindlichen Löschbezirkes liegenden Inter-

[95a]) Bei den gemeindlichen Alters- und Bürgerheimen z. B. entscheidet über die Gesuche um Aufnahme meistens eine aus Magistratsmitgliedern und Bürgern zusammengesetzte Kommission nach freiem Ermessen. Diese Einrichtungen zu den öffentlichen Gemeindeanstalten zu zählen, besteht entgegen anderer Meinung keine Veranlassung, wenn auch die Beziehungen zum Gemeininteresse nicht unerheblich sein können.

[96]) Vgl. hierzu RGZ., Bd. 64, S. 233; Bd. 83, S. 71ff.; OVG., Bd. 45, S. 155. — Vgl. auch den Art. Heilanstalten im Hw. d. Kw., Erg.-Bd. 2, S. 742. — Die Bestimmungen fast aller überprüften städtischen Krankenanstalten enthalten Sondersätze für die sogenannten „Privatkranken".

[97]) Der Ausdruck privatrechtliche Gebühr, wie ihn das Reichsgericht gebraucht (vgl. Bd. 83, S. 73, 207ff.), ist besser zu vermeiden. Im übrigen läßt es das RG. an der gleichen Stelle dahingestellt, ob die Krankenhausgebühren öffentliche Abgaben sind. Demgegenüber ist daran festzuhalten, daß der Begriff „Gebühren" nur im öffentlichrechtlichen Sinne zu verstehen ist, also darunter nur eine öffentliche Abgabe verstanden werden muß. — Im Sinne des Textes vgl. Kormann im Pr. VerwBl., 1913, S. 394.

[98]) Preuß. OVG. in DJZ., 1930, S. 1131, JW., 1930, S. 3668f. — Vgl. hierzu auch preuß. Wassergesetz vom 7. April 1913, § 355 Abs. 1; Gesetz betr. die Befugnis der Polizeibehörden zum Erlasse von Vorschriften über die Verpflichtung zur Hilfeleistung bei Bränden vom 21. Dez. 1904, Abs. 1 der Vorschrift; KAGes. § 68, dazu OVG. in JW., 1930, S. 2246f. — Statistische Angaben über das Feuerlöschwesen siehe Städte-Jahrb., 1929, VII, S. 166ff.

[99]) Vgl. Effenberger, Art. Feuerlöschwesen im Hw. d. Kw., I, S. 731ff., wo einzelne Tarife erwähnt werden. Siehe auch die Entsch. des Reichsgerichts abgedr. in „Kommunalw.", 1929, S. 1303ff.; ferner OVG. in DJZ., 1930, S. 1131.

essenten begründet für diese keine Gebührenpflicht, sondern nur Verpflichtungen bürgerlichrechtlicher Art.[100])

Den Einrichtungen und Anlagen der freiwilligen Wehren, der sogenannten Pflichtfeuerwehren und Pflichtwasserwehren, wird trotz ihrer gemeinnützigen Zwecke die Zuweisung zu den öffentlichen Gemeindeanstalten zu versagen sein, denn es fehlt ihnen die öffentlichrechtliche Seite. Ganz außer Betracht bleiben natürlich die privaten Werksfeuerwehren, die zuweilen aber sowohl in technischer Beziehung wie auch im Hinblick auf die Mannschaftsstärke die Einrichtungen mancher Städte übertreffen.[101])

Städtische Unternehmungen, die die Versicherung gegen Feuer- oder Wasserschäden vornehmen, können nicht als Gemeindeanstalten im rechtlichen Sinne auftreten, sondern werden sich meistens als Körperschaften des öffentlichen Rechts ausweisen. Den ausschließlich auf dem Grundsatz der Gegenseitigkeit aufgebauten städtischen Feuersozietäten[102]) fehlt, ganz abgesehen von den auf die Körperschaft hinweisenden Merkmalen (Mitglieder), meistens auch eine bestimmte, für den Anstaltszweck eigens vorgesehene anstaltliche Unterlage, entweder die sachliche oder die persönliche. Der Annahme einer öffentlichen Gemeindeanstalt steht weiter entgegen, daß die städtischen Versicherungen sich in den allermeisten Fällen bei privaten Versicherungsgesellschaften in solcher Höhe rückversichert haben, daß von kommunaler Regie nicht mehr allzuviel übrig bleibt. Endlich ist noch zu beachten, daß solche Einrichtungen trotz ihrer öffentlichrechtlichen Stellung nicht dem Gemeininteresse im anstaltlichen Sinne dienen, sondern schlechthin einzelnen Grundbesitzern, selbst dann nicht, wenn ein Beitrittszwang besteht.[103])

1 b.

Von den gemeindlichen sanitären und hygienischen Einrichtungen ist an früherer Stelle bereits die Abfuhr von Fäkalien und Müll[104]) erwähnt worden. Die Gemeinde kann diese Abfuhr als Gemeindeangelegenheit betrachten und die Beseitigung der Fäkalien und des Mülls durch eine eigene Anstalt besorgen lassen. Oder sie kann einen privaten Unternehmer damit beauftragen, der dann nicht als Privatperson, sondern als Organ der Gemeinde handelt, dem ein Stück öffentlicher Verwaltung zur Ausübung im eignen Namen und Rechte verliehen worden ist.[105]) Will die Gemeinde die Abfuhr zu einer gemeindlichen

---

[100]) Unrichtig Essenberger im Hw. d. Kw., I, S. 739.

[101]) In Essen z. B. hat die Werksfeuerwehr der Friedrich Krupp A.-G. die Ausübung des Löschdienstes im westlichen Stadtteil Essens übernommen, wofür die Gesellschaft jährlich eine bestimmte Vergütung erhält (1927/28: 50000 RM.).

[102]) Es bestehen deren nur 5 in Preußen und 4 außerhalb Preußens.

[103]) Vgl. hierzu auch die Entsch. des RG., Bd. 116, S. 30f.

[104]) Nur die Städte Chemnitz, Plauen, Zwickau, Gera, Offenbach, Ulm und Hamm besaßen — abgesehen von den Städten mit weniger als 50000 Einwohnern — 1928 ein reines Abfuhrsystem und ließen die Fäkalien durch Auto oder Pferdebetrieb beseitigen. Bei allen anderen Städten kann von einer Fäkalienabfuhr im eigentlichen Sinne des Wortes nicht gesprochen werden.

[105]) So im besonderen Pr. VerwBl., Bd. 44, S. 485, siehe aber auch OVG., Bd. 29, S. 62f.; vgl. auch KGJ., Bd. 41 C S. 421; RGZ., Bd. 84, S. 96. — Im übrigen vgl. hierzu Friedrichs, Versorgungsbetriebe, S. 64f., und die dort weiter angeführten Entscheidungen; Derselbe, Kommunalabgabengesetz, § 4, Bem. 2 und 7; Richter in den Veröffentlichungen d. Ver. d. deutschen Staatsrechtsl., H. 6, S. 89ff. — Von den größeren Städten haben z. B. die Fäkalienabfuhr vollständig privaten Unternehmern übertragen: Köln, Dresden, Frankfurt a. M., Duisburg, Stettin und Halle. Meistens handelt es sich hier nur noch um eine kleinere Anzahl von Grundstücken, hauptsächlich in Vororten, oder um provisorische Anlagen. Die Müllabfuhr haben (1927/28)

Aufgabe machen, so ist — nach der geltenden Rechtsauffassung[105a]) — dazu eine materiell begründete Polizeiverordnung unerläßlich, die den Grundstückseigentümern, Nutzungsberechtigten oder Bewohnern der Grundstücke die Verpflichtung auferlegt, die Fäkalien und Abfallstoffe nur durch die gemeindliche Abfuhranstalt oder durch den von der Gemeinde beauftragten Unternehmer abfahren zu lassen. Voraussetzung dieser Polizeiverordnung ist, ebenso wie bei der Kanalisation, eine Bestimmung des Ortsstatuts, daß die Anstalt von der Gemeinde bereitgehalten wird und von jedem Einwohner benutzt werden kann.[106]) Bemerkenswert ist, daß eine Polizeiverordnung auch dann als rechtsgültig anzusehen ist, wenn darin neben der Verpflichtung zur Benutzung einer für die Abfuhr von Abfällen durch Ortsstatut eingerichteten Gemeindeanstalt noch bestimmt wird, daß die zur Abfuhr bereitgestellten Abfallstoffe mit dem Zeitpunkt der Bereitstellung in das Eigentum der Gemeinde übergehen.[107])

Hat die Gemeinde die Abfuhr als eine Gemeindeangelegenheit erklärt und wird diese Satzung durch eine Polizeiverordnung unterstützt, so wird die Einrichtung zu einer öffentlichen Gemeindeanstalt mit dem Recht zur Gebührenerhebung. Die Entstehung der Gebührenpflicht setzt natürlich eine „Inanspruchnahme" der Einrichtungen voraus, die dann nicht vorliegt, wenn die Abfuhr eigene Angelegenheit der Gemeinde war.[108]) Für die hier möglichen Sonderfälle sind die Ausführungen über die Straßenreinigung heranzuziehen.

Zum öffentlichen Gesundheitswesen gehört auch die Straßenreinigung. Die Verpflichtung zur Reinigung der öffentlichen Straßen liegt an und für sich nach § 3 des Gesetzes über die Polizeiverwaltung vom 11. März 1850 den Gemeinden ob. Jedoch haben Observanz oder besondere Gesetze[109]) die Reinigungspflicht auf die Anlieger übertragen, worauf dann die Reinigung durch eine Polizeiverordnung näher geregelt worden ist. Ohne Observanz oder gesetzliche Verpflichtung können durch Polizeiverordnung die Anlieger zur Reinigung nicht verpflichtet werden, wie auch umgekehrt die Gemeinde die Verpflichtung zur Reinigung der Straßen nicht einfach durch ortsstatutarische Bestimmungen auf die Anlieger abwälzen oder die der Polizei gegenüber zur Reinigung verpflichteten Anlieger zur Benutzung eines gemeindlichen Straßenreinigungsinstituts zwingen kann.[110]) Allerdings wird die Observanz oft etwas künstlich konstruiert, nur um die Rechtsgrundlage für die Polizeiverordnung zu finden.[111])

an Unternehmer übertragen von den Großstädten Berlin, München, Düsseldorf, Hannover und Mannheim. In noch 11 Städten von den Städten mit über 50000 Einwohnern ist die Müllabfuhr ausschließlich Gegenstand des freien Gewerbes, darunter in Leipzig, Dresden, Magdeburg und Stettin.

[105a]) Hinzuweisen ist hier auf die Entscheidung des Kammergerichts vom 8. April 1930, worin eine Kieler Pol. Verordnung, die die Müllabfuhr ausschließlich der städtischen Anstalt überwies, für unwirksam erklärt wurde, weil dort auch die Privatfuhrunternehmer in der Lage seien, die Abfuhr des Hausmülls hygienisch einwandfrei zu bewerkstelligen, so daß für die an § 10 II 17 ALR. gebundene Polizei keine Veranlassung zum Erlaß der fraglichen Pol. Verordnung vorgelegen habe. Anders lägen die Dinge nach Meinung des Kammergerichts, wenn es sich um die Beseitigung des Hausmülls in der von der Stadt betriebenen Verbrennungsanstalt gehandelt hätte.

[106]) Dazu Friedrichs, Kommunalabgabengesetz, S. 21 mit Anm. 54, wo eine Anzahl Entscheidungen angeführt ist.

[107]) Vgl. KGJ., Bd. 29 C 53 f. — Als gültig ist auch folgende Bestimmung eines Ortsstatuts anzusehen: „Wer die menschlichen Auswurfsstoffe abgefahren haben will (gegen Gebühren), muß der Stadt auch den Müll zur Verfügung stellen."

[108]) Vgl. hierzu auch Pr. VerwBl., Bd. 34, S. 688.

[109]) Für Preußen vgl. das Gesetz über die Reinigung öffentlicher Wege vom 1. Juli 1912, für die anderen Länder siehe Hw. d. Kw., IV, S. 147 f.

[110]) So im besonderen OVG., Bd. 26, S. 48 f.; Pr. VerwBl., Bd. 24, S. 121. — Vgl. hierzu auch Nöll-Freund, KAGes., Bem. 4a zu § 4; Friedrichs, KAGes., Bem. 7 zu § 4.

[111]) Vgl. hierzu OVG., Bd. 8, S. 355 ff., Bd. 23, S. 378 ff.; Pr. Verw.Bl., Bd. 11, S. 194 f., Bd. 12, S. 616 f., Bd. 13, S. 129 f.

Rechtswirksame autonome Festsetzungen kann die Gemeinde aber insoweit treffen, als sie die den Anliegern obliegende Reinigungspflicht selbst übernimmt, und zwar so, daß irgendein Rechtsverhältnis zwischen der Polizei und den Anliegern nicht mehr besteht und nur die Gemeinde als der einzig Verpflichtete erscheint.[112]) Liegt den Gemeinden schon an sich die Straßenreinigungspflicht ob, so kann die Einzelregelung natürlich durch Ortsstatut erfolgen, da hierdurch Dritte unmittelbar nicht betroffen werden.[113])

In allen drei Fällen, also bei Verpflichtung der Gemeinde an sich zur Reinigung, bei Übernahme der Reinigungspflicht durch die Gemeinde und bei Begründung der Pflicht für die Anlieger durch Polizeiverordnung, die sich auf Observanz oder Gesetz zu stützen vermag, kann ein Zwang zur Benutzung eines gemeindlichen Straßenreinigungsinstituts durch Polizeiverordnung begründet werden, selbst dann, wenn das Verpflichtungsverhältnis der Anlieger zur Polizei weiterbestehen bleibt. Ist ein Benutzungszwang statuiert — er trifft praktisch den Anlieger nur im dritten Fall —, so erhält das gemeindliche Straßenreinigungsinstitut den Charakter einer öffentlichen Gemeindeanstalt, für deren Benutzung die Gemeinde aber nur dann Gebühren vom Anlieger erheben darf, wenn dieser der zur Reinigung allein Verpflichtete war.[114]) Lag der Gemeinde an sich die Reinigungspflicht ob, so kann weder eine Gebühr noch ein Beitrag zur Kostendeckung von den Anliegern gefordert werden; übernahm dagegen die Gemeinde die bisher observanzmäßig den Anliegern obliegende Straßenreinigungspflicht als eigene Verpflichtung, so wird ihr gemäß § 9 KAGes. das Recht zur Beitragsforderung gegenüber den entlasteten Anliegern zuzubilligen sein.[115]) Auch eine Mehrbelastung gemäß § 20 Abs. 2 KAGes. könnte die Gemeinde beschließen.[116]) Hier wie dort scheitert die Berechtigung zur Gebührenforderung an der Unmöglichkeit einer rechtlichen „Inanspruchnahme" der Einrichtung.

Badeanstalten[117]) werden dann als im öffentlichen Interesse unterhaltene Veranstaltungen und damit als öffentliche Gemeindeanstalten mit allen Rechten und Pflichten[118]) anzusehen sein, wenn die Gemeinde der alleinige Träger der Anstalt ist und die Einrichtung aus sanitären und allgemeinen volksgesundheitlichen Gründen der Bürgerschaft zugute kommen soll. Benutzungsgebühren dürfen nur von solchen Anstalten festgesetzt werden. Im Sommer und Winter benutzbare Hallenbäder fallen in der Regel nicht hierunter, weil sie meistens von privater Seite — vielfach in Form einer A.-G. — oder als gemischtwirtschaftliche Unternehmung unter Beteiligung der Gemeinden betrieben werden.

---

[112]) So die Entscheidungen des OVG. Bd. 26, S. 50, Bd. 42, S. 20, 24; Pr. VerwBl., Bd. 20, S. 474. — Das Städte-Jahrb., 1929, VI, S. 161f., stellt für 94 Städte zusammen, wem die Reinigungspflicht obliegt und wer die Reinigung besorgt; ebenso Städte-Jahrb., 1930, XII, S. 374ff.

[113]) So in Hamburg, Lübeck und Bremen.

[114]) Vgl. hierzu Ledermann, Die Städte-Ordnung für die 6 östlichen Provinzen usw., 1902, S. 260; Matthias im Hw. d. Kw., IV, S. 146.

[115]) Vgl. OVG., Bd. 42, S. 19ff. — Von 94 Städten mit über 50000 Einwohnern erfolgte die Deckung der Straßenreinigungskosten in 52 Städten bis zu 90%, in 8 Städten voll durch Gebühren und Beiträge. (Das Städte-Jahrb. scheidet Gebühren und Beiträge leider nicht.) Königsberg hat die Straßenreinigung einer G. m. b. H. übertragen. An den Kosten sind die Grundstücksbesitzer mit Beiträgen beteiligt. — Vgl. Städte-Jahrb., 1929, VI, S. 146f., 161ff.

[116]) Pr. VerwBl., Bd. 20, S. 474; Hw. d. Kw., IV, S. 146. — Aus allgemeinen direkten Steuern werden etwa in 30 mittleren und größeren Städten mit mehr als 50000 Einwohnern die Straßenreinigungskosten gedeckt.

[117]) Hier hat sich der Begriff „Anstalt" so eingebürgert, daß man ihn, obgleich meistens rechtlich unzutreffend, schlecht durch ein anderes Wort ersetzen kann, ohne mißverstanden zu werden.

[118]) Wichtig für Fragen der Haftung, insbesondere bei Unfällen.

Von der Gemeinde unterhaltene Seebäder-Anstalten verlieren ihren gemeindlichen Charakter, sobald besondere Einrichtungen zur Beherbergung und Unterhaltung von Fremden geschaffen oder überhaupt Maßnahmen getroffen werden, die auf eine Heranziehung ortsfremder Badegäste hinzielen. Alle solche Einrichtungen dienen nicht dem öffentlichen Interesse, sondern überwiegend dem rein wirtschaftlichen der Gemeinden[119]) und unterliegen an sich privaten Rechtssätzen.

Trotzdem solche für Fremde bestimmte Einrichtungen und Veranstaltungen nicht als Gemeindeangelegenheit in dem hier maßgebenden Sinne anzusehen sind, können die preußischen Gemeinden gemäß § 12 KAGes. in Badeorten, klimatischen und sonstigen Kurorten beschließen, für die Herstellung und Unterhaltung ihrer zu Kurzwecken getroffenen Veranstaltungen — und nur für diese[120]) — Kurtaxen zu erheben. Diese Vergütungen für die Benutzung der Veranstaltungen (Badeanstalten, Trinkhallen, Sportplätze, Waldanlagen, Promenaden usw.) weisen mehr den Charakter von Beiträgen als den von Gebühren auf, obgleich sie mit beiden rechtlich nichts gemein haben, insbesondere auch nicht mit den Beiträgen aus § 9 des Kommunalabgabegesetzes. Nur eine gesetzliche Ermächtigung zur Erhebung von Kurtaxen konnte diesen von Haus aus privaten Entgelten die Eigenschaften öffentlichrechtlicher Abgaben verleihen,[121]) deren Beitreibung dann im Verwaltungsstreitverfahren zu erfolgen haben wird.[122])

Aus dem Gebiet der sanitären und hygienischen Einrichtungen bieten für unsere Abgrenzung die Schlachthäuser weniger Schwierigkeiten. Durch das Reichsgesetz vom 3. Juni 1900 betr. die Schlachtvieh- und Fleischbeschau und das preußische Gesetz betr. die Einrichtung öffentlicher ausschließlich zu benutzender Schlachthäuser vom 18. März 1868 (in der Fassung des Gesetzes vom 9. März 1881) und vom 29. Mai 1902[123]) sind die Gemeinden zur Errichtung eines öffentlichen Schlachthauses berechtigt und können beschließen, daß innerhalb des ganzen Gemeindebezirks oder eines Teiles desselben das Schlachten sämtlicher oder einzelner Gattungen von Vieh sowie gewisse mit dem Schlachten in unmittelbarem Zusammenhang stehende, bestimmt zu bezeichnende Verrichtungen ausschließlich in den öffentlichen Schlachthäusern vorgenommen werden dürfen (§ 1 preuß. Schlachthausgesetz). Zum Erlaß dieser Bestimmungen genügt ein einfacher

[119]) Dies kommt auch dadurch zum Ausdruck, daß die Voranschläge der Badeverwaltungen meistens Teil der Gemeindehaushaltspläne sind und die Gemeinden mit den Einkünften aus dem Badewesen zahlenmäßig fest rechnen.

[120]) Darunter fallen nur solche, denen die Bedeutung eines Kurzweckes beigelegt werden kann. Also keine Taxen etwa für Theater, Tanzvergnügungen, Rennen, Modenschau usw. — Ganz über die herkömmliche rechtliche Beurteilung hat sich z. B. Lübeck hinweggesetzt, indem es bestimmte, daß die Eigentümer der Fremdenheime in Badeorten gehalten sind, Beiträge zu den Kosten der Reklame für den Badeort zu entrichten. (Lübecker Gesetz betr. Erhebung einer Badeabgabe vom 13. Mai 1927.)

[121]) Vgl. hierzu OVG., Bd. 13, S. 229ff. — Im einzelnen siehe darüber auch Nöll-Freund, KAGes. Bem. 4 zu § 12; Friedrichs, KAGes., Bem. 1 zu § 12; ferner den Art. Kurtaxen im Hw. d. Kw., III, S. 212f.

[122]) Die Genehmigung des Kurtarifs durch die Aufsichtsbehörde ist nicht Voraussetzung dafür, daß die Ansprüche auf Zahlung von Kurtaxen vor den Verwaltungsgerichten verfolgt werden können (vgl. hierzu OVG., Bd. 34, S. 196); vielmehr folgt dies schon aus dem beitragsähnlichen Charakter der Vergütung und ihrer formalen Eingliederung in den zweiten Teil des KAGes. unter dem Titel: Gebühren und Beiträge. — Vgl. hierzu Nöll-Freund, KAGes., Bem. 4 zu § 12, Bem. 6 zu § 69; Friedrichs, KAGes. Bem. 2 zu § 12; Kinne, S. 449f. — Im Sinne des Textes wohl auch W. Jellinek, VerwR., S. 379. — Unzutreffend in der Frage der Beurteilung nicht genehmigter Taxen Matthias-Most im Hw. d. Kw., III, S. 213.

[123]) Eine Zusammenstellung der wichtigsten Reichs- und Landesgesetze betr. die Schlachthöfe befindet sich im Hw. d. Kw., III, S. 606ff., ferner im Erg.-Bd. 2, S. 1134, wo auch die rechtliche Seite dieser Einrichtungen gewürdigt wird.

Gemeindebeschluß, der aber nach § 3 des Schlachthausgesetzes in Verbindung mit § 131 des preußischen Zuständigkeitsgesetzes von 1883 zur Gültigkeit der Genehmigung des Bezirksausschusses bedarf. Auch durch Ortsstatut kann die Gemeinde die Schlachthausangelegenheit wirksam regeln; meistens wählen auch die Städte diesen Weg, um absolut bindende Normen zu schaffen. Der negativ sich auswirkende Benutzungszwang und das daraus fließende Benutzungsrecht der Anstalt samt den damit verbundenen zugehörigen Nebeneinrichtungen, ferner das Recht zur Gebührenerhebung gemäß § 5 des preußischen Schlachthausgesetzes und § 11 Abs. 2 KAGes. (in der Fassung der Novelle vom 26. August 1921) weisen auf die Öffentlichrechtlichkeit solcher Gemeindeanstalten hin, so daß es keiner näheren Untersuchungen hierüber mehr bedarf.[124]) Das Recht zur Mitbenutzung eines gemeindlichen Schlachthauses dürfte jedem einzuräumen sein, was aus dem § 6 des preußischen Gesetzes von 1868 und dem § 4 der Städteordnung für die östlichen Provinzen zu folgern ist.[125])

Was für die Schlachthäuser gilt, trifft auch für die Einrichtungen zu, die mit dem Schlachten in unmittelbarem Zusammenhang stehen, z. B. Kühlanlagen, Anlagen zur Kunsteisherstellung. Sie teilen den rechtlichen Charakter der Hauptsache, wenn sie als Zubehör oder Bestandteile des Schlachthauses gelten.[126]) Für ihre Benutzung können — soweit sie nicht schon in den eigentlichen Schlachtgebühren berücksichtigt sind — besondere Gebühren erhoben werden, für deren Bemessung eine Grenze insofern gesetzt ist, als sie zusammen mit der allgemeinen Schlachtgebühr die im § 11 Abs. 2 KAGes. in Verbindung mit § 5 des Schlachthausgesetzes festgelegte gesetzliche Grenze für das Gesamtaufkommen aus den Schlachthausgebühren nicht überschreiten dürfen. Sind aber Nebeneinrichtungen, wie die z. B. erwähnten Kühlanlagen oder eine Eisfabrik, als selbständige Einrichtungen anzusehen, die aber in erster Linie den Zwecken des öffentlichen Schlachthauses dienen sollen, so können die Gemeinden für deren Benutzung eine Gebühr gemäß § 4 des KAGes. erheben.[127])

Hervorzuheben ist bei den Schlachthausgebühren, daß hier das Prinzip der reinen Kostendeckung aufgegeben ist und an seine Stelle mehr kaufmännische Erwägungen für die Bemessung getreten sind,[128]) eine Grundlage, die u. E. für

---

[124]) Über Anzahl und Umfang der Vieh- und Schlachthöfe und der Betriebseinrichtungen vgl. Städte-Jahrb., 1929, XXII, S. 766ff., 1930, III, S. 72ff.

[125]) Jedem Einwohner steht bei Innehaltung der Betriebsordnung ein subjektives Recht zur Benutzung eines öffentlichen Schlachthauses zu, und Niemandem darf die Benutzung versagt werden, selbst bei etwa entgegenstehenden Beschlüssen von Fleischerinnungen oder sonstigen Vereinigungen Gewerbetreibender.

Ob Ortsfremde ein im Wege des Verwaltungsstreitverfahrens verfolgbares Recht zur Mitbenutzung des Schlachthauses aus § 6 des Schlachthausgesetzes herleiten können, wird trotz des vom OVG. eingenommenen Standpunkts (OVG., Bd. 63, S. 101) zu bejahen sein; denn das Gesetz bietet u. E. zur gegenteiligen Stellungnahme keine genügende Handhabe. Vgl. hierzu auch Rieß im Hw. d. Kw., Erg.-Bd. 2, S. 1134f.

[126]) So muß z. B. die Gemeinde eine zum Schlachthaus gehörige Kühlanlage den zur Benutzung des Schlachthauses Berechtigten gegen Entrichtung der etwa eingeführten Benutzungsgebühr offenhalten. Vgl. OVG., vom 11. Juni 1907, MBl., S. 292; siehe auch OVG., Bd. 44, S. 165ff., Bd. 49, S. 90ff.

[127]) Vgl. hierzu OVG., Bd. 49, S. 90f.

[128]) So heißt es z. B. in der Ausführungsanweisung Art. 5, Nr. 5, Abs. 3: „Bei den dieserhalb zu fassenden Beschlüssen [über die Gebührenhöhe] wird indessen festzuhalten sein, daß die Bestimmung des Gesetzes geeignet ist, nicht nur den vielfachen Differenzen der Gemeinden mit dem Schlächtergewerbe wegen der Bemessung der Gebühren für die Schlachthausbenutzung nach dem bisherigen Rechte ein Ende zu machen, sondern auch den Gemeinden die Erzielung von Überschüssen zu ermöglichen, welche ausreichend sind, das mit der Errichtung öffentlicher Schlachthäuser verbundene Risiko zu decken, ohne das Schlächtergewerbe in unbilliger Weise zu belasten."

Durch das Abänderungsgesetz zum KAGes. vom 26. Aug. 1921 können auch die Schlachthofdie Gebührenbemessung ganz allgemein zu fordern sein wird. An früherer Stelle ist bereits darüber ausführlicher gehandelt worden.

Die Einrichtungen für die Untersuchung des nicht in öffentlichen Schlachthäusern ausgeschlachteten frischen Fleisches[129]) sind ebenso wie die sogenannten Freibänke, die die Gemeinden mit Schlachthauszwang für den Verkauf bedingt tauglichen und minderwertigen Fleisches einzurichten haben oder von der Gemeinde ohne Schlachthauszwang freiwillig eingerichtet sind,[130]) öffentliche Gemeindeanstalten, die eine Benutzungsgebühr fordern dürfen.[131]) Das Gebührenrecht ist diesen Anstalten ausdrücklich in den jeweiligen Gesetzen zugebilligt und näher geregelt worden.[132])

Während bei den Beziehungen zwischen der Gemeinde und den zur Benutzung des städtischen Schlachthauses Verpflichteten das Bestehen eines Vertragswillens und folglich eines privatrechtlichen Vertragsverhältnisses zu verneinen sein wird,[133]) kann ein solches doch begründet werden beim Verlassen des Bannkreises des Benutzungszwanges. Auch kann selbstverständlich schon die Erfüllung öffentlichrechtlicher Verpflichtungen der Gemeinde Anlaß und Gelegenheit zum Abschluß privatrechtlicher Verträge geben. Übernimmt z. B. die Schlachthausverwaltung für die Eigentümer der Schlachttiere oder für die Käufer des ausgeschlachteten frischen Fleisches die Ausführung gewerblicher Leistungen irgendwelcher Art, die mit dem Schlachthaus als öffentlicher sanitärer Einrichtung nichts mehr zu tun haben, etwa die Wurstzubereitung, Einpökelung der Fleischstücke,[134]) Räuchern usw., oder überläßt die Verwaltung gewisse Einrichtungen und Anlagen zur Sonderbenutzung an Einzelne, so begibt sie sich damit auf den Boden privatwirtschaftlicher Betätigung und kann für diese Leistungen nur ein vertragliches privatrechtliches Entgelt beanspruchen.

Für Einzelfragen aus dem Gebiet der öffentlichen Schlachthäuser, im besonderen auch für die Frage der im § 7 des Schlachthausgesetzes erwähnten Entschädigungsansprüche der Eigentümer und Nutzungsberechtigten von privaten Schlachthäusern muß auf die Spezialliteratur verwiesen werden.[135])

Von den für die Gemeinde im allgemeinen weniger bedeutsamen Einrichtungen hygienischer oder sanitärer Natur, so etwa den bakteriologischen Unter-

---

verwaltungen bei der Gebührenberechnung einen wirtschaftlich angemessenen Betrag für die Erneuerung vorhandener Anlagen berücksichtigen, wodurch den Verwaltungen die Möglichkeit gegeben wird, größere Summen für notwendige Erneuerungsbauten einzusparen, ohne fremde Hilfe in Anspruch nehmen zu müssen. Daß nach den neueren Bestimmungen für die Zinsberechnung nur das auf Grund der Entwertung berechnete Anlagekapital anzusetzen und die jährliche Tilgungsquote vom Anlagekapital abzuziehen ist, ist rechtlich zu billigen und entspricht auch kaufmännischen Grundsätzen. Grundsätzlich darf die Schlachthofgebühr trotz kaufmännischer Handhabung der Verwaltung nicht zur verschleierten Steuer werden. In manchen Städten scheint jedoch gerade diese Auffassung die herrschende zu sein. — Vgl. hierzu Kuppelmayr im Deutschen Komm. Kal., 1928, S. 252ff.

[129]) Vgl. Art. 1, § 2, Nr. 2 und 3 des Gesetzes vom 9. März 1881 in Verbindung mit § 1 des Reichsgesetzes betr. die Schlachtvieh- und Fleischbeschau vom 3. Juni 1900 und § 4 und 5 des preußischen Ausf.-Ges. vom 28. Juni 1902 und der Ergänzungsnovelle vom 23. Sept. 1904.

[130]) §§ 8—11 preuß. Ausf.-Gesetz in Verbindung mit §§ 10, 11, 24 des Reichsgesetzes.

[131]) Die Einrichtungen für die Schlachtvieh- und Fleischbeschau (§ 14, Abs. 2, Ausf.-Ges.) sind nicht nur obrigkeitliche oder rein polizeiliche Einrichtungen, so daß ihnen die Einreihung unter die Gemeindeanstalten nicht zu versagen ist. Anderer Ansicht darüber Nöll-Freund, KAGes., Bem. 9 zu § 4; ebenso Friedrichs, KAGes., Bem. 2 zu § 3.

[132]) § 11, Abs. 3 KAGes., §§ 10 und 14 preuß. Ausf.-Ges. von 1902.

[133]) Vgl. hierzu JW., 1911, S. 958, Nr. 36; 1920, S. 63, Nr. 9.

[134]) Für die Pökelung finniger Tiere dagegen können, weil zum öffentlichen Schlachthausbetrieb gehörend, Gebühren erhoben werden.

[135]) Vgl. Kinne, §§ 61 und 92; Rieß, Art. Schlachthöfe im Hw. d. Kw. III, S. 599ff. (siehe auch Erg.-Bd. 2, S. 1134) und die dort zitierten Schriften.

suchungsanstalten, Nahrungsmitteluntersuchungsämtern,[136]) Desinfektionsanstalten, Abdeckereien usw., wird kurz gesagt werden können, daß solche Einrichtungen dann als öffentliche Gemeindeanstalten auftreten, wenn sie im Eigentum und unter der ausschließlichen Verwaltung der Gemeinden stehen. Im polizeilichen Interesse kann ein Benutzungszwang für solche Anstalten vorgeschrieben werden.[137]) Diese Einrichtungen werden dann auch meistens — soweit es im Gemeininteresse erforderlich ist — zur allgemeinen Benutzung offengehalten. Trotz des relativ engen selbständigen Aktionskreises solcher städtischer Anstalten[138]) wird ihnen die Daseinsnotwendigkeit im Gemeininteresse nicht abgesprochen werden dürfen, was aber nicht hindert, denjenigen Anstalten den öffentlichen Charakter zu versagen, die unter Beteiligung privater Unternehmer betrieben werden.[139]) Verwaltungsmäßig treten derartige gemeindliche Einrichtungen meistens als Teilbetriebe größerer selbständiger Anstalten auf, von denen sie ihre Weisungen erhalten.[140]) Der § 4 des preußischen KAGes. findet auf die hier erwähnten Anstalten Anwendung, soweit nicht den Gemeinden die Kosten als solche der örtlichen Polizeiverwaltung zur Last fallen. Im Interesse des öffentlichen Gesundheitswesens ist vielfach die Benutzung gebührenfrei gestellt.

In losem Zusammenhang mit den sanitären Einrichtungen steht das Bestattungswesen. Soweit sich städtische Unternehmungen damit befassen und Sarglieferungen, Einsargungen, Leichenüberführungen, Beerdigungen und Einäscherungen übernehmen,[141]) üben sie zwar dem öffentlichen Verbande zustehende Befugnisse aus. Als öffentliche Gemeindeanstalten können aber nur solche städtische Unternehmungen angesehen werden, deren Leistungen im polizeilichen Interesse liegen und deren Inanspruchnahme allgemein vorgeschrieben ist.[142]) Alle über diesen Rahmen hinausgehenden Tätigkeiten auf dem Gebiete des Bestattungswesens unterliegen anderer Beurteilung, und alle Institute, die sich mit solchen Tätigkeiten befassen, scheiden rechtlich als öffentliche Gemeindeanstalten aus. Hervorzuheben sind hier jedoch noch die städtischen Feuerbestattungsanlagen,[143]) die nur als öffentliche Einrichtungen im Sinne des § 4 des KAGes. möglich sind, und für deren Benutzung Gebühren gefordert werden dürfen.[144])

An alle im Gemeininteresse dargebotenen Leistungen — und nur an diese — knüpft sich für den Inanspruchnehmenden eine Gebührenpflicht im Sinne des § 4 des KAGes., alle anderen Leistungen sind privatwirtschaftlicher Natur.[145])

---

[136]) Über den Betätigungskreis der kommunalen Untersuchungsanstalten vgl. den Artikel im Hw. d. Kw. III, S. 414f. — Preußen besitzt 26 rein kommunale Untersuchungsanstalten, das ganze Reich etwa 37 Einrichtungen, die allein aus städtischen Mitteln unterhalten werden.

[137]) Für Abdeckereien vgl. KGJ., Bd. 40 C, S. 454, Bd. 41 C, S. 426f.; Pr. VerwBl., Bd. 31, S. 178f., Bd. 44, S. 483ff.

[138]) Vgl. hierzu auch Städte-Jahrb., 1929, VI, S. 145, 160f.

[139]) So vor allem die von Chemikern aus privaten Mitteln eingerichteten Institute, die im Dienstvertrag mit Städten und z. T. auch mit Provinzialbehörden stehen; solche Institute sind zwar „öffentliche Anstalten" im Sinne des § 17 des Nahrungsmittelgesetzes vom 14. Mai 1879, aber sie können rechtlich niemals als öffentliche Gemeindeanstalten bezeichnet werden.

[140]) In Düsseldorf und Elbing ist z. B. das Desinfektionswesen in Abweichung von der allgemeinen Regelung der Branddirektion unterstellt.

[141]) Über die von den Städten übernommenen Leistungen siehe Städte-Jahrb., 1929, VI, S. 98, 107f.

[142]) Ebenda, S. 98ff. — Siehe auch Landmann, GewO., 8. Aufl. I, 1, S. 79, 149f.

[143]) Deutschland besaß im Jahre 1926: 75 Krematorien, von denen 73 städtische Anlagen waren.

[144]) § 4 des Gesetzes betr. die Feuerbestattung vom 14. Sept. 1911, Ausf. Anw. vom 29. Sept. 1911, II 4.

[145]) Vgl. OVG., Bd. 49, S. 145f. — Nicht uninteressant ist, daß aus dem städtischen Bestattungswesen zum Teil nicht unerhebliche Einnahmen der Stadtkasse zufließen. So weist z. B. die Statistik für 1927 u. a. für München 19000 RM., für Freiburg 38000 RM., für Gera 35000 RM., für Kaiserslautern 22000 RM. Überschuß auf. Städte-Jahrb., 1929, VIII, S. 227f.

Den Kirchhof als öffentliche Gemeindeanstalt anzusehen,[146]) widerspricht dem Wesen der Anstalt und verbietet der von uns aufgestellte Anstaltsbegriff; vielmehr ist der Kirchhof nur als öffentliche Sache zu behandeln.

2.

Wesentlich mehr Interesse als die zuletzt behandelten Dinge beanspruchen die kulturpolitischen Einrichtungen und Veranstaltungen der Gemeinden.

Für das Schulwesen an sich hat sich das Reich im Art. 10, Nr. 2 der Verfassung die Grundsatzgesetzgebung vorbehalten. Im übrigen ist das Schulwesen Landesangelegenheit geblieben unter besonderer Beteiligung der Gemeinden.[147]) Wo die Gemeinde der Träger der Unterrichtsanstalten ist, also bei den gemeindlichen höheren Schulen, den Fortbildungs-, Fach- und Handelsschulen, bestehen keinerlei Bedenken, diese Einrichtungen zu den öffentlichen Gemeindeanstalten zu rechnen. Diese Schulen sind, weil im Interesse der Gemeinden für ihre Zwecke errichtet, weder Staats- noch Privatanstalten, sondern wirkliche Gemeindeanstalten.[148]) Daß auch ein staatliches Interesse an der Errichtung und dem Gedeihen solcher Schulen besteht, das in dem Hinwirken auf Errichtung, in dem Gewähren staatlicher Zuschüsse und — damit zusammenhängend — in einer zunehmenden Staatsaufsicht sich äußert,[149]) steht dem gemeindlichen Charakter derartiger Schulen nicht entgegen. Die Rechtsprechung hat in einzelnen Fällen den Rechtscharakter solcher Schulen ausdrücklich festgestellt.[150])

Bei den Volksschulen liegen bekanntlich die Dinge so, daß den Gemeinden die Verwaltung der äußeren Schulangelegenheiten zusteht. Die Gemeinde ist nach dem Schulgesetz[151]) zur Errichtung und Unterhaltung der öffentlichen Volksschulen verpflichtet; die inneren Schulangelegenheiten dagegen sind Sache des Staates,[152]) was ihn damit zum eigentlichen Herrn der Schule macht. Die Volksschulen sind demnach keine Gemeindeanstalten, sondern Staatsanstalten. Im Rahmen der den Gemeinden zustehenden Verwaltung — die äußeren Schulangelegenheiten bei den Volksschulen sind Selbstverwaltung — unterliegen die Volksschulen natürlich den Normen des öffentlichen Rechtes; doch hat die Spaltung der Rechtsbeziehungen Schule zu Gemeinde und Schule zu Staat nur mehr verwaltungsmäßige Bedeutung.

Städtische Hochschulen, also Universitäten oder technische Hochschulen, besitzen wir in Deutschland nicht,[153]) sie sind Veranstaltungen des Staates (§ 1 II 12 ALR.). Hier bleibt der Gemeinde nur die Form der Stiftung.[154]) Nur die

---

[146]) So mit Unrecht OVG., Bd. 56, S. 257; ebenso Hw. d. Pr. Verw., I, S. 999. Unrichtig auch Friedrichs, Kommunalabgabengesetz, Bem. 18 zu § 3.

[147]) Im einzelnen vgl. hierzu W. Jellinek, VerwR., S. 498ff.; Anschütz, Reichsverfassung, Art. 143 Bem. 2. — Über die Rechtsstellung der Lehrer vgl. W. Jellinek, VerwR., S. 501; RGZ., Bd. 80, S. 338ff., Bd. 84, S. 27ff., Bd. 85, S. 22ff., Bd. 97, S. 312ff.

[148]) Unzutreffend Oertel, Städte-Ordn., Bem. 2 zu § 4. — Richtig Friedrichs, Kommunalabgabengesetz, Bem. 17 zu § 3.

[149]) Die eigentlich der kommunalen Selbstverwaltung widerstrebt. — Dazu: Gegenwartsfragen der Kommunalverwaltung, S. 36.

[150]) Für die Fortbildungsschulen vgl. RGZ., Bd. 97, S. 316f.; OVG., in Pr. VerwBl., Bd. 35, S. 29f.; für die höheren Schulen vgl. RGZ., Bd. 84, S. 35ff.

[151]) Vgl. §§ 1, 7 des Gesetzes betr. die Unterhaltung der öffentlichen Volksschulen vom 28. Juli 1906.

[152]) Vgl. OVG., Bd. 58, S. 190f., Bd. 66, S. 264, 267, Bd. 72, S. 239f., RGZ., Bd. 80, S. 344f., Bd. 84, S. 32f.; vgl. auch Anschütz, Reichsverfassung, Art. 143 Bem. 2, Art. 144 Bem. 1.

[153]) Anders in den Vereinigten Staaten.

[154]) Vgl. hierüber Hatschek im VerwArch., Bd. 19 (1911), S. 303ff.

Hamburgische Universität[155]) ist praktisch auch eine von der Stadt errichtete Universität, da Staat und Stadt im wesentlichen die gleichen Landgebiete sind.

Kann die Gemeinde für die Benutzung der Unterrichts- und Bildungsanstalten von den Besuchern Schulgeld oder von den Gewerbetreibenden Beiträge[156]) fordern (auch eine Verbindung beider ist denkbar), so werden diese Entgelte als öffentlichrechtliche Abgaben zu behandeln sein und die entstandenen Ansprüche vor den Verwaltungsgerichten verfolgt werden können. Trotz Fehlens einer diese Materie ausdrücklich regelnden Bestimmung (Ausnahme: die preuß. Schulgesetze von 1928) ist es nicht angängig, Streitigkeiten über diese Entgelte den ordentlichen Gerichten zuzuweisen.[157])

Einer anderen Beurteilung unterliegen die gemeindlichen Einrichtungen und Veranstaltungen, die der Pflege der Kunst und Wissenschaft zu dienen bestimmt sind.

Theater und Konzertunternehmungen der Städte werden trotz ihrer Führung als Regiebetriebe — und die Zahl derer ist nicht gering[158]) — nicht als im öffentlichen Interesse wirkende gemeindliche Unternehmungen anzusehen sein. Wir müssen bei diesen Unternehmungen auch den Anstaltscharakter verneinen; denn es fehlen — selbst wenn wir die Grundlage der Anstalt, den Bestand von sachlichen und persönlichen Mitteln, als gegeben ansehen, was allerdings schon zu starken Bedenken Anlaß geben dürfte — die Nutzungsgewährung im Gemeininteresse und die Merkmale öffentlichrechtlicher Organisation. Die Nutzungsgewährung im Gemeininteresse fehlt insofern, als durch die Darbietungen von Theatervorstellungen und Konzerten mehr psychologische und ästhetische Wirkungen ausgelöst werden, deren Sinn und Zweck mit dem Begriff „öffentliche Zwecke" nicht verkuppelt werden kann.[159]) Der öffentlichrechtlichen Organisation

---

[155]) Nach § 5 des hamburg. Schulgesetzes vom 4. Febr. 1921 ist die Universität eine Körperschaft des öffentlichen Rechts.

[156]) Vgl. preuß. Gesetz vom 1. Aug. 1909 und 14. März 1924; ferner das preuß. Gesetz über die Dienstbezüge der Lehrpersonen an den Berufsschulen vom 16. April 1928 (§ 16). Vgl. auch das preuß. Gesetz über die Dienstbezüge der Lehrer und Lehrerinnen an den öffentlichen nichtstaatlichen mittleren Schulen vom 30. April 1928 (§ 22).

[157]) So mit Unrecht Kinne, S. 347. — Im Sinne des Textes W. Jellinek, VerwR., S. 377; Nöll-Freund, Bem. 20 zu § 4, Bem. 7 und 9 zu § 69 KAGes. — Vgl. auch RGZ., Bd. 84, S. 37; ferner OVG. in Pr. VerwBl., Bd. 35, S. 28ff.; Mirow in Preuß. Gemeinde-Ztg., Bd. 21 (1928), S. 23f.; Derselbe in Pr. VerwBl., Bd. 49, S. 552ff.

[158]) Nach dem Bühnenjahrbuch für 1930 sind von den in ganz Deutschland bestehenden 239 Theatern in staatlicher Regie 20 Theater mit 28 Bühnen, in städtischer Regie dagegen 59 Theater mit 82 Bühnen, gemischtwirtschaftlich werden 27 Theater mit 30 Bühnen betrieben. Von den in den Städten mit über 50000 Einwohnern vorhandenen ständigen Theatern und selbständigen Orchestern, die entweder auf städtische Rechnung geführt oder doch von den Städten subventioniert werden, stehen nach der Städte-Statistik 1927/28 von insgesamt 90 Theatern und 23 Orchestern 45 Theater und 16 Orchester unter reiner Regie der Städte. Für die Vorkriegszeit (1913/14) vgl. die statistische Angaben im Hw. d. Kw., IV, S. 175, 178ff., die aus statistisch-methodischen Gründen den Nachkriegsdaten nicht gegenübergestellt werden können.

[159]) Damit soll keineswegs die Notwendigkeit der Erhaltung von städtischen Theatern oder musikalischen Veranstaltungen als eines wichtigen Volksbildungsmittels verkannt und die hohe kulturelle Leistung der Städte unterschätzt werden. — Vgl hierzu auch den Aufsatz von Fischer im Pr. VerwBl., Bd. 51, S. 53ff.

In mehreren Städten sind aus finanziellen Gründen Theater-Betriebsgemeinschaften ins Leben gerufen worden, die in den wirtschaftlichen Formen einer G. m. b. H. oder einer A.-G. auftreten. Beispiel hierfür bildet die Frankfurter a./O. Theater-G. m. b. H. und neuestens die G. m. b. H. in Königsberg.

Von den Theatergemeinschaften ist wohl die zwischen den Städten Bochum und Duisburg die bekannteste und zugleich die älteste Theatergemeinschaft in der Nachkriegszeit.

Auch um sich die früheren meist städtischen Orchester mit den bisherigen Künstlern zu erhalten ermangeln sie um deswillen, weil diese Einrichtungen im besonderen weder wirksame Verwaltungsakte vornehmen können, noch daseinsnotwendig sind, noch Dienstherrnfähigkeit besitzen.[160])

Aus dem Gesagten folgt, daß für die Sicherung eines Platzes zu einer Theater- oder Konzertaufführung ein privater Vertrag nötig ist, und daß der vom Besucher für Überlassung des Platzes zu zahlende Preis ein privatrechtliches Entgelt und keine Gebühr ist.

Im Gegensatz zu den Theatern weisen gemeindliche Museen, Bibliotheken und Lesehallen mehr Merkmale der Anstalt auf.[161]) Die Frage jedoch, ob durch die Leistungen dieser Einrichtungen Nutzungen im Gemeininteresse gewährt werden, ist zu verneinen. Diese Einrichtungen sind zwar aus kulturellen Gründen für die Gemeinde erwünscht, aber sie dienen — streng genommen — letztlich doch nur Sonderinteressen, niemals den Gemeininteressen im rechtlichen Sinne; sie erfüllen keine öffentliche Aufgabe der Gemeinde, ihre Betätigung ist keine im öffentlichen Interesse notwendige. Auch bei der Frage der öffentlichrechtlichen Organisation tauchen Schwierigkeiten auf. Die an sich schon nicht daseinsnotwendigen Einrichtungen können vielfach keine eigene Dienstherrnfähigkeit entwickeln, meistens auch keine wirksamen Verwaltungsakte vornehmen. Doch erübrigt es sich, hierauf noch näher einzugehen, weil schon wichtige primäre Anstaltsmerkmale fehlen. Wir möchten aus den hier kurz erwähnten Gründen die städtischen Museen, Bibliotheken und Lesehallen nicht als Anstalten,

---

griffen einzelne Städte zur Bildung von Gesellschaften. Das vornehmste Beispiel hierfür ist die Schlesische Philharmonie G. m. b. H.

Wie erheblich und zugleich auch verschieden die städtischen Zuschüsse an Theater und Orchester sind, um diese zu erhalten, zeigt u. a. auch die Statistik der Städte. Auf einen Einwohner entfällt nach den Statistiken für 1927/28 z. B. an städtischem Zuschuß an Theater und Orchester:

	1927	1928		1927	1928
Berlin	0,65 RM.	0,71 RM.	Mannheim	7,04 RM.	7,38 RM.
Hamburg	1,90 „	2,18 „	Köln	3,61 „	4,32 „
Frankfurt a. M. . . .	4,57 „	4,41 „	Mainz	7,52 „	5,21 „
München	1,25 „	2,02 „	Heidelberg.	7,91 „	7,78 „
Dresden	1,16 „	1,75 „	Flensburg	2,39 „	2,65 „
Hannover	4,28 „	5,26 „	Frankfurt a. O. . . .	0,82 „	0,90 „

Vgl. hierzu Städte-Jahrb., 1929, XI, S. 309f., 322ff., 1930, II, S. 37ff., 46f., 51ff.; ferner den Art.: Das Problem der Theatergemeinschaften im Heft 3 des „Städtetag", 1930, S. 114ff.; siehe auch die Aufsätze in H. 6, S. 291ff.

[160]) Man darf hier nicht die Möglichkeit der Besetzung einzelner Stellen mit Kommunalbeamten mit der Dienstherrnfähigkeit der Unternehmung an sich verwechseln. Dienstherr der im Theater tätigen Beamten ist die Gemeinde, die Stadt, nicht das Theater. Der Beamte wird zu seiner Dienstverrichtung nur dem Theater als städtischer Betriebsverwaltung zugeteilt, von der er seine Dienstanweisungen erhält. Der Kapellmeister, der Sänger, der Schauspieler, der Statist, der Filmoperateur schließen mit dem Theater direkt (meistens durch den Bühnenleiter) oder zuweilen auch über die Gemeinde (meistens dann durch die Theater-Kommission) einen Privatdienstvertrag ab, sie sind niemals Kommunalbeamte. Zuweilen werden Orchestermitglieder von den Gemeinden durch Privatverträge (die inhaltlich häufig den Beamtenverträgen gleichen und sogar Alters- und Hinterbliebenenversorgung vorsehen) auf Lebenszeit angestellt. Aber selbst diesen Personen wird man die Eigenschaft von Kommunalbeamten doch nicht gut zusprechen können; denn ihre Tätigkeit hat mit hoheitlichen Funktionen auch im weitesten Sinne nichts zu tun, sie sind nur für den Dienst — Ausübung künstlerischer Tätigkeit innerhalb einer Betriebsverwaltung — eines öffentlichen Verbandes vorgesehen. — Vgl. hierzu auch die Ausf. Anw. zum Kommunal-Beamten-Gesetz vom 12. Okt. 1899, Art. 1, Nr. 5; ferner auch RGZ., Bd. 84, S. 29f.

[161]) Friedrichs (Kommunalabgabengesetz, Bem. 17 zu § 3) rechnet Museen, Kunsthallen, überhaupt alle Bildungsmittel, die durch Anschauung wirken wollen, soweit die Erzielung von Gewinn nicht in Frage kommt, zu den Anstalten. Das Gewinnprinzip kann aber doch nicht materielles Unterscheidungsmittel sein.

sondern nur als gemeindliche Einrichtungen betrachten, für deren Benutzung privatrechtliche Entgelte erhoben werden können.[162])

3.

Die Verkehrseinrichtungen einer Gemeinde verdanken ihre Entstehung ebenso wie die Gas- und Elektrizitätswerke meistens privater Initiative. Erst in neuester Zeit sind vielfach auf Betreiben der Gemeinden Verkehrswege und Verkehrsmittel in größerem Umfange entstanden, um den Bedürfnissen der Bürgerschaft Rechnung zu tragen. Zu unterscheiden sind hier ihrer rechtlichen Seite nach die reinen kommunalen Regiebetriebe, die Betriebe durch beliehene öffentliche Unternehmer ohne finanzielle Beteiligung der Gemeinde und die gemischtwirtschaftlichen Unternehmungen. Die letzteren gehören notwendig dem Privatrecht an. Doch sind hier insofern Besonderheiten, insbesondere durch die Hansestädte, geschaffen worden, als solchen Unternehmungen gewisse öffentlich-rechtliche Momente beigelegt worden sind.

Zu keinerlei Zweifeln gibt die Annahme Anlaß, daß Verkehrseinrichtungen dem öffentlichen Interesse dienen.[163]) Weiter bestehen keine Bedenken, den Anstaltscharakter solchen organischen Gebilden[164]) beizulegen, deren Funktionen von jedem Bürger in Anspruch genommen werden können. Straßenbahnen, ständige Kraftwagenlinien, Fährbetriebe, Hafenanlagen und -einrichtungen, Lagerhäuser, Markt- und Messehallen sind Beispiele hierfür. Sind solche Einrichtungen reine Regiebetriebe der Gemeinden, d. h. stehen sie im Alleinbesitz und unter der ausschließlichen Verwaltung der Gemeinden, dann wird ihrem Rechtscharakter nur durch Zuweisung zu der Kategorie der öffentlichen Gemeindeanstalten entsprochen werden können. Betriebseinrichtungen durch beliehene öffentliche Unternehmer werden nur dann dem Kreis des öffentlichen Rechts zuzuschlagen sein, wenn durch sie spezifisch öffentliche Aufgaben erledigt werden sollen. Dies wird in der Regel dort vorliegen, wo dem Unternehmer der Betrieb von Verkehrseinrichtungen in eigenem Namen übertragen wird als ein Stück öffentlicher Verwaltung und der Unternehmer zwecks Ausübung dieser ihm von Haus aus nicht zustehenden Verwaltung mit hoheitlichen Befugnissen ausgestattet ist, den Einwirkungen der verleihenden Stelle aber in gewissem Umfange unterworfen bleibt.

Hauptbeispiel für diese Art Unternehmungen sind die städtischen Straßenbahnen. Das preußische Kleinbahngesetz vom 28. Juli 1892, die Rechtsgrundlage für diese Verkehrseinrichtungen, gibt der Genehmigungsbehörde — meistens dem Regierungspräsidenten — positive Einwirkungsbefugnisse. So kann die Ge-

[162]) Doch ist bei Stadtbibliotheken dieser Schluß nicht unbedingt zwingend. Es sind wohl Einzelfälle möglich, bei denen eine Einreihung unter die Institute mit Gebührenrecht im Sinne des § 4 KAGes. bedenkenlos ist.

[163]) Vgl. hierzu auch RGZ., Bd. 92, S. 311 ff., besonders S. 313.

[164]) Diese Wendung ist gebraucht, um öffentliche Sachen scharf von den öffentlichen Anstalten zu trennen. Die fertige Straße ist keine öffentliche Anstalt, sondern ebenso wie der Marktplatz, die Wasserfläche des Hafens eine dem Gemeingebrauch gewidmete öffentliche Sache. Ebensowenig kann ein städtischer Begräbnisplatz, ein Sportplatz, der städtische Flugplatz eine öffentliche Anstalt sein. Anderer Meinung ist darüber z. B. Stier-Somlo, Handb., 2. Aufl., S. 267; Hatschek, VerwR., S. 449; ebenso Friedrichs, KAGes., Bem. 5 u. 18 zu § 3; im besonderen aber Kinne, S. 272, der übrigens den Anstaltsbegriff so weit faßt, daß er begrifflich fast wertlos wird.

Umgekehrt kann von einer öffentlichen Sache nicht dort gesprochen werden, wo das sachliche Substrat zur wirklichen Funktion mit dem Ziel der fortlaufenden, fest umgrenzten Nutzungsgewährung nur durch entsprechende persönliche Mittel gelangen kann. Fähren, Hafeneinrichtungen — nicht das Hafenbecken, das öffentliche Sache ist —, Lagerhäuser sind öffentliche Anstalten, wenn sie als reine Regiebetriebe oder Betriebe beliehener öffentlicher Unternehmer mit Hoheitsdelegation auftreten.

nehmigungsbehörde sowohl die Ausführung der Bahn als auch die Inbetriebsetzung und -haltung durch Geldstrafen erzwingen (§ 11, II, III). Weiter steht ihr unter bestimmten Voraussetzungen die Tarifhoheit zu (§ 14), wie auch der beliehene Unternehmer wegen der Erfüllung der Genehmigungsbedingungen und anderer Vorschriften des Gesetzes der Aufsicht der Genehmigungsbehörde unterliegt (§ 22). Die hoheitlichen Befugnisse der Straßenbahnangestellten sind im Kleinbahngesetz selbst nicht erwähnt, aber sie ergeben sich aus der Ausführungsanweisung zum § 22 (Abs. 6).[165]

Gemischtwirtschaftliche Unternehmungen der hier zur Betrachtung stehenden Gattung ohne ausdrückliches Zugeständnis hoheitlicher Befugnisse können den Charakter öffentlicher Gemeindeanstalten niemals erwerben, selbst wenn ihre Leistungen gemeinnütziger Art sind;[166] sie bleiben dem Privatrecht unterworfen, ihre Leistungen werden durch privatwirtschaftliche Entgelte ausgeglichen, deren Beitreibung zwar im Verwaltungszwangsverfahren zugelassen werden kann.

Soweit wir öffentliche Gemeindeanstalten feststellen konnten, werden als Leistungsvergütung Gebühren im Sinne öffentlicher Abgaben nur dort erhoben werden können, wo die Gemeinde der alleinige Träger der Anstalt ist.[167] Bei allen anderen Unternehmungen sind die Leistungsentgelte privatrechtlicher Natur, selbst auch dann noch, wenn ihre Beitreibung im Verwaltungszwangsverfahren zugelassen ist, wie dies z. B. Hamburg für einzelne gemischtwirtschaftliche Unternehmungen vorgesehen hat.

Hervorzuheben sind noch die im öffentlichen Interesse von der Gemeinde eingerichteten und unterhaltenen Verkehrseinrichtungen in See- und Binnenhafenplätzen, wie Hafeneinrichtungen, Fährbetriebe, Speditionen, Lagerhäuser und dergl., deren Betrieb häufig Privaten überlassen worden ist unter gleichzeitiger Delegation hoheitlicher Befugnisse.[168] Die Unternehmer dieser Einrichtungen üben diese Befugnisse kraft übertragenen Rechts durch die Gemeinde aus und sind ebenso wie diese zur Erhebung von Benutzungsgebühren berechtigt.[169] Für Preußen ist aber im Auge zu behalten, daß das Recht auf Erhebung von Verkehrsabgaben eigentlich nicht dem Gemeinderecht angehört, denn § 5 des KAGes. läßt die bestehenden Vorschriften über die Verleihung des Hebungsrechts für Verkehrsabgaben und über die Feststellung der Tarife für solche Abgaben unberührt.[170]

---

[165] Im einzelnen vgl. hierzu W. Jellinek, VerwR., S. 343, 510f.; Fleiner, Institutionen, S. 348ff.

[166] Beispiel: die von den Frankfurter a./O. Elektrizitätswerken G. m. b. H. betriebene Straßenbahn, an der die Stadt zur Hälfte beteiligt ist neben der Berliner Allgemeinen Lokal- und Straßenbahn-Ges.

[167] Dazu siehe Art. 99 der Reichsverfassung.

[168] So hat Hamburg den Lagerverkehr im Hamburger Hafen der Hamburger Freihafen-Lagerhaus-Gesellschaft überwiesen. In Bremen wird der gesamte allgemeine Verkehr des Hafens, und zwar sowohl der Umschlags- wie der Lagerverkehr, von der Bremer Lagerhaus-Gesellschaft A.-G. unter weitestgehender Kontrolle des Staates betrieben (Hafenbau und Hafenmeisterei sind staatliche Betriebe geblieben).

Vgl. hierzu L. Busch, Die Bremer Lagerhaus-Gesellschaft, 1925, S. 13, 27ff.; Dronke, Die Hafenanlagen in Bremen, „Deutsche Presse", Nr. 23 vom 8. Juni 1929. — (Die Hamburger Freihafen-Lagerhaus-Gesellschaft hat die vom Verfasser erbetenen Auskünfte verweigert.)

[169] Vgl. hierzu die Entscheidung des RG., Bd. 83, S. 283ff. — Im Sinne des Textes Friedrichs, Kommunalabgabengesetz, Bem. 2 zu § 4, siehe weiter Bem. 2 zu § 5. — Fleiner will die Beziehungen zwischen dem beliehenen privaten Unternehmer und den Dritten ganz allgemein dem Privatrecht unterwerfen und damit wohl auch eine „Gebührenforderung" verneinen (vgl. Institutionen, S. 347). Dem widerspricht aber, daß der beliehene Unternehmer in Wahrheit ein Stück öffentlicher Verwaltung führt.

[170] Das oben ausgesprochene Gebührenrecht der Gemeinden erhält durch die Bestimmungen des § 5 KAGes. insofern eine schwierige Seite, als es in Einzelfällen fraglich sein kann, ob die in

Zur Erleichterung des geldwirtschaftlichen Verkehrs ihrer Bürger errichteten die Gemeinden oft neben den Kreisen oder weiteren Verbänden Banken, Sparkassen und andere Kreditinstitute; daneben in gewissem Sinne aus Sorge für die weniger begüterten Klassen oft städtische Pfandleihhäuser.

Die rechtliche Natur dieser hier abschließend noch zu behandelnden gemeindlichen Einrichtungen ist sehr umstritten.

Wir vermögen diese Institutionen mit Ausnahme der städtischen Pfandleihhäuser nicht unter den Begriff der Anstalt zu bringen.[171]) Einmal fehlt das anstaltliche, unmittelbar zweckstrebige, sachliche und persönliche Substrat, aus dem die Nutzungen fließen sollen. Der Einwand etwa, daß bei den Schulen — die wir ja als Anstalten anerkannten — ähnliche Grundlagen vorlägen, ist nicht zutreffend. Die sachlichen und persönlichen Mittel dieser beiden Einrichtungen sind völlig verschieden und nicht vergleichbar. Weiter wird bei kommunalen Banken, Sparkassen und anderen zweckähnlichen Kreditinstituten das Gemeininteresse an diesen Einrichtungen — steuerrechtlich mag für die Frage der Gemeinnützigkeit eine

---

den Städten oder den höheren Verwaltungsstellen aufgestellten Tarife noch der Genehmigung gemäß § 8 des KAGes. bedürfen.

So wurde z. B. die Stadt Kiel 1923 vom Oberverwaltungsgericht in einer Klagesache verurteilt, weil ein geänderter Hafentarif damals nicht vom Bezirksausschuß genehmigt worden war. Neuestens aber lehnte der Bezirksausschuß die Genehmigung eines vom Regierungspräsidenten unter dem 18. Dez. 1928 erlassenen Hafenabgabetarifs mit der Begründung ab, daß einer Genehmigung der § 5 KAGes. entgegenstünde. — Vgl. zur Frage auch Friedrichs, Kommunalabgabengesetz, Bem. 2 zu § 5; Nöll-Freund, KAGes. Bem. 2 zu § 5 mit Literatur. Ferner Anschütz, RV., Art. 99 mit Anmerkungen.

[171]) So auch Friedrichs, Kommunalabgabengesetz, Bem. 13 zu § 3. Anderer Meinung Ebeling im Hw. d. Kw., I, S. 522f. Mit Recht vermeidet dagegen das Hw. d. Pr. Verw. bei Behandlung der Sparkassen und Darlehnskassen den Begriff „Anstalt", mit Unrecht wird er aber für die kommunalen Banken verwendet (vgl. I, S. 1029). Auch im Städte-Jahrb. (1929, XII, S. 338ff.) werden die städtischen Sparkassen gelegentlich als unselbständige Anstalten bezeichnet.

Kleiner, der für die Sparkassen eine umfassende Untersuchung angestellt hat, zählt die öffentlichen Sparkassen je nach ihrer rechtlichen Ausgestaltung zu den unselbständigen (nicht rechtsfähigen) oder selbständigen Anstalten (vgl. Kleiner, S. 20ff., 41f., 50ff., 80ff.). Kleiner mußte auf Grund seines an sich richtigen Anstaltsbegriffes (vgl. S. 59ff.) zu diesem Ergebnis kommen, übersieht aber u. E., daß die Sparkassen schwerlich wirkliche Nutzungen oder Vorteile im Gemeininteresse gewähren.

Sigloch (S. 54ff.) faßt die öffentlichen Banken durchgehend als Anstalten auf; in dieser allgemeinen Fassung ist es jedenfalls unzutreffend. Das preußische Landesrentenbankgesetz vom 29. Dez. 1927 bezeichnet die Landesrentenbank als Anstalt des öffentlichen Rechts (§ 1), hier u. E. mit Recht, denn Zweck der Bank ist Förderung der allgemeinen landwirtschaftlichen Siedlung, also ein Zweck, der die Gemeinschaft in erheblicher Weise berührt. Dagegen spricht das Gesetz über die Preuß. Staatsbank (Seehandlung) vom 22. Febr. 1930 unzutreffend von einer rechtsfähigen Anstalt des öffentlichen Rechts (§ 1). Die in der Satzung vom 18. März 1930 in den §§ 4 und 5 umschriebenen Aufgaben (die Bank ist u. a. befugt, im wesentlichen alle bankmäßigen Geschäfte für eigene und fremde Rechnung zu betreiben) rechtfertigen keineswegs die Bezeichnung als öffentliche Anstalt; daran ändert auch nichts die Vorschrift des § 11, wonach die Erzielung von Gewinn nicht Hauptzweck des Geschäftsbetriebes sein soll, oder des § 14, wonach der Jahresgewinn der Staatsbank der Staatskasse zufließen soll, soweit er nicht der Staatsbank belassen wird. — Siehe hierzu aber auch Friedrichs, in DJZ., 1930, S. 489f. — Vgl. auch Anm. 38 auf S. 45 dieser Arbeit.

Richtig spricht das Gesetz betr. das Pfandleihgewerbe vom 17. März 1881 von Pfandleihanstalten der Gemeinden (§§ 20f.) und das Hamburger Leihanstaltsgesetz vom 21. Okt. 1927 von öffentlichen Leihanstalten (§ 1); denn bei den gemeindlichen Leihhäusern sind die sozialen Zwecke allein für die Gründung maßgebend geworden. Unsinnig aber ist es, wenn die privaten Pfandleihhäuser in ihren einheitlich formulierten Reglements „Gebühren" für die Hingabe der Darlehen ansetzen.

Grundsätzlich ist immer im Auge zu behalten, daß es niemals möglich ist, durch Gesetzesbefehl der einzelnen Einrichtung „Anstaltscharakter" zu verleihen, wenn die materiellen Voraussetzungen hierzu fehlen.

andere Beurteilung Platz greifen[172]) — zu verneinen sein. Nur am Bestehen der gemeindlichen Leihhäuser, für deren Gründung allein soziale Zwecke maßgebend gewesen sind, dürfte das Interesse der Gemeinschaft haften. Wenn auch zuzugeben ist, daß durch die Einrichtung städtischer Sparkassen oder Banken die Entfaltung der Spartätigkeit angeregt wird und dieser Zustand — abgesehen von der sittlichen Wertung — auch mittelbar die soziale und wirtschaftliche Seite der Gemeinschaft berührt (indem der Sparer sozial gesicherter erscheint und die Kapitalanlagen diejenigen Kreise wirtschaftlich unterstützen könne, aus denen zum Teil die Spareinlagen geflossen sind), so wäre es doch besonders auch im Hinblick auf das Vorwiegen der bankmäßigen („sparkassenfremden") Geschäfte dieser Institute für unsere Problemstellung abwegig, darin Nutzungen im Gemeininteresse zu erblicken.[173]) Noch unzutreffender wäre es, die Kreditbewilligungen — sei es Personal- oder Realkredit — durch die kommunalen Sparkassen und Banken als im Interesse der Gesamtheit gegeben anzusehen. Alle diese Nutzungen wirken sich letztlich doch immer nur als überwiegend wirtschaftliche und als solche im speziellen Interesse des Einzelnen aus, das öffentliche Interesse in unserem Sinne berühren sie nicht. Die kommunalen Geldinstitute sind also nicht solcher Natur, daß sie einem nach Erfüllung heischenden Gemeininteresse dienen, welches derart ist, daß es ohne schädliche Rückwirkung auf das Wohl des Ganzen nur von der Gemeinde in ausreichender und zweckentsprechender Weise befriedigt werden kann,[174]) sie erfüllen weder eine überwiegend öffentliche, noch eine gemeindliche Verwaltungsaufgabe; denn die an sich doch mehr geldwirtschaftlichen Funktionen[175]) können ebensogut von privaten Einrichtungen — gegebenenfalls unter Aufsicht eines öffentlichen Verbandes — durchgeführt werden.[176]) Dem steht nicht entgegen, daß solche Institutionen juristische Persönlichkeit des öffentlichen Rechts erlangen können oder daß dieser Rechtscharakter ihnen von vornherein durch Gesetz verliehen wird.[177]) Derartige Einrichtungen treten dann vielfach als selbständige juristische Personen auf, die ein besonderes Zweckvermögen der Gemeinde verwalten.

Städtische Banken, Sparkassen und zweckähnliche Institute können nach dem Gesagten für die Inanspruchnahme ihrer Einrichtungen, Dienste oder Leistungen keine Gebühr[178]) im öffentlichen Sinne fordern, sondern nur Zinsen, Spesen,

---

[172]) Hier spielt die Frage der Gemeinnützigkeit wegen der etwaigen Steuerbefreiung (Gewerbesteuer, Körperschaftssteuer, Umsatzsteuer, Kapitalverkehrssteuer) eine erhebliche Rolle. Vgl. darüber Sigloch, S. 212f., 230ff., 242f. Über den Begriff der Gemeinnützigkeit in Steuersachen vgl. die DB. zum Körperschaftssteuergesetz vom 17. Mai 1926, §§ 6—10 (RGBl., I, S. 244). Zum Begriff im verwaltungsrechtlichen Sinn vgl. OVG. vom 18. Febr. 1930 in JW., 1930, S. 2247f.

[173]) Man betrachte nur die zuweilen hart an der Grenze des Unsittlichen liegenden Darlehensverträge der Sparkassen. — Kleiner ist aber in diesen Dingen grundsätzlich anderer Meinung (vgl. S. 80ff., sich widersprechend aber S. 36f.).

[174]) Vgl. hierzu auch die preuß. Min.-Erl. vom 15. April und 15. Dez. 1921 (MBl. 1921,I, S. 128, 1922, S. 137) und den Erlaß vom 13. April 1923 (MBl. 1923, S. 421). Ferner die Entscheidung des Reichsfinanzhofs vom 11. März 1930, DJZ. 1930, S. 1204f.

[175]) Siehe hierzu die bei Kleiner abgedruckten Auszüge aus Sparkassensatzungen (S. 119ff., 124ff.).

[176]) Im übrigen wird ein Abbau der kommunalen Kreditanstalten, insbesondere der kommunalen Banken in den letzten Jahren festgestellt. — Vgl. Hw. d. Kw., Erg.-Bd. I, S. 113; Städte-Jahrb. 1929, XII, S. 338f. — Anderer Meinung hier Naphtali (S. 60f.), der aber in bezug auf die Funktionen der öffentlichen Kreditinstitute mit uns gleicher Ansicht zu sein scheint. Im Sinne des Textes hier Niebuhr, S. 44, 85f.

[177]) Dazu Kleiner, S. 83ff., 124ff., 158ff. — Mit diesen Eigenschaften aber hoheitliche Funktionen verbinden zu wollen, wäre völlig verfehlt. Dazu siehe auch RGZ., Bd. 91, S. 211f., 344, Bd. 68, S. 285.

[178]) Vgl. aber auch § 11 der bad. Sparkassen-Mustersatzung von 1929. Dazu Kleiner, S. 124ff.

Miete oder was sonst an privatrechtlichen Entgelten in Frage kommen kann. Neben diesen privatrechtlichen Verhältnissen ein nach öffentlichrechtlichen Normen zu beurteilendes „anstaltliches Nutzungsverhältnis" etwa zu konstruieren, erscheint doch abwegig.[179])

Es wäre ein fruchtloses Unterfangen, nach weiteren, weniger typischen gemeindlichen Unternehmungen und Veranstaltungen zu suchen und diese auf ihren rechtlichen Charakter hin zu prüfen. Wie eingangs dieses Abschnitts erwähnt wurde, sollen durch die Behandlung einiger Veranstaltungen der neuzeitlichen Gemeinden nur Anhaltspunkte für die Urteilsbildung bei der rechtlichen Betrachtung gemeindlicher Einrichtungen und Anstalten gewonnen werden.

Die angeführten Beispiele gemeindlicher wirtschaftlicher Betätigung dürften gezeigt haben, daß es sich in vielen Fällen um unmittelbare Verwaltungsaufgaben der Gemeinden handelt, die im Interesse des Allgemeinwohls ihre Erfüllung finden müssen. Wie das öffentliche Interesse, d. h. das überwiegende Interesse der Gemeinschaft am Bestehen und Inhalt bestimmter Einzelverhältnisse sowohl für die Abgrenzung des öffentlichen Rechts gegenüber dem privaten Recht als auch für die innere Struktur im wesentlichen entscheidend ist, so darf auch dieser Einfluß des öffentlichen Interesses bei der materiellen Ausgestaltung der Wirkung des einzelnen Rechtsinstituts nicht ausgeschaltet werden. Daraus folgt, daß alle Rechtsbeziehungen, die sich um ein Allgemeininteresse dergestalt gruppieren, daß dieses den Inhalt der einzelnen Rechtsverhältnisse materiell bestimmt, den Normen des öffentlichen Rechts unterstellt werden müssen.

3. Teil.

Grundsätzliche Fragen der kommunalen Politik.

Zum Schluß soll noch kurz die Frage berührt werden, inwieweit sich die öffentliche Hand mit wirtschaftlichen Dingen befassen soll. Wohl ist rein wissenschaftlich diese Frage nicht zu entscheiden, insbesondere ist die Antwort nicht aus dem Begriff oder Wesen des öffentlichen Verbandes abzuleiten, vielmehr geben politische und weltanschauliche Werturteile hierbei den Ausschlag. Doch wie die rechtliche Beurteilung einzelner Tatbestände auch einen bestimmten weltanschaulichen Standpunkt verlangt, so dürfen wir uns nicht scheuen, von diesem gleichen Standpunkt aus zu den hier zur Diskussion stehenden Fragen Stellung zu nehmen. Das Ergebnis ist doch letztlich nur Reflex einer Vielheit von soziologischen Wirkungen, die wiederum nur aus herrschenden politischen und weltanschaulichen Gedanken geboren sind und auch auf die rechtlichen Gestaltungen ihren Einfluß ausüben.[1])

Die Kardinalfrage, ob die Gemeinden sich überhaupt wirtschaftlich betätigen sollen, bedarf wohl keiner näheren Untersuchung; denn die Gemeinden sind nun einmal nicht bloße politische Verwaltungskörper, sondern mehr noch ökonomische und kulturelle Organisationen geworden. Die Frage nach der Notwendigkeit kommunaler wirtschaftlicher Betätigung verneinen, hieße die ganze wirtschaftliche, soziale und kulturelle Entwicklung der letzten Jahrzehnte einfach übersehen.[2])

[179]) Anderer Meinung hier Kleiner, S. 78, 96ff., 106f.

[1]) Vgl. hierzu auch R. Smend, Verfassung und Verfassungsrecht, S. 18ff., 128ff.; H. Peters, Zentralisation und Dezentralisation, S. 1f., 41f.; G. Simmel, Grundfragen der Soziologie, 1920, S. 22.

[2]) Anläßlich der Jahresversammlungen des Deutschen und des Preußischen Städtetages im September 1929 wurde die Notwendigkeit der wirtschaftlichen Betätigung der Kommunen immer

Erhebliche Zweifel bestehen nur darüber, in welchem Umfange die öffentliche Hand sich innerhalb der Gemeinden wirtschaftlich auswirken soll.[3]) Wenn zu dieser Frage eingehend Stellung genommen werden sollte, dann bedürfte es

wieder hervorgehoben. Besonders betonten dies der damalige preußische Innenminister Grzesinski in der Jahresversammlung der Deutschen Städte und der Oberbürgermeister von Duisburg, Dr. Jarres, in der Jahresversammlung des Preußischen Städtetages. Beide Kämpfer für die kommunalen Betriebe sind im besonderen von der der Industrie nahestehenden Presse stark angegriffen worden. Soweit die Pressenotizen vom Verfasser verfolgt werden konnten, sind durchschlagende sachliche Gegenargumente nicht gerade oft angeführt worden. Es kann hier nicht der Ort sein, des näheren auf diese Diskussionen einzugehen; es muß mit dem Hinweis auf die Protokolle der Jahresversammlungen (vgl. Schriftenreihe des Deutschen Städtetages, H. 9 und 10) und auf die Ende September 1929 erschienenen Berichte der großen Tageszeitungen sein Bewenden haben. Auch möge auf die Berichte und Protokolle der im Oktober 1929 in Halle stattgefundenen Reichskonferenz der Sozialdemokratie für Kommunalpolitik hingewiesen werden (abgedruckt in „Die Gemeinde", 1929, H. 21/22).

Übrigens hat der Internationale Städtetag in Sevilla 1929 gezeigt, daß auch in vielen anderen Ländern Europas die Kommunen immer entschiedener und bewußter die wirtschaftlichen Aufgaben in Angriff nehmen, die sich ihnen stellen. Auf die sachlich in gleicher Linie liegenden Tendenzen der Weltstädte Amerikas ist an früherer Stelle schon hingewiesen worden.

Bedauerlich ist es, daß immer und immer wieder auch bei durchaus ernst zu nehmenden und wissenschaftlich eingestellten Autoren die soziologischen, kulturellen und wirtschaftlichen Tatsachen unterschätzt oder gar übersehen werden und bei der Frage der wirtschaftlichen Betätigung der öffentlichen Hand die Dinge nur durch die — sagen wir ruhig — manchesterliche Brille der Wirtschaft gesehen werden. Das Unlogische der Beweiserhebungen wird oft genug in Kauf genommen und mit gewundener Dialektik verkittet, nur um die These: „Wirtschaft ist Sache des privaten Unternehmers" zu halten.

[3]) Über den tatsächlichen Umfang der wirtschaftlichen Betätigung der öffentlichen Hand, auch über die der Gemeinden, ist zuverlässiges statistisches Material z. Z. nicht heranzuziehen. Vielleicht gibt das vom Verein für Sozialpolitik in Aussicht gestellte Material verwertbare Unterlagen für die statistische Beurteilung der gemeindlichen Betätigung.

Einigermaßen brauchbare Angaben bieten die für die Versorgungsbetriebe aufgestellten Daten. So entfielen von der Gesamterzeugung der öffentlichen, d. h. aller selbständigen, der Versorgung der Bevölkerung dienenden Elektrizitätswerke auf:

	1913	1927
reine kommunale (städt.) Werke	35%	22%
gemischtwirtschaftliche Betriebe	17%	30%
staatliche Betriebe	3%	25%
Privatwerke oder an Private verpachtete Werke	45%	23%
	100%	100%.

Nach der Statistik der Vereinigung der Elektrizitätswerke, die sich für 1929 auf 608 Werke (einschl. reiner Verteilerwerke) bezieht, stellt sich der Anteil der verschiedenen Unternehmungsformen an der Erzeugung der selbständigen Elektrizitätswerke im Jahre 1929 wie folgt:

Werke in öffentlicher Hand	56,8%
gemischtwirtschaftliche Werke	31,4%
Privatwerke	11,8%
	100,0%.

Der tatsächliche Anteil der öffentlichen Hand an der Elektrizitätswirtschaft — unter Hinzurechnung der Leistungsanteile der öffentlichen Hand in den gemischtwirtschaftlichen Betrieben — wurde vom Statistischen Reichsamt für das Jahr 1925 auf 76% berechnet. Nach neueren zuverlässigen Statistiken beträgt der Anteil der öffentlichen Hand für das Jahr 1929 rund 80%, von denen etwa zwei Drittel durch die Kommune verteilt werden.

Nach Städtegruppen geordnet gliedern sich nach der letzten Berechnung im Städte-Jahrb. (1930) die Unternehmungsformen der Elektrizitätswerke wie folgt:

26	A-Städte	betrieben	26	öffentliche,	2	gemischtwirtschaftliche,	4	private Werke
22	B-	"	17	"	3	"	2	" "
45	C-	"	31	"	6	"	8	" ".

Der Anteil der öffentlichen Hand an der Gasversorgung ist in den letzten Jahrzehnten etwa der gleiche geblieben. Er betrug:

(1907)	(64,5%)
1913	84%
1920	86%
1925	87% .

einer umfangreichen Sonderabhandlung. Doch mag mit wenigen Sätzen die Stellung angedeutet werden, die von uns nach Durchsicht der Literatur eingenommen wird.

Welchen Anteil die städtischen Gemeinden gegenüber den Landgemeinden oder anderen öffentlichen Körperschaften besitzen, ist statistisch einwandfrei schwer festzustellen. Nach dem Bericht, den Präsident Dr. Mulert namens der deutschen kommunalen Spitzenverbände auf dem Internationalen Gemeindekongreß in Sevilla (1929) erstattet hat, sind 75% der deutschen Gaswerke kommunal. Der Verband der Gemeinde- und Staatsarbeiter kommt für 1926 zu dem Ergebnis, daß der Anteil der Kommunalverwaltungen an den Gaswerken 77,3% beträgt, während gemischtwirtschaftlich 4,1% und privat 18,6% der Gaswerke betrieben werden. Von der gesamten öffentlichen Gaserzeugung entfallen nach Mulerts Feststellungen auf die kommunalen Gaswerke rund 83%, auf die gemischtwirtschaftlichen Betriebe — bei denen ein starker kommunaler Einfluß vorhanden ist — etwa 12% und auf die private Erzeugung nur 4%.

An der gesamten Ferngasabgabe sind die rein kommunalen Gaswerke nach einer Statistik für 1927 mit etwa 46% beteiligt, die gemischtwirtschaftlichen Werke — in denen nicht unbeträchtliche kommunale Kapitalien arbeiten — bringen rund 47% und die privaten Werke den kleinen Restanteil auf.

Die Wasserwerke sind zum allergrößten Teil (1929/30 rund 95%) kommunale Werke, doch ist der Leistungsanteil der privaten Werke prozentual etwas höher. Der Anteil der Kommunen hat sich gegenüber der Vorkriegszeit nur unwesentlich verschoben (1913 etwa 93%).

Der Prozentanteil der von öffentlicher Hand (meistens städt. Gemeinden) betriebenen Straßenbahnen stellt sich wie folgt:

Straßenbahnen	1913	1920	1925
über 50% in öffentl. Hand	50%	62%	72%
unter 50% in öffentl. Hand	—	21%	21%
private	50%	17%	7%.

Eine andere Berechnung zeigt für die letzte Zeit folgende Daten: Von den Straßenbahnbetrieben der größeren Städte waren 74% kommunale Betriebe (davon 40% reine Regiebetriebe, 18% öffentliche Betriebe in Privatrechtsform mit hundertprozentiger Beteiligung der Gemeinden, 16% gemischtwirtschaftliche Betriebe mit mehr als fünfzigprozentiger Beteiligung der Gemeinden), 23% private Betriebe und 3% gemischtwirtschaftliche Betriebe mit überwiegend privater Beteiligung.

Von den Kleinbahnunternehmungen, soweit sie nebenbahnähnlichen Charakter tragen, sind etwa über 50% in rein kommunaler Regie. Zur Abrundung des Bildes mögen noch einige andere Angaben hinzugefügt werden.

Für den Kraftomnibusbetrieb lassen sich statistisch zuverlässige Vergleiche mit früheren Jahren nicht beibringen. Die neuesten Daten sind folgende:

Privatbetriebe	34%
Kommunalbetriebe	29%
staatliche Linien	23%
gemischtwirtschaftl. betriebene Linien	14%.

Häfen werden von 37 Städten betrieben, meist in rein kommunaler Wirtschaft, während nur sechs gemischtwirtschaftlich oder verpachtet sind.

Von den öffentlichen Sparkassen (hier nur Preußen) sind etwa 48% städtische Kassen, 30% Kreis- und Amtskassen, 17% Kassen der Landgemeinden; öffentliche Leihhäuser hat es in Preußen 1925 etwa 50, im ganzen Reich rund 80 Institute gegeben, von denen der allergrößte Teil städtische Einrichtungen waren.

Die Schlachthöfe in Deutschland (1929 etwa 700) sind zu 95% kommunale Einrichtungen, der Rest ist in den Händen von Innungen und Privaten.

Im Jahre 1900 hatten 15 Städte zusammen 33 Markthallen, 1925 hatten 25 Städte zusammen 47 Hallen.

Städtische Milchhöfe besaßen Ende 1926 nur 8 größere Städte, in 24 größeren Städten bestanden gemischtwirtschaftliche Molkereibetriebe.

Von den öffentlichen Kranken- und Heilanstalten sind in den Städten mit mehr als 50000 Einwohnern über die Hälfte der vorhandenen Krankenbetten in städtischem Besitz.

Bei den Badeanstalten wies die Statistik für 1926 nach, daß sich in 90 Städten mit über 50000 Einwohnern 291 städtische Warmbadeanstalten (in anderen Händen 325) und 245 städtische Kaltwasserbadeanstalten (in anderen Händen 170) befanden.

Nach dem Deutschen Bäderkalender 1929 gibt es in Deutschland 443 Ortschaften, die die Be-

Wirtschaftliche und soziale Erwägungen im Verein mit finanzpolitischen Gesichtspunkten[4]) weisen der Kommunalpolitik den Weg. Richtung und Ziel dürfen weder vom Standpunkt der etwa betroffenen Privatinteressen, noch aus

---

zeichnung eines Bade- oder Kurortes führen und eine besondere Bade- oder Kurverwaltung besitzen. In diesen Kurorten befindet sich, soweit feststellbar, die Bade- und Kurverwaltung:

in direkter Regie der Gemeinden	bei 245 Orten
in Staatsregie	bei 17 Orten
in gemischtwirtschaftlicher Verwaltung	bei 31 Orten
in Händen von Vereinen	bei 41 Orten
in rein privaten Händen	bei 78 Orten.

Für Preußen ergibt sich für das Jahr 1925 (neue erschöpfende Zahlen sind nicht vorhanden) folgendes Bild:

Art der Unternehmung	Öffentliche Unternehmungen	Private Unternehmungen	Gemischtwirtschaftliche Unternehmungen
Wasser-, Gas- und Elektrizitätsgewinnung und -versorgung (Relativzahlen)	70,84 %	10,88 %	18,28 %*)
Verkehrswesen (Gesamtindex)	88,50 %	9,51 %	1,99 %
Straßen-, Berg-, Schwebe- und Seilbahnen, Hoch- und Untergrundbahnen (Einzelindex)	62,40 %	17,40 %	20,20 %

*) Davon ²/₃ mit überwiegender öffentlicher Kapitalbeteiligung.

Über die kommunalen Unternehmungen und Beteiligungen an privaten Unternehmungen der Stadt Berlin vgl. die Arbeit von Hinzner (Staat und Kommune, Erlang. Diss. 1927, S. 34ff.), in der alle erfaßbaren Unternehmungen und Beteiligungen (auch Höhe der Kapitalanteile) aufgeführt sind. Für das Reich und die Länder siehe Niebuhr, S. 38ff.

Quellen: Deutscher Kommunal-Kalender, 1928, S. 263ff.; 1929, S. 239, 166f., 248ff.; Naphtali, S. 59, 185ff.; Mulert in Schweiz. Annalen, 1930, S. 20ff.; Kommunalwirtschaft, 1929, S. 1546f., 1589f., 1704ff.; Hw. d. Kw., II, S. 243f.; Schriften des Verb. d. Gem. u. Staatsarb., Nr. 37/38, S. 8f. — Für die Elektrizitätswerke vgl. auch W. u. St., 1929, S. 862ff.; 1930, S. 482ff. Über den Produktionswert und den Umsatz der von der öffentlichen Wirtschaft hervorgebrachten Leistungen vgl. die Berechnungen bei Naphtali, S. 185ff. Für Preußen siehe im einzelnen die Zusammenstellungen in Kommunalwirtschaft, 1929, S. 1714ff. Erschöpfende Darstellungen über den Stand der öffentlichen Wirtschaft und umfassende statistische Daten finden sich erstmalig in dem 1930 vom Gesamtverband der Arbeitnehmer der öffentlichen Betriebe herausgegebenen Handbuch der öffentlichen Wirtschaft, S. 13ff.

Die Zahlen in Klammern entstammen der vom Verein für Sozialpolitik in der Vorkriegszeit vorgenommenen Enquete; sie decken sich im wesentlichen mit den Angaben anderer Stellen.

[4]) Für die Entlastung des Haushalts der Gemeinden, insbesondere des der Großstädte, ist der finanzielle Erfolg der gemeindlichen Betriebe in den letzten Jahrzehnten praktisch bedeutsam geworden. Die Erwerbsbetriebe (hier im finanzstatistischen Sinne, also z. B. Krankenhäuser, Badeanstalten, Straßenreinigung, Müllabfuhr, Kanalisation usw. ausgeschieden) von insgesamt 44 Großstädten mit mehr als 100000 Einwohnern (mit Ausnahme der Hansestädte) warfen im Rechnungsjahr 1926/27 einen Überschuß von rund einer viertel Milliarde aus. Auf die einzelne Gemeinde entfiel ein durchschnittlicher Überschuß von 5,8 Mill. RM. Zur Deckung des Finanzbedarfs trugen die Betriebsüberschüsse insgesamt mit 8,8% und zur Deckung des Zuschußbedarfs mit 15,1% bei. Gemessen am Aufkommen der Realsteuer erreichten die Betriebsüberschüsse insgesamt 42,9% dieser Steuern.

Verglichen mit den Überschüssen der Betriebe insgesamt in den Rechnungsjahren 1913/14 (hier nur 42 Großstädte), 1925/26 und 1926/27 sind die Überschüsse im Rechnungsjahr 1927/28 am höchsten. Je Kopf der Bevölkerung sind die Überschüsse der Betriebe insgesamt von 8,78 M. im Jahre 1913/14 auf 16,39 RM. im Jahre 1927/28 oder um 86,7% gestiegen. Trotz dieser Steigerung der absoluten Überschußbeträge ist die finanzielle Deckungskraft im Rechnungsjahr 1927 etwas geringer als im Rechnungsjahr 1913/14; denn 1913/14 deckten die Überschüsse der Betriebe 16,7% des Zuschußbedarfs, 1927/28 nur 15,1%. Der Grund für diese Erscheinung liegt in dem wesentlich stärkeren Anwachsen der finanzwirtschaftlichen Größen des Finanz- und Zuschußbedarfs im Vergleich zu den Erträgen der Erwerbsbetriebe. — Im einzelnen mag auf die Darstellung und Tabellen in W. u. St., 1930, S. 640ff., verwiesen werden; vgl. auch S. 43, Anm. 31 dieser Arbeit.

den Gesichtspunkten der Kommunalverwaltung allein, insbesondere etwa der Kommunalfinanzen, noch etwa aus rein theoretischen Prinzipien heraus entwickelt werden. Vielmehr darf Ausgangspunkt nur das Interesse der Gesamtheit, das gemeine Wohl, bilden. Grundsätzlich werden demnach die Gemeinden nicht solche Einrichtungen zu den ihrigen machen dürfen, an deren Produktion oder Leistungsdarbietung die Gemeinschaft als solche kein Interesse hat. Weiter werden alle jene Unternehmungen ausscheiden müssen, deren Leistungen ebensogut von privater Seite dem Bürger geboten werden können und für die Gemeinschaft nicht von lebenswichtiger Bedeutung sind. Was zu diesem Kreis gehört, ist schon Tatfrage. Richtunggebend sind die örtlichen Verhältnisse der einzelnen Gemeinden, bei deren sachlicher Prüfung Fehlgriffe zu vermeiden sein dürften. Dagegen wird die Gemeinde eingreifen müssen bei allen jenen Betrieben, deren Erzeugnisse und Leistungen von lebenswichtiger oder sogar lebensnotwendiger Bedeutung für die weitesten Kreise der Bevölkerung sind und damit das Allgemeininteresse berühren. Welchen Erzeugnissen und Leistungen der Stempel der Lebenswichtigkeit oder -notwendigkeit aufgeprägt werden soll, darüber können sich die (politischen!) Parteien allerdings auch nicht einigen, obgleich hier der Weg doch nicht so schwierig ist, wie es den Anschein hat.

Unbedingt beanspruchen die Leistungen der Versorgungsbetriebe, der sanitären und hygienischen Einrichtungen, die Bildungsanstalten und die Verkehrseinrichtungen einen so hohen Grad von Allgemeininteresse, daß nur unsachliche, parteipolitisch beeinflußte Meinungen diesen das Anhaften des überwiegenden Allgemeininteresses absprechen werden.

Was die Versorgungsbetriebe, also Wasserwerke, Gasanstalten, Elektrizitätswerke, anlangt, so werden diese Anstalten selbst in den Großstädten — soweit nicht besondere Gründe dagegen sprechen[5]) — am besten der kommunalen Verwaltung einzugliedern sein,[6]) weil bei so unentbehrlichen Lebensbedürfnissen wie Wasser, Licht und Kraft das Interesse der Gemeindemitglieder an der Güte und ausreichenden Menge der Lieferung, weiter an der Kostengestaltung für die Inanspruchnahme der Leistungen weit wichtiger ist als die Rentabilität der Unternehmungen.[7]) Die unleugbare Monopolstellung der Versorgungsbetriebe[8]) zwingt das

[5]) So haben z. B. einzelne Gemeinden im westlichen Industriebezirk (z. B. Essen, Gelsenkirchen, Mülheim a. R.) aus wirtschaftlichen Gründen die Gasproduktion als städtischen Betrieb aufgegeben, weil die Koksofengase der Zechen, die sonst wirtschaftlich nicht genügend ausgenutzt werden, zur Versorgung aller dortigen Gemeinden ausreichen. Die Städte haben daher versuchsweise auf die Gasproduktion verzichtet und geben gleichsam als Zwischenhändler das von den Zechen bezogene Gas an die Verbraucher ab. Ob und inwieweit die Zechengasversorgung volkswirtschaftlich vorteilhafter ist als die städtische Gasproduktion, darüber herrscht lebhafter Streit (vgl. dazu die Schrift: Öffentliche oder private Gasversorgung? Herausgeg. vom Verb. d. Gemeinde- u. Staatsarb. [1928], S. 18ff., 41ff., 58ff.). Doch darf aus bloßen parteipolitischen Gründen diese Form der Versorgung nicht bekämpft werden.

[6]) Die von den Gemeinden anerkannte Bedeutung der Versorgungsbetriebe kommt auch in dem verstärkten Neu- und Ausbau der Betriebe zum Ausdruck, auf deren Umfang auch aus den Kapitalinvestierungen geschlossen werden kann. So entfiel auf die bei den Gemeinden mit mehr als 10000 Einwohnern und den Gemeindeverbänden am 31. März 1928 festgestellte Neuverschuldung für Unternehmungen und Betriebe in Höhe von 1063,3 Mill. RM. rund die Hälfte (532,7 Mill. RM.) auf die Investierungen in den Elektrizitäts-, Gas- und Wasserwerken. Diese Investierungen machen etwa ein Siebentel der gesamten Neuverschuldungen (3711,6 Mill. RM.) aus. Von den Schulden der rechtlich selbständigen Eigenunternehmungen von Reich, Ländern und Gemeinden entfielen am 31. März 1929 auf die Versorgungsbetriebe 28,30 (Elektrizitätswerke allein 22,85) in v. H. der Gesamtsumme; von den Schulden der öffentlichen Gemeinschaftsunternehmungen auf die Versorgungsbetriebe 39,35 (Elektrizitätswerke allein 35,34) in v. H. der Gesamtverschuldung. Im einzelnen vgl. dazu W. u. St., 1929, S. 657ff.; 1930, S. 800; 1931, S. 117, 119f.

[7]) Aus diesen Gedanken heraus findet auch das Steuerprivileg der Versorgungsbetriebe seine wirtschaftliche Berechtigung. — Vgl. dazu Hosiosky, S. 9ff., 22ff., 48, dessen Ausführungen

Gemeinwesen im Interesse der Gemeinschaft zum positiven Eingriff in die Privatwirtschaft, der wirksam nur in der Form der gemeindlichen Bewirtschaftung durchgeführt werden kann.[9])

Sanitäre und hygienische Einrichtungen und Veranstaltungen werden ebenso wie die polizeilicher und sozialpolitischer Natur von den Gemeinden in ausreichendem Maße schon um deswillen errichtet und unterhalten werden müssen, um ihren öffentlichen Pflichten nachkommen zu können. Daneben haben die sozialen Anschauungen der Zeit den Kreis der gemeindlichen Betätigung auf diesem Gebiete erheblich erweitert, den einzuengen und damit stillzustehen oder gar rückwärts zu schreiten nur zwingende Not begründen kann.[10])

Soweit wir Einrichtungen zu dieser Kategorie gehörig als öffentliche Gemeindeanstalten anerkannt haben, ist damit schon der Beweis erbracht, daß ihre Leistungen zu den lebenswichtigen gehören und der städtische Regiebetrieb — wenn nicht andere öffentliche Körperschaften oder Verbände den Betrieb in ihren Händen haben — als der allein der Aufgabe gerecht werdende zu empfehlen ist.

Den gleichen Grundsatz möchten wir für die Bildungsanstalten aufstellen. Das öffentliche Interesse tritt hier so eminent in die Erscheinung, daß über die Berechtigung der Gemeinden, diese zu betreiben, keine Zweifel entstehen dürften.

Die anderen Veranstaltungen zur Pflege der Kunst und Wissenschaft (so besonders die Theater, Orchester, Museen, Bibliotheken usw.) werden als städtische Regiebetriebe wohl die sicherste Gewähr dafür bieten, sie als eigentliches Volksbildungsmittel zu erhalten. Doch wird der Grad ihrer Lebenswichtigkeit nicht ausreichen, unbedingt am städtischen Regiebetriebe festzuhalten, wenn wirtschaftliche Nöte die Gemeinden zwingen, ihre Tätigkeiten auf Lebensnotwendiges zu beschränken und Wünschenswertes beiseite zu lassen.

---

zuzustimmen ist. Siehe auch Richter in den Veröffentl. d. Ver. d. deutschen Staatsrechtsl., H. 6, S. 83; Mulert in den Schweiz. Annalen, 1930, S. 73f.; Benecke in Schriften des Vereins für Kommunalpolitik, Bd. 36, S. 10f.; Külz, ebenda, S. 69f.

[8]) Siehe dazu Nipperdey, Stromsperre, S. 29ff.; Friedrichs, Versorgungsbetriebe, S. 60f.; Walz, „Zeitschr. f. bad. Verw.", 1928, Nr. 1, S. 5; Weiß im Hw. d. Stw., VI, S. 621. — Wenn Ludewig (Regiebetriebe, S. 10ff.) den Monopolcharakter der Versorgungsbetriebe bestreitet, insbesondere den der Elektrizitätsversorgung nur in dem Besitzrecht (gemeint ist die Verleihung des Gebrauchsrechts) an den Wegen und Straßen sieht (S. 14), so verkennt er völlig die tatsächlichen Lebensverhältnisse in sozialer, kultureller und auch rein wirtschaftlicher Beziehung, wie es auch seine weiteren Ausführungen (bes. S. 15, 18f.) zutage treten lassen. — Unhaltbar sind auch die Argumente von Ringwald, in Elektrizitätswirtschaft, Mitteilungen d. Vereinig. d. Elektrizitätswerke e. V. 1928, S. 406f. — Unrichtig auch Niebuhr (Öffentl. Untern., S. 25, 29, 86), denn das Monopol der Versorgungsbetriebe ist wirtschaftlicher Natur; die rechtliche Seite ist nicht in dem Umfange ausschlaggebend, wie Niebuhr dies annimmt. — An sich richtig Rumpf (Henke, Elektrizitätswirtschaft, S. 143), der aber dann (S. 144ff.) die praktischen Durchführungsmöglichkeiten einer tatsächlichen Konkurrenz mit den Versorgungsbetrieben oder einer tatsächlichen Selbstversorgung völlig verkennt und daher zu falschen rechtlichen Schlüssen kommen muß.

[9]) Es ist hier und im folgenden davon abgesehen worden, die Literatur, die sich für oder gegen die Kommunalisierung ausspricht, im einzelnen anzuführen. Allgemeine Hinweise auf die Meinungsverschiedenheiten enthalten die Aufsätze in der „Zeitschr. f. Kommunalw.", 1924, S. 109 ff., 270ff., besonders aber S. 326ff., 723ff.

[10]) Die Zeiten, wo noch gesagt werden konnte, daß es sozialpolitisch schon zu weit gehe, wenn die reiche Stadt Charlottenburg eine unentgeltliche Beratungsstelle für Schwangere einrichtet, für gesunde Ernährung der schwangeren Frau, später für Ernährung und Pflege von Mutter und Kind Sorge trägt, oder wenn die Bespeisung von bedürftigen Schulkindern auf Stadtkosten durchgeführt wird, sind wohl doch vorüber. (Vgl. hierzu die Rede des ehem. Kieler Oberbürgermeisters Dr. Fuß vom 22. Mai 1911 in Berlin vor der Vereinigung für staatswissenschaftl. Fortbildung, „Schmollers Jahrb.", Bd. 35, S. 1596.) Heute werden z. B. allein vom Milchwirtschaftsbetrieb der Berliner Stadtgüter G. m. b. H. täglich etwa 9000 Flaschen Milch an Schulkinder abgegeben, die aus öffentlichen Mitteln bezahlt werden.

Anders werden die Verkehrseinrichtungen zu beurteilen sein. Nicht unbedingt zu entscheiden ist, ob für die Straßenbahnen der Regiebetrieb, der Betrieb durch Privatgesellschaften oder der gemischtwirtschaftliche Betrieb den Vorzug verdient. Eine erhebliche Zahl von Großstädten[11]) hat sich für den Regiebetrieb entschieden, anderseits hat eine Anzahl Städte[12]) den Betrieb der Straßenbahnen einer privaten Gesellschaft überlassen. Trotz allem scheint es angebracht und dem Gemeininteresse förderlich, wenn die Straßenbahnanlagen weitgehend in den kommunalen Betrieb überführt werden. Für die anderen Verkehrsmittel, die im Interesse der ganzen Bürgerschaft liegen, wie z. B. Omnibusse, Fähren, wird dieselbe Forderung aufzustellen sein.

Bei allen anderen auf wirtschaftliche Nutzung abgestellten Unternehmungen werden für die Frage, ob sie in den gemeindlichen Betätigungskreis einbezogen oder privaten Händen überlassen werden sollen, nur die örtlichen Verhältnisse ausschlaggebend sein. Dabei wird immer im Auge behalten werden müssen, daß die Not der Zeit es fordert, die gemeindliche Betätigung auf lebenswichtige Dinge zu beschränken, wobei natürlich die herrschenden sozialen Auffassungen nicht übersehen werden dürfen.[13]) Doch besteht auch bei diesen Entscheidungen die Gefahr

[11]) So die drei bayerischen Städte München, Augsburg und Nürnberg, ferner Dresden, Frankfurt a. M., Mainz, Köln, Dortmund, Hamburg, Lübeck, Halle und Breslau. Königsberg hat sein zuerst städtisch verwaltetes Netz an die AEG. verpachtet (vgl. hierzu auch Passow, S. 133f., 187ff.).

[12]) So z. B. Berlin, Bremen, Königsberg, Kiel.

[13]) Den Gemeinden sind infolge ihrer erweiterten Betätigung nicht unerhebliche finanzielle Belastungen entstanden, deren Auswirkungen sich zum Teil in letzter Zeit nicht nur in den Haushaltsplänen der Gemeinden unangenehm bemerkbar machen, sondern auch den Geld- und Kapitalmarkt ergriffen haben. (Über den Einfluß der Kommunalanleihen auf den Geld- und Kapitalmarkt vgl. W. u. St., 1929, S. 646ff., 1006ff.; über die bisher eingeleiteten kommunalen Umschuldungsaktionen besonders W. u. St., 1930, S. 872ff.) Um ein ungefähres Bild von der Verschuldung zu geben, seien einige Daten angeführt.:

Verschuldung der Großstädte und der Hansestädte 1928—1930 (in Mill. RM.)

	Neuverschuldung	Gesamtverschuldung
	Großstädte (mit mehr als 100000 Einwohnern)	
31. März 1928	1742,9	2608,4
31. März 1929	2758,0	3681,5
31. März 1930	3622,0	4610,8
31. Dez. 1930	4035,8	5042,0
	Hansestädte (* einschließlich ihrer Gemeinden)	
31. März 1928	252,8	420,3 *)
31. März 1929	336,1	498,5 *)
31. März 1930	498,2 *)	644,0 *)
31. Dez. 1930	535,0 *)	678,8 *).

Die einzelnen Verwaltungszweige waren an den seit der Währungsstabilisierung aufgenommenen Kommunalkrediten im v. H. der Gesamtsumme beteiligt:

	31. März 1928	31. März 1929
Bildungswesen	3,8	4,4
Wohlfahrts- und Gesundheitswesen	5,8	6,2
Wohnungs- und Siedlungswesen	28,7	26,8
Verkehrsförderung (Straßen, Wege, Wasserstraßen) . . .	12,1	15,0
Verkehrsunternehmungen	6,8	7,2
Versorgungsbetriebe (Gas, Wasser, Elektrizität)	12,1	13,2.

Im einzelnen siehe W. u. St., 1929, S. 656ff., 1007f., 1930, S. 679ff., 955ff. — Über finanz- und steuerpolitische Fragen insbesondere des industriellen Westens vgl. die Aufsätze in „Kommune u. Wirtschaft" (Sonderh. der „Kölnischen Zeitung", 1929), S. 28ff.; über die Schulden der rechtlich selbständigen Eigenunternehmungen vgl. W. u. St., 1930, S. 799ff.

Auf den Kopf der Gesamtbevölkerung berechnet betrug am 31. März 1928 die kommunale unsachlicher, mehr parteipolitischer Einstellung, die nur Verwirrung schaffen und der natürlichen Entwicklung sich hemmend in den Weg stellen kann. Anläßlich der letzten Kommunalwahlen in Preußen sind diese Gefahren wieder im vollsten Licht in die Erscheinung getreten.

Es würde zu weit führen, an dieser Stelle darüber zu entscheiden, welche rechtliche Form sich für die wirtschaftliche Betätigung der öffentlichen Hand im einzelnen am besten eignet. Volkswirtschaftliche Probleme spielen bei der Beantwortung dieser Frage in so erheblicher Weise mit, daß ohne tiefgreifende Einzeluntersuchungen ein einigermaßen richtiges Urteil nicht abgegeben werden kann.[14])

Ebensowenig kann hier die Frage der Besteuerung der Unternehmen der öffentlichen Hand im einzelnen aufgerollt werden. Ob die Unternehmen der öffentlichen Hand steuerfrei zu lassen oder den Privatunternehmen gleichzustellen sind, hängt im einzelnen von wirtschaftlichen , nicht zuletzt aber auch von weltanschaulichen Werturteilen ab.[15]) Da die wirtschaftlichen Voraussetzungen der Besteuerung nicht zu prüfen sind, muß auch die spezielle Würdigung etwaiger steuerrechtlicher Bevorzugung gemeindlicher Unternehmungen unterbleiben. Die generelle steuerliche Vorzugsstellung der Gemeindeanstalten ergibt sich ohne weiteres aus ihrem inneren Wesen.

Unabhängig von diesen wirtschaftlichen und steuerrechtlichen Dingen bleibt jedoch unsere Auffassung über die Aufgaben und Ziele der öffentlichen Gemeindeanstalten, die deshalb eine grundsätzliche Stellungnahme zur Sache fordert.

Der reine Regiebetrieb als Extrem der öffentlichrechtlichen Organisation hat ebensoviel Verächter gefunden wie der gemischtwirtschaftliche Betrieb als die äußerste Annäherung an die private Erwerbsunternehmung. Doch läßt sich nicht leugnen, daß der Regiebetrieb infolge seiner Unabhängigkeit von privaten Kapitalinteressen immer dort allein am Platze sein wird, wo es sich um Sachgüter oder Leistungen handelt, an deren Bereitstellung in bezug auf Art oder Umfang oder Güte die Gemeinschaft ein überwiegendes Interesse hat. Welche Leistungen hierunter fallen, ist im Laufe der Abhandlung gelegentlich hervorgehoben worden; einen festenKatalog hierfür aufzustellen, hindert das Wesen der Dinge. Bei sachlicher Prüfung wird sich die Erkenntnis durchringen, daß der Regiebetrieb bei zweckentsprechender Innenorganisation und äußerer Beweglichkeit — und nur hier müssen die Reformen einsetzen — den Anforderungen der Zeit in rechtlicher sowie in wirtschaftlicher Beziehung zu genügen und den Gemeininteressen zu dienen vermag.

Schuld 94,99 RM. gegenüber einer Reichsschuld von 117,15 RM. und einer durchschnittlichen Schuld der Länder von 27, 85 RM. Nach dem Stande vom 31. März 1929 betrug die Kommunalverschuldung im Reichsdurchschnitt (ohne Hansestädte) je Kopf der Bevölkerung 144,15 RM.; die Schuld der Länder betrug im Durchschnitt je Kopf der Bevölkerung 31,72 RM. (Im einzelnen vgl. W. u. St., 1929, S. 359f., 646, 649; 1931, S. 23f., 69ff., 156f., 203ff.)

[14]) Der Verein für Sozialpolitik hat sich neuerdings zur Aufgabe gestellt, diese Fragen einer Klärung zuzuführen und beabsichtigt die Herausgabe einer Reihe von Monographien über die Morphologie der Organisationsformen der öffentlichen Unternehmung, wobei die wirtschaftliche Eigenart der Organisationsformen, ihre Grundlagen, Aufgaben und Auswirkungen untersucht werden sollen. — Unter ökonomischen und soziologischen Gesichtspunkten wird das Problem der öffentlichen Wirtschaft behandelt in dem Buch von J. Brandt, Die wirtschaftliche Betätigung der öffentlichen Hand, 1929.

[15]) In den Reichstagsberat ungen des Besteuerungsgesetzes und des Körperschaftssteuergesetzes ist hierüber lebhaft gestr itten worden. Vgl. die Reichstags-Drucks. Bd. 387, S. 4008ff., Reichstags-Drucksache, 1924/25, Nr. 796, 1925, Nr. 801. — Bemerkt sei hier, daß ein exakter wirtschaftlicher Vergleich zwischen öffentlichen und pri vaten Unternehmungen gar nicht zu erbringen ist. Die sozialökonomische Literatur hat sich zum größten Teil auch hierzu bekannt.

Bei den ganzen hier im letzten Teil aufgerollten Fragen der kommunalen Politik darf der Weg letztlich nicht dahin führen: völlige Verdrängung der privaten Wirtschaft durch die öffentliche Hand oder umgekehrt Ausschaltung der öffentlichen Hand schlechthin, sondern: im Hinblick auf das Vordringen des Gemeinschaftsgedankens rationelle und der Not der Zeit entsprechende Arbeitsteilung und sachliche Zusammenarbeit zwischen der öffentlichen und der privaten Wirtschaft zum Wohle des Ganzen.

Verzeichnis der benutzten Literatur.*)

Anschütz, G., Die Verfassung des Deutschen Reichs. 5. Aufl. 1925; 10. Aufl. 1929. — Apelt, W., Der verwaltungsrechtliche Vertrag. 1920. — Baumgarten, A., Rechtsphilosophie. 1929. — Boelsen, H., Kapitalgesellschaften in öffentlicher Hand unter besonderer Berücksichtigung der Beeinflussung und Überwachung ihrer Geschäftsführung durch die öffentlichen Körperschaften. (Verein für Kommunalwirtschaft und Kommunalpolitik. H. 30.) 1929. — Brauchitsch, M. von, Verwaltungsgesetze für Preußen . . . 1925—1930. — Bühler, W., Begriff und Formen der öffentlichrechtlichen Anstalt als verwaltungsrechtliches Institut. Zürcher Dissertation 1928. — Busch, Erler, Lobe u. a., Das Bürgerliche Gesetzbuch mit besonderer Berücksichtigung der Rechtsprechung des Reichsgerichts. 6. Aufl. 1928. (Zit. RRGR.). — Deutscher Kommunal-Kalender. Herausg. von Finke und Stein. 1928 u. 1929. — Drews, B., Grundzüge einer Verwaltungsreform. 1919. — Eheberg, Th. v., Finanzwissenschaft. 18./19. Aufl. 1922. — Enneccerus, Kipp, Wolff, Lehrbuch des Bürgerlichen Rechts. I: 30./34. Aufl. 1928; I, 2 (Schuldv.): 23./27. Aufl. 1927. — Fleiner, F., Institutionen des deutschen Verwaltungsrechts. 5. Aufl. 1920; 8. Aufl. 1928. — Fleiner, F., Über die Umbildung zivilrechtlicher Institute durch das öffentliche Recht. 1906. — Friedrichs, K., Gesetz vom 11. März 1850 über die Polizeiverwaltung. 1911. — Friedrichs, K., Preußisches Kommunalabgabengesetz 1922. — Friedrichs, K., Das Recht der Versorgungsbetriebe. 1928. — Fuß, P., Schleswig-Holstein, mit besonderer Berücksichtigung der Stadt Kiel. 1905. — Fuß, P., Das kommunale Leben der modernen Großstadt. Vortrag, abgedruckt in „Schmollers Jahrbuch für Gesetzgebung, Verwaltung und Volkswirtschaft im Deutschen Reiche". Bd. 35 (1911), S. 1569 ff. — Gaupp-Stein, Die Zivilprozeßordnung für das Deutsche Reich. 8./9. Aufl. 1906. — Gegenwartsfragen der Kommunalverwaltung. Herausgeg. von der Verwaltungsakademie Berlin. 1929. — Gerstmeyer, J., Städteordnung für die Provinz Schleswig-Holstein vom 14. April 1869. 1900. — Gierke, O. v., Das deutsche Genossenschaftsrecht. Bd. 1: 1868; Bd. 2: 1873; Bd. 3: 1881; Bd. 4: 1913. — Gräfer, W., Kommunalverwaltung und Wirtschaft im Ruhrgebiet. Frankfurter Dissertation 1927. — Gutzwiller, M., Über Gegenwart und Zukunft der Privatrechtswissenschaft. (Recht und Staat. H. 54.) 1927. — Handbuch der öffentlichen Wirtschaft. 1930. — Handbuch der Politik. 3. Aufl. 1920—1926. — Handwörterbuch der Kommunalwissenschaften. 1914—1924, 1927. (Zit. Hw. d. Kw.) — Handwörterbuch der Preußischen Verwaltung. 3. Aufl. 1928. (Zit. Hw. d. Pr. Verw.) — Handwörterbuch der Rechtswissenschaft. 1926—1929. (Zit. Hw. d. Rw.) — Handwörterbuch der Staatswissenschaften. 4. Aufl. 1923—1929. (Zit. Hw. d. Stw.) — Hatschek, J., Lehrbuch des deutschen und preußischen Verwaltungsrechts. 3./4. Aufl. 1922/23. — Helfritz, H., Allgemeines Staatsrecht. 2. Aufl. 1928. — Henke, Müller, Rumpf, Rechtsgrundlagen der öffentlichen Elektrizitätswirtschaft in Deutschland. 1930. (Zit. Henke, Elektrizitätswirtschaft.) — Hinzner, L., Staat und Kommune als Unternehmer. Erlanger Dissertation 1927. — Hosiosky, J., Die Leistungen der kommunalen Elektrizitätswerke und ihre steuerrechtliche Stellung. 1929. — Jellinek, G., System der subjektiven öffentlichen Rechte. 2. Aufl. 1905/19. — Jellinek, W., Gesetz, Gesetzesanwendung und Zweckmäßigkeitserwägung. 1913. — Jellinek, W., Verwaltungsrecht. 2. Aufl. 1929. — Jung, E., Über die Abgrenzung des Privatrechts vom öffentlichen Recht und über die Gliederung des gesamten Rechtsstoffes. „Zeitschrift für Rechtsphilosophie in Lehre und Praxis". Bd. 2 (1919), S. 293 ff. — Kelsen, H., Allgemeine Staatslehre. 1925. — Kelsen, H., Hauptprobleme der Staatsrechtslehre. 2. Aufl. 1923. — Kelsen, H., Zur Lehre vom öffentlichen Rechtsgeschäft. „Archiv des öffentlichen Rechts". Bd. 31 (1913), S. 53 ff., 190 ff. — Kelsen, H., Justiz und Verwaltung. 1929. — Kinne, H., Die Autonomie der Kommunalverbände in Preußen. 1908. — Kleiner, E., Die öffentlichen Sparkassen als private Unternehmungen, als unselbständige und als selbständige öffentliche Anstalten. Heidelberger Dissertation 1930. — Köttgen, A., Die erwerbswirtschaftliche Betätigung der öffentlichen Hand und das öffentliche Recht.

*) Dieses Verzeichnis umfaßt nur die im Text abgekürzt zitierte Literatur. Alle anderen Schriften und Aufsätze sind jeweilig im Text vollständig angeführt.

1928. — Köttgen, A., Verwaltungsrecht der öffentlichen Anstalt. In: Veröffentlichungen der Vereinigung der deutschen Staatsrechtslehrer. H. 6. — Kommune und Wirtschaft. Sondergabe der „Kölnischen Zeitung". 1929. — Kormann, K., System der rechtsgeschäftlichen Staatsakte. 1910. — Laband, P., Das Staatsrecht des Deutschen Reichs. 3. Aufl. 1902; 5. Aufl. 1912. — Lammers, G., Grundriß des Hamburgischen Verwaltungsrechts unter Berücksichtigung allgemeiner verwaltungsrechtlicher Lehren. 1928. — Landmann, R. v., Kommentar zur Gewerbeordnung für das Deutsche Reich. 7. Aufl. 1925; 8. Aufl. 1928. — Ludewig, H., Die Lieferpreise für elektrische Arbeit bei kommunalen und privaten bzw. gemischtwirtschaftlichen Unternehmungen. 1928. — Ludewig, H., Die Regiebetriebe der Gemeinden. 1927. — Mayer, Otto, Deutsches Verwaltungsrecht. 1. Aufl. 1895/96; 3. Aufl. 1924. — Merkl, A., Allgemeines Verwaltungsrecht. 1927. — Mitzlaff-Stein, Die Zukunftsaufgaben der deutschen Städte. 1925. — Moll, W., Über Gebühren. „Verwaltungs-Archiv". Bd. 18 (1910), S. 153ff. — Most, O., Wirtschaft und Gemeinde. 1926. — Mulert, O., Die wirtschaftliche Betätigung der Gemeinden. „Annalen der Gemeinwirtschaft". Genf. Jahrg. 6 (1930), H. 1. — Naphtali, F., Wirtschaftsdemokratie, ihr Wesen, Weg und Ziel. 1928. — Neukamp, E., Die Gewerbeordnung für das Deutsche Reich. 10. Aufl. 1912—1914. — Niebuhr, H., Öffentliche Unternehmungen und Privatwirtschaft. (Wirtschaftspolitische Zeitfragen. H. 5.) 1928. — Nipperdey, H. C., Kontrahierungszwang und direkter Vertrag. 1920. — Nipperdey, H. C., Stromsperre, Zulassungszwang und Monopolmißbrauch. 1929. — Nöll-Freund, Das Kommunalabgabengesetz vom 14. Juli 1893. 8. Aufl. 1919. — Öffentliche oder private Gasversorgung? (Verband der Gemeinde- und Staatsarbeiter.) 1928. — Oertel, O., Die Städteordnung für die sechs östlichen Provinzen. 6. Aufl. 1914. — Passow, R., Die gemischt privaten und öffentlichen Unternehmungen auf dem Gebiete der Elektrizitäts- und Gasversorgung und des Straßenbahnwesens. 1912. — Peters, H., Zentralisation und Dezentralisation. 1928. — Planck, G., Bürgerliches Gesetzbuch. 1./2. Aufl. 1913/14; 4. Aufl. 1928. — Regiebetriebe der Gemeinde, Die —. Herausgeg. vom Verband der Gemeinde- und Staatsarbeiter. 1927. — Richter, L., Verwaltungsrecht der öffentlichen Anstalt. In: Veröffentlichungen der Vereinigung der deutschen Staatsrechtslehrer, H. 6. — Ritzkopf, H., Die neuere Entwicklung in den Rechtsformen der kommunalen Unternehmungen. Hamburger Dissertation 1926. — Rosin, H., Das Recht der öffentlichen Genossenschaft. 1886. — Rosin, H., Der Begriff der Polizei und der Umfang des polizeilichen Verfügungs- und Verordnungsrechts in Preußen. 1895. — Sander, F., Kelsens Rechtslehre. 1923. — Schriften des Vereins für Sozialpolitik. — Schriftenreihe des Deutschen Städtetages. — Sigloch, G., Die Unternehmungen der öffentlichen Hand. 1929. — Smend, R., Verfassung und Verfassungsrecht. 1928. — Statistisches Jahrbuch deutscher Städte. — Staub-Koenige, Kommentar zum Handelsgesetzbuch. 12./13. Aufl. 1926. — Staudinger, J., Kommentar zum Bürgerlichen Gesetzbuch. 9. Aufl. 1925—1930. — Stein-Jonas, Die Zivilprozeßordnung für das Deutsche Reich. 12. Aufl. 1925/26. — Steinitz, L., Die gemischtwirtschaftlichen Anstalten in Österreich. Genf 1927. — Stier-Somlo, F., Handbuch des kommunalen Verfassungsrechts in Preußen. (2. Aufl. des Handbuchs.) 1928. — Stier-Somlo, F., Handbuch des kommunalen Verfassungs- und Verwaltungsrechts in Preußen. 1916—1921. — Stier-Somlo, F., Kommentar zur Gewerbeordnung für das Deutsche Reich. 1923. — Stoerk, F., Zur Methodik des öffentlichen Rechts. 1928. — Stumpf, F., Über den Begriff der Gemeindeanstalt nach bayerischem Gemeinderecht. „Blätter für administrative Praxis". Bd. 57 (1907), S. 1ff. — Toepfer, E., Der Begriff der öffentlich-rechtlichen Gebühr. „Finanz-Archiv". Bd. 26 II (1909), S. 491ff. — Triepel, H., Der Konviktorien-Beitrag der Landschaft Norder-Dithmarschen. Zur Lehre von den Grenzen zwischen Privatrecht und öffentlichem Recht. In: Festschrift für Heinrich Brunner. 1914. — Vereinsschriften des Vereins für Kommunalwirtschaft und Kommunalpolitik. — Veröffentlichungen der Vereinigung der deutschen Staatsrechtslehrer. — Walz, A., Vom Wesen des öffentlichen Rechts. 1928. — Wertheimer, L., Entwicklungstendenzen im Deutschen Privatrecht. (Recht und Staat in Geschichte und Gegenwart. H. 56.) 1928. — Weyr, F., Zum Problem eines einheitlichen Rechtssystems. „Archiv für öffentliches Recht". Bd. 23 (1908), S. 529ff. — Wörterbuch des deutschen Staats- und Verwaltungsrechts. 2. Aufl. 1911—1914. (Zit. WStVR.)

Zeitschriften und Entscheidungssammlungen.

Annalen der Gemeinwirtschaft. Genf. (Zit. Schweizer Annalen.) — Annalen des Deutschen Reichs. — Archiv des öffentlichen Rechts. — Bayerische Verwaltungsblätter. (Zit. Bayer. VerwBl.) — Blätter für administrative Praxis. — Deutsche Gemeinde-Zeitung. — Deutsche Juristen-Zeitung. (Zit. DJZ.) — Entscheidungen des Preußischen Oberverwaltungsgerichts. (Zit. OVG.) — Entscheidungen des Reichsfinanzhofs. (Zit. RFH.) — Entscheidungen des Reichsgerichts in Zivilsachen. (Zit. RGZ.) — Fischers Zeitschrift für Verwaltungsrecht. — Die Gemeinde. — Jahrbuch für Entscheidungen des Kammergerichts. (Zit. KGJ.) — Juristische Wochenschrift. (Zit. JW.) — Mitteilungen des Deutschen Städtetages. — Preußisches Kommunal-Archiv. — Reichsverwaltungsblatt und Preußisches Verwaltungsblatt. (Zit. Pr. VerwBl.) — Schmollers Jahrbuch für Gesetzgebung, Verwaltung und Volkswirtschaft im Deutschen Reiche. — Staat und Selbstverwaltung. — Der Städtetag. — Verwaltungs-Archiv. — Warneyer, Die Rechtsprechung des Reichsgerichts auf dem Gebiete des Zivilrechts, soweit sie nicht in der amtlichen Sammlung abgedruckt ist. — Wirtschaft und Statistik. (Zit. W. u. St.) — Zeitschrift für Kommunalwirtschaft. — Zeitschrift für Selbstverwaltung.